高等学校会展经济与管理专业课程教材

会展信息管理

Huizhan Xinxi Guanli

俞 华 主编

李瑶亭 呼庆源 副主编

高等教育出版社·北京

内容简介

本书内容包括会展信息及会展管理信息系统的概念、会展中的信息活动、会展信息交流模式；介绍了展会主办方管理信息系统、展会现场管理信息系统、展览馆管理信息系统和会议管理信息系统案例，说明了会展信息化趋势；揭示了会展信息交流规律，描述网展、展会大数据应用发展的新趋势。本书注重理论研究与实际案例相结合，实操性与前瞻性相结合。

本书主要适用对象为本科会展专业学生，对于专科院校的会展专业学生、会展教学及科研人员、会展从业人员、会展信息技术开发商及信息科学研究人员也具有很好的参考价值。

图书在版编目（CIP）数据

会展信息管理／俞华主编．---北京：高等教育出版社，2015.3（2019.7重印）
ISBN 978-7-04-041970-2

Ⅰ．①会… Ⅱ．①俞… Ⅲ．①展览会-信息管理-高等学校-教材　Ⅳ．①G245

中国版本图书馆 CIP 数据核字（2015）第 024083 号

策划编辑	张　欣	责任编辑	张　欣	封面设计	张　志	版式设计	余　杨
责任校对	刁丽丽	责任印制	毛斯璐				

出版发行	高等教育出版社	咨询电话	400-810-0598
社　　址	北京市西城区德外大街4号	网　　址	http://www.hep.edu.cn
邮政编码	100120		http://www.hep.com.cn
印　　刷	三河市骏杰印刷有限公司	网上订购	http://www.landraco.com
开　　本	787mm×960mm　1/16		http://www.landraco.com.cn
印　　张	13.5	版　　次	2015年3月第1版
字　　数	250千字	印　　次	2019年7月第2次印刷
购书热线	010-58581118	定　　价	21.60元

本书如有缺页、倒页、脱页等质量问题，请到所购图书销售部门联系调换
版权所有　侵权必究
物料号　41970-00

前　言

　　进入 21 世纪,信息化对经济社会发展的影响更加深刻。互联网加剧了各种思想文化的相互激荡,并成为了信息传播和知识扩散的新载体。会展信息化步伐不断加快,网络技术广泛应用于会展工作中。网络会展成为现代展览业的有机组成部分。伴随着大数据时代的到来,大数据应用催生会展业变革。我国会展界开始尝试大数据应用,展览会现场大数据采集分析软件已经应运而生,网络会展大数据应用呼之欲出。

　　21 世纪以来,我国高校会展专业迅速发展,迄今已经有 200 多所大专院校开设会展专业。2008 年,中国会展经济研究会教育专业委员会学科建设和教材编写会议研究决定,由高等教育出版社出版高校会展专业六门核心课程教材,《会展信息管理》为其中之一。《会展信息管理》一书编写难度较大,要求作者将会展、信息管理及管理信息系统三方面知识融会贯通,并且教材要适应大学本科学生的接受能力和专业实际需求,涉及的信息管理专业知识应深浅合适,选用的会展管理信息系统案例应当具有一定业内公认度。本书编写团队历经六年砥砺切磋,六易提纲,八易其稿,方成此书。

　　本书分为三个层次,共八章。第一个层次为基础理论篇,包括第一、二、三章的内容,主要介绍会展信息及会展管理信息系统的概念、会展中的信息活动和会展信息交流模式;第二个层次为实践应用篇,包括第四、五、六、七章内容,介绍了展会主办方管理信息系统、展会现场管理信息系统、展览馆管理信息系统和会议管理信息系统案例应用,案例采用西安远华软件公司历经 14 年专业会展软件设计实践打造出的会展项目系列教学软件;第三个层次为拓展篇,包括第八章内容,介绍了会展信息化、网络会展和展会大数据的发展趋势。全书内容突出基础性和实用性。

　　本书编写目的在于使读者对会展信息交流活动、会展信息化趋势有一个较为基础和全面的认识，并通过管理信息系统实例了解会展的信息化应用和管理手段。本书由国家商务部国际贸易经济合作研究院中国会展研究中心副主任俞华博士主编，并撰写了第一、二、三、八章，且负责全书的统稿工作；上海市闵行区行政学院教研部讲师李瑶亭博士撰写了第五、六、七章；中国会展经济研究会会展信息技术工作委员会主任、西安远华软件有限公司总经理呼庆源撰写了第四章。本书在编写过程中参阅和引用了一些现有研究成果，已在参考文献中列出，在此，谨向这些作者表示诚挚的谢意！另外，我们还要向中国会展经济研究会教育专业委员会以及高等教育出版社的支持表示衷心的感谢。

　　由于编写人员水平有限，敬请广大读者和专家对不足之处不吝指正。

编者
2014 年 7 月

目 录

第1章 导言 1
   第一节 会展信息相关概念 1
   第二节 会展管理信息系统相关概念 5
   本章小结 10
   复习思考题 11

第2章 会展中的信息活动 12
   第一节 会展前期工作中的信息活动 12
   第二节 会展期间的信息活动 19
   第三节 会展后续工作中的信息活动 27
   本章小结 30
   复习思考题 31

第3章 会展信息交流模式 32
   第一节 会展信息交流模型 32
   第二节 会展主信息流 34
   第三节 会展辅信息流 41
   本章小结 45
   复习思考题 46

第4章　展览会主办方管理信息系统 …… 47
第一节　客户数据库管理系统 …… 47
第二节　展会策划管理系统 …… 50
第三节　展会招展管理系统 …… 65
第四节　财务管理系统和会刊制作系统 …… 80
本章小结 …… 85
复习思考题 …… 85

第5章　展览会现场管理信息系统 …… 86
第一节　用户数据管理系统 …… 86
第二节　制证管理系统 …… 96
第三节　门禁管理系统 …… 104
第四节　观众管理系统 …… 108
第五节　查询统计系统 …… 113
本章小结 …… 117
实践环节 …… 117
复习思考题 …… 117

第6章　展览馆管理信息系统 …… 118
第一节　展馆接展管理系统 …… 118
第二节　展期展馆管理系统 …… 128
第三节　展馆财务与统计管理系统 …… 136
本章小结 …… 140
实践环节 …… 141
复习思考题 …… 141

第7章　会议主办方管理信息系统 …… 142
第一节　会议项目管理系统 …… 142
第二节　会议策划管理 …… 154
第三节　会议参与人接待管理系统 …… 156
第四节　会议财务与统计管理 …… 162
本章小结 …… 165
实践环节 …… 165
复习思考题 …… 165

第8章　会展信息化发展趋势 …… 166
第一节　会展信息化的基本内涵 …… 166
第二节　网络会展发展现状与趋势 …… 174

第三节　展览会大数据应用方兴未艾 …………………………………… 191
本章小结 ………………………………………………………………… 202
实践环节 ………………………………………………………………… 202
复习思考题 ……………………………………………………………… 202
参考文献 ………………………………………………………………… 203

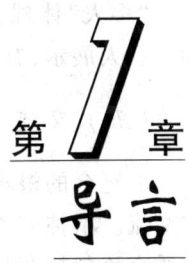

第1章 导言

第一节 会展信息相关概念

一、会展概念

会展是指多人在特定时空围绕特定主题的集聚交流活动。会议、展览会、博览会、交易会、展销会以及展示会是会展活动的基本形式,世界博览会是最典型的会展活动。

以上会展定义,揭示会展内涵的五个主要方面。

(一) 特定主题

一个展览会通常总是围绕某一个指定主题,组织与该主题相关的领域的参展商汇聚于展览会。一个会议总是围绕指定的目标议题进行讨论、交流。展览的主题种类繁多,可以是促进经济、弘扬文化、加强教育、发展体育等各类主题。

(二) 特定时间

展览会一般都有特定的展览期限即展期,如世界博览会展期一般在 6

个月。

（三）特定空间

会展活动通常集中在特定的会展场所的空间内,一般多在会展中心或展览馆内举行。

（四）集体性

"多人"体现会展的集体性。展览会凝聚人气,是集体性的人类社会活动。有人展示,有人观赏;有人发言,有人听讲。

（五）交流

展览会的根本目的在于促进人们的交流,既可以是精神交流,也可以是物质交流。精神交流包括信息交流、知识交流、观念交流、思想交流、文化交流,物质交流包括商品交易、物品交易、货币交易等。

会展可分狭义和广义两种。狭义会展仅指会议和展览会,广义的会展是会议、展览会和节事活动的统称。这样的定义有利于会展的纯理论研究,狭义会展理论研究中的很多规律可以在广义会展的实际运作中借鉴,例如会展服务、会展营销、会展广告、会展文艺、会展传播、会展旅游、会展信息管理、会展风险管理、会展融资管理等方面的理论都可以在节事活动中予以应用。广义会展范围非常广泛,例如庆典仪式、传统风俗活动、标志性活动、促销活动、体育赛事、大型文艺活动、奖励旅游等。会展实业界经常涉足大型节事活动,广义会展的定义可扩大会展工作的范围,将会展业做大做强。

本书会展概念的界定与目前国内外会展理论界与实业界的主流观点一致,即会展的概念与狭义会展相一致,仅指展览会和会议,不包括节庆、赛事和文艺活动。

二、会展信息的概念

随着科技和经济发展,人们的认识水平不断提高,信息(Information)概念也在不断拓展,不同的学者在不同的研究领域,对信息有不同的定义。

信息科学认为,信息是物质的普遍属性,是一种客观存在的物质运动形式。1948年,申农(C. E. Shannon)在著名的《通信的数学理论》一文中提出"信息是用以消除随机不确定性的东西",这一理论奠定了信息论的基础。1950年,美国控制论创始人维纳(N. Wiener)在《人有人的用处》中给信息的界定是"信息是我们用于适应外部世界,并且在使这种适应外部世界所感知的过程中,同外部世界进行交流的内容的名称"。

我国学者代表性的信息定义有:"信息是人与人之间传播着的一切符号系列化的知识","信息是作为存储、传递和转换的对象的知识","信息是决策、规划、行动所需要的经验、知识和智慧","信息是组织好的、能传递的资料"等。

著名学者马费成认为可以根据不同条件区分不同的层次来讨论信息的定义,最基本的信息定义应为本体论层次和认识论层次的两种:本体论层次的信息定义是:"事物存在的方式和运动状态的表现形式。"这是最普遍、最广义的信息,可以与物质、能量并驾齐驱。认识论层次的信息定义是:"主体所感知或表述的事物存在的方式和运动状态。"认识论定义考虑到信息的产生、认识、获取和利用离不开主体——人,从人的主体立场来定义信息,其范畴即指社会信息。

会展信息概念属于认识论层次的信息定义,指会展中有人类主体介入的信息,即会展中产生、传递、交流并应用于人类社会实践活动的社会信息。

会展中的信息与所有社会信息一样,是物质载体和精神内容的统一,主体和客体的统一,符号和意义的统一。会展中的社会信息必须依附物质载体,以各种形式表现出来,无论是语言、文字、图片、影像,还是声调、表情、动作都表现为一定的物质信号,这些信号以视觉、听觉、触觉等形式作用于会展中人的感觉系统,经神经系统传递到达大脑得到处理并引起反馈。

(一) 会展信息的分类

1. 按照会展市场主体分类

可分为会展组织者信息(会议主办方与展览会主办方信息)、会展场馆信息(展览馆与会议中心信息)、会展参加者信息(参展商与观众信息)以及会展服务商信息(展览工程企业信息、会展礼仪企业信息)等。

2. 按照会展阶段分类

可分为会展筹备期信息、展出期间信息和会展后期信息等。

3. 按照会展管理分类

可分为会展财务信息、会展人员信息、会展物流信息、会展旅游信息、展品信息和会议报告信息等。

4. 按照信息载体分类

可分为实物型会展信息、印刷型会展信息、电子型会展信息和口头型会展信息和网络会展信息等。

（二）会展信息的特征

会展信息具有信息的共同特征：依附性、价值性、时效性、可传输性、可扩散性、可分享性、可加工性以及真伪性等。

1. 依附性

信息必须依附于一定的介质而存在。信息必须借助文字、图像、声波、光波、实物等物质形态的载体。展览会的信息较多依附于展品物质载体；会议中与会者口头信息的载体为声波载体。

2. 价值性

会展中的信息具有使用价值，能够满足人们的工作、生活、学习等需求。

3. 时效性

信息是有寿命的、有时效的，其使用价值与所提供的时间成反比。信息生成后，提供的时间越长，使用价值就越小；反之，提供的时间越短，使用价值越大。很多展览会展示最新科技发明、专利信息，信息新颖，其提供时间短，使用价值极大。

4. 可传输性

任何信息必须经过信道传递，才能从信源发出到达信宿。展览会的展品运输的同时，展品实物信息同时得以传输。

5. 可扩散性

信息有渗透性，它力求冲破自然和人为的约束（如保密措施），通过各种渠道和传输手段，迅速散布开去，扩大其影响。会展中聚集大量的人流和多种信息传播技术手段，信息可以迅速向社会扩散。鉴于信息的可扩散性，一些机密会议的信息应采取一些人为的、硬性的措施，将会议信息控制在一定范围内，只让必要的人知情。

6. 可共享性

信息在一定时空和一定程度上被人们共享，不会被一个单位或个人永远占有。信息与实体物质不同，物体从一方传递给另一方，受方得到物体，传方将失去该物体；而信息经传递后，受方获得了信息，传方并不会失去该信息，这就是信息的共享性。一个物体的交换是一次性的，一条信息的交换可以多次进行。会议中一个人的发言信息，可以为众多与会者所共享；展览会一个展品的实物信息，可以被成千上万的观众获取、共享。

7. 可加工性

信息总是分散的、多种多样的，必须通过加工处理，选择提炼，才能被更好地利用。展览会的展品都经过展示设计艺术加工；会议演讲人的报告通常运用投影仪演示 PPT 文件,一般经过精心准备,含有演讲人的智力加工。

8. 可再现性

信息的内容可以物化在不同的载体上,传递过程中经由载体的变换而再现出相同的信息内容。国际会议中经过同声传译系统,同一发言人的信息可以转换成不同语言;展会的现场可以通过电视、网站等不同方式进行直播。

9. 真伪性

信息有真信息和伪信息。信息发出者由于自身水平限制,发出片面或错误的信息,或者信息发出者故意发出虚假信息,造成"人为型伪信息";信息在传输过程中,信息量损失,或添加了冗余信息或混入"噪音"干扰,产生"传输型伪信息";不同的信息接收者对于同一条信息做出不同的理解,可能形成"认知型伪信息"。展览会中有时会出现侵犯知识产权的冒牌产品,形成虚假信息,需要展会加强知识产权管理,以努力保证所传递信息的真实性。

10. 可再生性和可增值性

信息具有提供确定性的价值,在不同的时间、地点,可以被不同的人拥有,产生不同的意义。这种意义还可以引申、推导,繁衍出更多的意义,从而产生信息增值。科技学术会议的前沿科技知识、信息经过会议的科学交流后,被众多与会者共享;该知识可能被写入教材,经过教育培训活动被成千上万的学生掌握;该知识也可能经过大型科普活动,向全社会公众进行传播,变成社会人所共知的常识,进而指导人们的工作、生活、学习。显然一些展会中的信息可以不断再生,具有极大的可增值性。

第二节 会展管理信息系统相关概念

一、系统的概念

一般系统论创始人贝塔朗菲(Bertalanffy)对系统的定义是:"系统是相互联系、相互作用的诸元素的综合体"。一般我们采用如下的定义:系统是由一些相互联系、相互制约的若干组成部分结合而成的、具有特定功能的一个有机整体(集合)。

系统由许多要素部件构成,这些部件不是静止的,而是处于运动状态的。各个要素部件之间并非孤立的,而是相互联系的。系统各要素部件和的贡献大于各部件贡献之和。

系统是多方面复杂因素的集合。整体性是系统最基本的本质特征,主要表现在以下三个方面：

（一）系统与要素部件的双向构建性

系统与要素间相互规定的相互作用，使得它们都获得了整体意义上的全新规定性。

（二）层次结构性

系统是由不同层次的子系统（要素）组成的，各层次之间相互制约和影响。系统的层次性为我们认识系统提供了方便：从较高层次进行分析，可以了解一个系统的全貌；从较低层次进行分析，可以了解一个系统各组成要素的细节。

（三）整体规律性

系统整体的存在方式具有一定的规律性。系统中的每个部分都要服从整体需要，追求整体目标的优化，而不是局部的最优。

二、管理信息系统的概念

（一）管理信息系统的定义

管理信息系统的创始人、明尼苏达大学著名教授高登·戴维思（Gordon B.Davis）的定义如下："管理信息系统是一个利用计算机硬件和软件，手工作业，进行分析、计划、控制和决策的模型，以及数据库的用户-机器系统，它能提供信息，支持企业或组织的运行、管理和决策功能。"这个定义全面地说明了管理信息系统的目标、功能和组成，同时反映了管理信息系统在当时达到的水平。

管理信息系统（Management Information System，简称 MIS）是一个以人为主导，利用计算机硬件、软件、网络通信设备以及其他办公设备，进行信息的收集、传输、加工、储存、更新、拓展和维护的系统。

经过多年的发展，管理信息系统已经成为一门综合了管理科学、信息科学、行为科学、计算机科学、决策科学、系统科学和通信技术的新型学科，形成了比较完整的、独具特色的体系。管理信息系统的原理、方法和技术，以及从理论、手段、技术等多方面提供的一套完整、科学、系统、适用的研究方法和开发体系，具有十分重要的应用价值。

（二）管理信息系统的基本功能

MIS 具有多种功能，各功能相辅相成，构成一个有机结合的整体，形成一个功能结构。MIS 的功能主要有以下几个方面。

1. 数据处理功能

管理信息系统的数据处理功能包括数据收集、输入、传输、存储、加工处理和输出。

2. 事务处理功能

管理信息系统将管理人员从繁琐的事务处理中解脱出来，从而更多地去思考管理问题，从事创造性工作。

3. 计划功能

计划功能是指根据现存条件和约束条件，提供各职能部门的计划，如生产计划、财务计划、采购计划等，并按照不同的管理层次提供相应的计划报告。

4. 控制功能

控制功能是指根据各职能部门提供的数据，对计划执行情况进行监督、检查，比较执行与计划的差异，分析差异及产生差异的原因，帮助管理人员及时控制，并将控制信息反馈给系统。

5. 预测功能

预测功能是运用现代数学、统计或模拟方法，根据过去的数据和条件，分析、预测未来的情况。

6. 辅助决策功能

辅助决策功能是采用相应的数学模型，从大量数据中推导出有关问题的最优解和满意解，辅助管理人员对问题进行分析和决策，以期合理利用资源，获取最大的经济效益。

（三）管理信息系统的基本构成

组成管理信息系统的主要单元有：信息源、信息宿、信息管理者和信息处理机，见图 1-1。

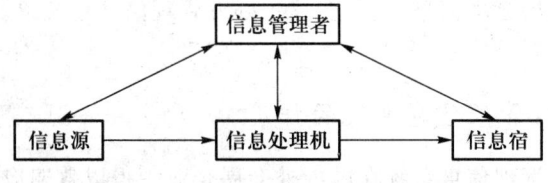

图 1-1　管理信息系统的基本结构图

1. 信息源

信息源也叫信源，是信息产生地。区分一个系统的信息源有两个标准，一是地点，二是时间。信源根据地点的不同，可分为内部源和外部源。内部源数据产生于系统内部，受内部组织机构直接控制，外部源数据产生于系统外部，涉及系统外部环境情况，不受组织机构控制。收集内部信息较容易，而收集外部数据则较为困难。信源按时间可划分为一次信息和二次信息，一次信息是原始信息，二次信息是现存的各类数据库中的信息。

2. 信息宿

信息宿也称信息接收器或信宿。信息系统有两类信息接收器，一是用户，它是系统的最终信息宿；二是信息的存储媒体，如计算机的各种外存设备磁盘、磁带等，它是系统的暂时或中介接收器。

3. 信息管理者

信息管理者由管理系统的企业组织机构、管理人员以及规章制度构成。

4. 信息处理机

从广义上讲，信息处理机指从信源获取数据，把数据加工成有价值的信息并向信息接收器提供这些信息的一套装置。在现代的管理信息系统中，信息处理机主要是指计算机系统及其相关设备。任何一套处理装置均由数据采集装置、数据变换装置，数据传输装置和数据存储及检索装置四部分组成。

三、会展管理信息系统的概念

会展管理信息系统是一个以人为主导，利用计算机硬件、软件、网络通信设备以及其他办公设备，进行信息的收集、传输、加工、存储、更新、拓展和维护，以提高效率和效益为目的，支持企业的高层决策、中层控制和基层动作的集成化的人机系统。

（一）会展管理信息系统的分类

会展管理信息系统可分为展览会主办方管理信息系统、展览馆管理信息系统、展览会现场管理信息系统、会议主办方管理信息系统以及会议接待现场管理信息系统等。

（二）会展管理信息系统的作用

当前，会展管理信息系统在国内外会展企业中得以普遍应用，促进了会展企业管理工作水平的提升。会展管理信息系统是为会展企业管理服务的，它的开发和建立使会展企业摆脱了落后的管理模式,实现了会展管理的现代化。会展管理信息系统将会展企业的管理工作统一化、规范化、现代化,极大地提高了会展企业的管理和运营效率。

在会展企业中应用会展管理信息系统,可以产生如下几方面作用:

1. 促进会展企业管理模式变革

会展管理信息系统广泛利用计算机技术、信息技术等先进技术,采用定量化的科学管理方法,通过预测、计划优化、管理、调节和控制等手段支持辅助决策,为会展企业管理决策提供尽可能科学的明确的、具体的、定量的方法,优化会展企业的业务流程,达到科学管理的目的,避免企业领导"拍脑袋"式盲目决策带来不必要的损失,从而提高企业决策和运行的效率。

会展管理信息系统促进会展企业组织结构向"扁平化"的方向发展,改变传统的"金字塔"式的、纵向的、多层次的集中管理模式。企业管理模式变为扁平式,即采用并行的、小组化的工作方式,实行以人为中心的管理,会展企业管理层级简化,管理呈现简单化、平面化、并行性等特点,信息流动更加顺畅,企业各部门联系加强,相互融合,有利于企业各部门之间、员工之间的沟通和合作,从而提高企业的整体效率。

2. 为会展企业提供智能辅助决策

会展管理信息系统可以帮助管理者将数据转化为知识,根据知识科学决策,使决策获得成功。

会展企业信息系统战略与企业竞争战略的融合是培育和发展会展企业竞争优势的必备武器。会展管理信息系统的组织和运行也是会展企业目标的规划与实现,它与企业战略的制订与执行是一个相辅相成的过程。会展管理信息系统能够实测会展企业的各种运行情况,利用会展企业过去的数据预测未来,从全局出发辅助会展企业进行决策,制订会展企业战略,并利用信息控制会展企业行为,帮助会展企业实现目标。

3. 优化会展企业业务流程

会展管理信息系统使用信息技术来简化和自动化原有的人工流程,要求众多会展事务流程都需要经由信息系统来操作,并根据系统预设的流程来工作。在这种流程下,会展管理信息系统能够有效地改造企业过时的业务流程,实现企业业务流程的再造,提高企业内部流程效率以及外部交易过程的效率。会展企业通过对整个会展业务流程的信息流进行管理,实现会展业务的整体优化,提高会展企业运行控制的效率。

4. 促进会展企业机制创新和文化创新

会展管理信息系统作为一种先进的管理思想和手段,它所改变的不仅仅是某个人的行为或表层上的一个组织动作,而是从思想上剔除管理者的旧观念,注入新观念,帮助会展企业建立一种新的管理体制,实现企业内部的相互监督和相互促进,并促使每个员工都自觉发挥最大的潜能去工作,使每个员工的报酬与他的劳动成果紧密相连,迅速提高工作效率。

会展管理信息系统具有强大的的冲击力和改造能力,可以促进会展企业文化随经济社会环境不断更新。会展管理信息系统是一个系统性的工程,它可以促使会展企业具备系统性的思考能力,具有卓越的组织学习能力和团队协作精神,促使会展企业员工和管理人员学习新思维和新的待人接物方式,从而潜移默化地改变会展企业的思维和行为方式,促进企业文化创新。

5. 促进会展企业对外交流合作

会展管理信息系统有利于会展企业与客户形成安定且可信赖的关系基础,形成相互之间的交流学习网络,形成企业自我调整的基础;有利于企业向外界树立规范化、现代化企业品牌形象;有利于会展企业加强对外交流,创造更多的会展商机。网络环境的建立方便了会展企业的对外交流,不仅可以改善会展企业的形象,还可以创造更多的机会,让更多的客户通过网络增进与会展企业合作。

6. 提高会展企业的经济效益

会展管理信息系统可以提高会展企业的服务能力,更好地满足社会的各种会展服务需求,提高企业的市场竞争能力。

会展管理信息系统可以提高会展企业的经济效益。会展管理信息系统的建设是关系到会展企业生死存亡的长远大计,它的效益主要是体现在会展企业的战略效益方面:机构和业务流程的精简可以节省大量劳动力,由此节省会展企业的成本和费用;无纸化办公可以节省大量的纸张和相关费用等。成本的大幅度降低意味着经济效益的提升。

本章小结

会展是指多人在特定时空围绕特定主题的集聚交流活动。狭义的会展仅指展览会和会议;广义的会展是会议、展览会和节事活动的统称。会议、展览会、博览会、交易会、展销会、展示会是会展活动的基本形式,世界博览会是最典型的会展活动。

会展信息概念属于认识论层次的信息定义,即指会展中有人类主体介入的信息,即会展中产生、传递、交流并应用于人类社会实践活动的社会信息。会展信息具有信息的共同特征:依附性、价值性、时效性、可传输性、可扩散性、可分享性、可加工性、可再现性、真伪性、可再生性和增值性。

会展管理信息系统是一个以人为主导,利用计算机硬件、软件、网络通信设备以及其他办公设备,进行信息的收集、传输、加工、存储、更新、拓展和维护,以提高效率和效益为目的,支持企业的高层决策、中层控制和基层动作的集成化的人机系统。

复习思考题

1. 简述会展信息的特征。
2. 简述系统的整体性特征。
3. 组成管理信息系统的主要单元有哪些?
4. 试述会展管理信息系统的作用。

第2章 会展中的信息活动

　　一个会展活动的运作过程,总体上可以分为会展前期工作、会展期间工作和会展后续工作三个阶段,每个阶段的各个环节中,都存在着大量的会展信息交流,呈现出丰富的信息活动现象。

　　会展工作的关键是信息。"世界展览王国"德国的展览协会和各大展览中心历来重视信息的采集、整理、分析和传输,每次展览会的组织实施过程即是一次完美的信息流程:按办展的不同阶段发布相关信息,如展览主题、展出范围、参展公司和观众情况、展览会上重大活动、展出效果评估以及下一届参展计划等,使参与展览的不同角色及时知晓详情,从而避免了盲目参展和重复办展。德国展览系统得以高效有序地运转,很大程度上靠的是缜密、细致的信息组织工作。

第一节　会展前期工作中的信息活动

　　展览会前期筹备工作包括招展招商、展示设计、展品运输以及展位运输等,这些环节中存在着不同的信息活动:招展招商工作类似于信息搜集;展示设计相当于信息加工;展品运输相当于信息传输;展位分配类似于信息组织。

一、招展招商与信息搜集

招展招商工作中存在大量的信息搜集工作。

招展工作就是招揽参展者,招商工作即组织展览会目标观众。招展招商工作必须建立潜在客户档案,开展招展宣传。招展招商工作是一个客户服务管理过程,会展客户管理是一个将会展客户信息转化为积极客户关系的复杂过程。

在一个展览会的运作过程中,招展招商需要寻找符合本展会主题的客商对象,这通常是一个海量的信息搜集过程,主要包括:搜集参展商、买家团客商信息,邀请、组织参展商参会展示产品和企业形象,买家团光临展会现场洽谈采购订单。组织大量的参展商、买家团客商聚集到展会,某种程度上说,就是搜集散布在国内外的参展商、买家团客商信息,在展会期间集中发布参展商供应信息和买家团客商的需求信息,由此可以说招展招商工作是一个广义的信息搜集过程。

招展招商必须建立潜在客户档案,收集客户信息,发现市场机遇。现代化的会展组织者一般建有高度信息化的客户数据库,有利于招展招商工作中的客商信息搜寻检索。完备的会展客户数据库具有的信息功能包括:可容纳大量数据;可持续加载数据;数据信息可共享;保护敏感数据;可以历史数据为基础发挥作用。高度信息化的会展客户数据库有利于会展企业跟踪客户需求,提供定制化服务,从而提高客户满意度,让客户高兴地前来参展、参观。

信息搜集获取的效率指标有采全率、采准率、及时率和费用率等,这些指标对招展招商的客户信息搜集工作有指导意义。

(一)采全率

采全率用来衡量切题信息搜集的完整程度,指某一信息系统(信息库)所含的全部切题性信息(对该系统全体用户而言)在当时系统内外所有切题信息中所占的比例。专业会展为使行业内尽可能多的客户参展参会,想方设法将与会展主题相关联产业内的适合参展的对象名录查全,再与客户一一联系。招展招商中为提高客户信息搜集采全率,一般采用多种搜集方法,如利用专业数据库检索,利用搜索引擎互联网上查询,报刊信息检索,网站查询,朋友推荐,向主管部门、行业协会索取,查询公共电话簿以及拨打114、160电话查询等。还有一种比较好的客户信息源——往届展览会的会刊,通常比较成熟和已经固定下来定期举行的展会,上届参展的厂商很多会继续参展,所以上届会刊是很好的招展招商信息源渠道。会刊资料往往登载有平面图(可以看出是否展商的展位属于特装展位,一般面积在 36 平方米以上是需要特别布置的)、展商的联系方式和简介(有些展会也会把公司的展会负责人姓名登在上面),会刊资料还可以配合现场实景照片进行比较,通过比较可以知晓客商的经济实力、企业文化等信息。行业资讯媒体也是重要的客商信息源,它们比较熟悉本行业的展会和厂商,有些专门的采访类栏目,类似展会快报的性质,里面有参展商市场宣传方面的负责人信息。

(二)采准率

采准率用来衡量信息搜集的针对性,指某一信息系统(信息库)所含全部切题新信息(对该系统全体用户而言)在当时该系统所拥有信息中所占的比例。提高信息采准率要求在会展的招展招商工作的客户信息搜集中,应该选择与本展会主题密切相关的目标企业参展,针对目标企业寄发招展说明书,不断函电联系,提高所联系对象参展的概率。不应该漫无目的、天女散花般地随便寄发招展书或联系一些与本展会不相干的客商,结果如大海捞针,没有多少客商参展。选择目标观众主要考虑行业、地区、企业规模等综合而定:行业选择视展览会的性质和内容而定;地区的选择应考虑该行业在各地区的发展状况、市场分布、参展商业务范围的影响;企业规模标准视展览的档次、参展商的企业规模和交易要求而定。招徕目标观众也应采取宣传、联络等方式,与招商工作一样存在着目标观众信息采准率的问题。

(三)及时率

及时率用来衡量信息搜集的速度,即在最短的时间内完成信息搜集过程的能力。一个展会的招展招商时间有限,要在有限的时间内招徕很多的客商参展,必须在很短的时间内搜集足够多的客商信息。否则就可能挤占拓展企业联系客户时间,挤压客户参展、参会的准备时间,甚至使得参展客户最后根本来不及进行展示设计、布展施工,导致其只能放弃参加展会。

(四)费用率

费用率用来衡量信息搜集的资金使用效率,指用于信息库中单位信息搜集费用的能力。招商招展中的信息搜集也需要成本,例如,使用数据库检索需要交纳数据使用费,使用互联网需上网付费,电话查询需要电话费,等等。而主管部门、行业协会提供名录可能需要付费或提出附加条件,势必增加展会成本,鉴于此,会展组织者应该考虑在招展招商过程中,选择合适的客户信息搜集方式,以提高招展招商的资金使用效率。

二、展示设计与信息转换

(一) 展示设计

展示设计的过程在某种程度上是一个信息加工转换的过程。

展示,是指围绕一定主题,在特定时空内将实物陈列,使观众获取信息、知识。展示设计,就是运用艺术学、设计学等知识,对展示的内容、过程、手段等进行设计,使得展览会上的参展商能更好地推介产品、宣传企业形象、传播思想文化。展示设计的主要步骤包括:获取参展商的相关参展资料;了解展示设计要求;设计展位造型等。

展示设计涉及展位空间立面、平面的布局;观众的人流走向;科技手段的运用;空间中内容与形式的组织变化;总体色调与局部色彩的对比关系,审美与风格等多种因素,用设计语言将这些因素融合在展示主题、思路中,转化成视觉效果,形成直观、形象、综合、系统、通俗易懂、生动有趣、富有艺术魅力的观赏信息,使观众在观展中获得参展商展示宣传的信息、知识,同时也满足观众的审美需要。

(二) 信息转换

信息转换是信息资源管理过程中必不可少的环节。信息转换包括信息所有权或使用权的转换、信息符号的转换、信息记录方式的转换和信息载体的转换等多种形式,其中,有些转换(如使用权转换)与信息采集同时进行,有些转换发生在信息采集之后(如记录方式转换)。记者采访和报道信息的过程属于信息所有权的隐性转换,与会者获取会议材料是会议材料信息使用权的转换。

在展示设计过程中,设计者需要先了解客户需要展示的信息,包括客户公司介绍资料、客户标准商标、客户标准字体、客户标准色标、参展产品名称规格和数量、参展产品用电要求、重点参展产品以及展位制作预算,还需要了解展馆平面图、展位面积、展商手册、展位结构、展位材质要求、色彩要求、设计重点、照明要求、展板数量以及展位高度等。在展示设计者采集这些信息的过程中,该信息的使用权由参展商或会展组织者转移到展示设计者手中,信息使用权的转换与信息采集同时进行;展示设计者与参展商交谈,查阅参展商提供的书面资料,了解参展商的参展展位设计要求,再将该要求体现在展示设计的结果即展位造型设计中。展位造型设计应考虑以下几方面:展位的艺术造型;展位的组合内容(展位框架及其配套物如展示台、桌椅、宣传器材、宣传资料、点缀的灯饰、盆景花束等);展位的陈列摆放(展示的宣传内容与展示的物品内容)。这一过程中,参展商的单位、产品的名称、商标(徽标)、新产品、新项目、新发明、新技术、新设备、企业文化等信息从口语信息资源、文献信息资源转换为展品实物信息资源,信息的资源符号、记录方式以及信息载体都进行了转换。

三、展品运输与信息传输

展品运输是指展品从参展企业所在地运输转移到展览现场,展览结束后再从展出地运回参展企业的过程。展品运输的过程就是展品实物信息得以传输的过程。

展品是信息的实物载体,其中包含参展商希望在展会上展示的信息。展品运输过程就是展品信息载体的运动过程,也就是展品信息的传输过程,展品运输将展品信息从展品所在地(通常为参展商所在地)传送到展出地即展览会举办地。

展品是信息源,展品的运输工具例如飞机、轮船、火车、汽车、装卸车是信息传输媒介,相当于电话信息传输过程中的电话线,是信息传输过程中所借助的载体,又叫信息媒体。

展品运输要求保证展品的安全无恙,相当于信号传输过程的保真性要求,如果展品在运输途中受损,则展品信息受到破坏,展出效果将受到影响,就好像信号传输过程中因受干扰而失真。珍稀展品的信息仿佛机密信息,展品运输工作秘密地进行,如释迦牟尼的舍利子在参展运输过程中需要严密保卫,运输的时间路线对外保密。

展品运输要求快捷及时,要确保将展品在展出前的布展期间运到展出场地,否则就会错过展期,导致展品无法展出,酿成参展事故,导致参展商惨重损失。国际展览的展品运输涉及多个国家的进出海关的通关手续,涉及多种运输方式联运的衔接,是一个非常复杂的过程,要想如期将展品运抵展出现场,需要认真分析各国海关政策,选择可靠的、经验丰富的、信誉好的外运公司,以保证展品信息载体及时出现在展览现场,这一点类似于特别重要的、紧急的信函传递可以选择特快专递方式。

考虑到经济性,展品运输可选择不同的运输方式,正如信息传输可以选择不同的传输媒介。如果展品体积小、重量轻、价值高,可以选择空运方式运输,而笨重的机械类展品只能选择轮船、火车或大型专用卡车方式运输。

四、展位分配与信息组织

展位分配过程是展览组织者对参展商及其展品的信息进行组织、分类的

第一节 会展前期工作中的信息活动

过程。

所谓展位分配,是指展览会组织者为确保展览会的有序举行,根据参展商报名参会认购展位情况,依据一定的展位分配标准,对展位进行统一分配。展会组织者需要制订展位分配方案,拟定展位分配表,绘制展位分配图,供参展商作为布展施工的依据。

展位分配通常分区分类,将同类的展品相对集中在一起,分类的标准因参展商构成、展品种类而异。例如按参展商来源地区进行分类,我国有的展览会由各省、直辖市、自治区组团参展,展位分配时按省(直辖市、自治区)成片划区,每一个省的参展商集中在一起展示。另外,也可以按展品专业类型、参展企业的规模大小、认购展位数量的多少等分类。

展位分配的结果使得展品在展览现场分布有序化,也就是使得展品信息在展览现场分布有序化,便于展览会观众参观展览时对展品信息的检索利用。由此可见展位分配是一个展品信息分布有序化的过程,这与信息资源管理过程中的信息组织环节有着同样的功能,而展位分配与信息组织的方法有很多相同之处。

信息组织是指将处于无序状态的特定信息,根据一定的原则和方法,使其成为有序状态的过程。其目的是将无序信息变为有序信息,方便人们利用信息和有效地传递信息。信息组织是一种基于事物属性的序化方法。事物有多少种属性,就可能形成多少种序化方法。具体地说,信息组织的过程就是依据事物属性之间的统一性、包容性、交叉性和排斥性等关系实施序化的过程。由于一切事物都具有形式、内容和效用三方面的特征或属性,相应地,所有的信息组织方法都可以归纳为语法信息组织(按形式)、语义信息组织(按内容)和语用信息组织(按效用)三大类型以及它们的不同组合形式。语法信息组织法包括字顺组织法、地序组织法、时序组织法等;语义信息组织方法包括分类组织法、主题组织法等;语用信息组织法包括特色组织法、重要性递减组织法等。

以上众多信息组织方法可以应用于展览会的展位分配工作中:

(1)依据字顺组织法是根据参展单位名称的字顺对参展企业的展位进行排序分配。

(2)依据地序组织法是根据参展商或参展展品来源地区进行展位分配。

(3)依据时序法是根据参展商报名参展的时间分配展位。

(4)依据分类组织法是根据展品的专业分类、学科分类、功能分类和参展商的类型对展位进行分配。

(5)依据特色组织法是根据参展商或展品的特色设立展区,按特色对展位进行分配。

（6）根据重要性递减组织法是将位置最好的展位分配给最重要的参展商，位置一般的展位分配给普通的参展商。例如，《深圳市参加广交会展位管理暂行办法》规定：扶优扶强，鼓励拥有品牌、自主知识产权和商标的企业参展，凡被列入商务部"重点支持和发展的名牌出口商品"名单的企业，可申请商务部保证性展位。这显然是深圳市依据重要性递减组织法对广交会中由深圳市自主安排的分配类展位进行科学合理的分配。

在实际的会展展位分配中，会展组织者通常不是简单地运用某一种类的信息组织方法，而是将不同种类的信息组织法综合起来加以应用。例如广交会组委会根据地序组织法将广交会展位分配给全国各省市。其中深圳市作为副省级城市，得到本市自主分配广交会展位优待，深圳市首先依据重要性递减组织法，优先保证拥有品牌、自主知识产权和商标的企业参展；其次再根据分类组织法进一步分配展位，根据企业类型划分展位，70%的展位安排给生产企业，30%的展位安排给贸易企业；最后依据特色组织法安排特装展位，达到展位的序化组织分配。

小案例：第十三届全国书市图书展位分配方案

一、展位分配原则

1. 截至8月20日，全国共报订国际标准展位871个，其中图书展位689个，期刊展位108个，音像电子出版物及图书设备展位74个。

2. 本届书市展位的分配将参照历届书市展位分配办法，采取分楼层按报订数量分档抽签和由组委会指定展位相结合的办法。

3. 抽签分档为：40个展位以上的为一档，30至40个展位为一档，20至30个展位的为一档，10至20个展位的为一档，10个以下展位的为一档。

二、具体分配方案办法

（一）C层展位有以下代表团参与分配（共357个展位）

京版代表团（219个展位），福建代表团（26个展位），四川代表团（23个展位），重庆代表团（11个展位），新华书店总店（10个展位），北京市代表团（10个展位），广西代表团（10个展位），陕西代表团（10个展位），新疆代表团（9个展位），云南代表团（8个展位），内蒙古代表团（7个展位），甘肃代表团（5个展位），贵州代表团（3个展位），宁夏代表团（3个展位），青海代表团（2个展位），西藏代表团（1个展位）。

1. 京版、新华书店总店、北京市、福建省、西藏自治区、云南省等代表团由组委会指定展位。

2. 京版代表团各出版社具体展位由中国书刊发行业协会和出版工作者协会安排。

3. 抽签分批：

第一批：四川。

第二批：重庆、陕西、广西。

第三批：新疆、内蒙古、甘肃、贵州、青海、宁夏。

（二）D层展位的分配（共332个展位）

D层展位全部按数量分档分批抽签。代表团有：上海（48个展位），吉林（41个展位），江苏（30个展位），辽宁（28个展位），山东（20个展位），湖南（20个展位），广东（18个展位），河南（16个展位），天津（16个展位），湖北（13个展位），浙江（12个展位），山西（12个展位），江西（12个展位），河北（10个展位），黑龙江（10个展位），安徽（8个展位），海南（5个展位），其他（13个展位）。

抽签分批：

第一批：上海、吉林。

第二批：江苏、辽宁、山东、湖南。

第三批：广东、河南、天津、湖北、浙江、山西、江西、河北、黑龙江。

第四批：安徽、海南。

（三）期刊展位的分配（108个展位）

期刊展位的分配按汇款先后进行安排。

1. 中国期刊总公司展位待定。

2. 其余各单位安排详见附表。

（四）音像电子出版物展位安排（74个展位）

音像电子出版物及其他单位的展位安排也按报订及汇款先后进行。

第十三届全国书市组委会
2002年8月20日

资料来源:http://www.fjsen.com/topics/13book/proj001.htm

第二节　会展期间的信息活动

会展开展期间,汇聚大量人流、物流、信息流。展场和会场是企业陈列展品、构建形象、负载信息的物质实体,是综合的全息媒介,汇集了种类繁多的产品信息。会展期间,会展参加者之间联系频繁。会展现场提供的是面对面的直接信息交流方式,交流效果优于单向的、间接的纸媒广告信息交流方式。会展期间存在着大量的信息交换活动。

一、会议交流与信息交换

一切会议的目的在于信息交流,即与会者之间进行信息交换。

(一) 会议的核心是信息交换共享

会议是收集和分析信息的重要方法和途径。每一次会议,必然有很多信息得以交换、传递、筛选、利用。例如,行政机关、经济组织的汇报会、碰头会、情况通报会,科技组织的学术会议,新闻界的新闻发布会均属于信息交流性质的会议,有利于管理者收集各种有用信息。信息搜集性质的调研会,管理者可以深入了解基层情况,调查研究,汇报分析,并进行情况交流。"头脑风暴会"也称"畅谈会",与会者敞开思想、不受拘束,针对某些问题畅所欲言,对别人的意见不允许进行反驳,鼓励独立思考,广开思路,不重复别人的意见,意见提得越多越受欢迎,不怕观点相互矛盾,补充和发展相同的意见,使该意见变得更有说服力。这些会议上与会者可以交换很多信息。

会议的信息交换作用非常明显。会议期间与会者联系量大、联系面广、联系效果好,因此会议可以向会议组织者、主持人、演讲人(发言人)、听众提供彼此联系和信息交流沟通的机会。有时候在短短几天有限的会议期间,与会者甚至可以接触整个行业或市场的大部分客户,可能比登门拜访等其他常规方式一年甚至几年所接触的客户还多。会议参加者在专业展会上可以接触到行业主管部门领导、本领域专家、现有客户、潜在客户、供应者、代理商、用户等与自己相关的各种角色的人,其中不乏决策人物、关键人物,形成的人际联系和信息交流质量明显较高。另外,会议的环境氛围典雅舒适,有利于进行高质量的信息交流沟通。

2004年"第七届北京国际科技产业博览会"上,进行了25个专题93场次的论坛和专项会议交流活动,有580多人登台演讲,其中包括国际组织负责人、诺贝尔奖获得者、世界500强企业首脑和政府高层人士,境外演讲者占30%,到会听众2.8万人次。

会议是信息交流的平台,它提供各种新思想、新观念、新文化供与会者交流、碰撞。与会者不同文化的交流碰撞,必然带来城市文化的融合和创新,推动会展举办城市市民观念的更新和素质的提高,城市管理理念、方式和手段的革新,促进城市理念和思想的创新。

会议信息源以口头信息源为主,主要指通过口头交流的方式获得信息,例如通过听取讲演、座谈、信息发布、口头陈述、调查会发言、访谈、会间茶歇交流等会议交流方式获得第一手信息。学术会议上,来自不同地区的专家展示自己的科研成果,交流最新的学术信息,是一种科学情报及信息的交流活动,可以起到切磋学问、启迪思想的作用,达到相互促进、共同提高的目的。

会议口头信息源属于零次文献,这是一种特殊形式的情报信息源,是形成一次文献以前的知识信息,即未经记录、未形成文字材料的知识信息,是人们"出你之口,入我之耳"的口头交谈,是直接作用于人的感觉器官的非文献型的情报信息。这些零次文献不仅在内容上有一定的价值,而且在某些条件下要比文献信息源更为优越,它的传播速度更快,有较高的针对性与选择性,反馈迅速,当场就能澄清疑虑和纠正谬误,从言者的表情、体态还可以揣摩到言词之外的信息。

(二)会议信息的收集与编发

会议信息一般指与会人员发言中所提供的零星、分散的信息,它具有交流、深化、反馈的作用,以及提供决策依据、存储备查等功能,会务人员将其加以收集并编发。会议信息工作的基本程序是记录、核实、汇总、整理、筛选、编写、发送和归档。传送的会议信息主要形式是会议简报,它具有"简、真、新、快"的特点。简报属于内部文件,所载信息往往未经原发言人审核,仅供会上交流之用,与会者可以将简报带回原单位,作为宣传、传达的材料,但不能公开发表。

二、展台服务与信息服务

展台服务的实质是参展商展台工作人员向观众提供展出信息的服务过程。

参展商在展览现场服务的工作人员称为展台人员,展台人员向观众提供展台管理服务。展台管理包括工作时间安排、轮班安排、每日展台会议以及记录管理等;展台服务工作主要包括观众接待、贸易洽谈、资料散发、公关工作、新闻工作以及后续工作等。展台服务主要由参展商单位工作人员向观众介绍展台情况,包括展品介绍、市场介绍以及本单位参展期间的展出活动等。展品介绍需详细介绍每一项展品,其性能、数据、用法、用途等;市场介绍包括介绍销售规模、销售渠道、规章制度、特点习惯和销售价格等;展出活动介绍,包括介绍本企业参加展会的记者招待会、开幕仪式、馆日活动、贵宾接待活动等。展台信息服务的实质是展台工作人员向观众提供信息服务。

信息服务是信息管理活动的出发点和最终目的。信息服务将有价值的信息传递给用户,最终帮助用户解决问题。信息服务实际上是传播信息、交流信息、实现信息增值的一项活动。展台服务也是参展商面向观众的传播信息、交流信息、实现信息增值的一项信息服务活动,它是参展商参加展览会的出发点和最终目的。

通过展台服务,展台人员积极主动向观众进行自我介绍、本单位情况介绍等,将本企业产品等相关信息传递给观众,以使观众了解本企业的产品、文化、企业形象等,促成目标观众与本企业签约成交,满足目标观众的市场需求。展台服务在传播本企业信息,与目标观众客商充分交流信息,促进合作成交,实现经济增值的同时,展品的信息价值得以实现并增值。

信息服务与展台服务的关系主要体现在以下五方面。

第一,从信息服务的内容看,人类社会生活中的一切信息都是信息服务的原材料,而人类需求的各类信息也都是信息服务的对象。各类展览会中的参展商包括社会上所有类型的机构、个人。展品信息也包罗万象,经济信息、政策法律信息、文化信息、旅游信息、生活信息以及娱乐信息在内的所有类型的信息都可能出现在展览会上。

第二,从信息服务的形式上看,展台信息服务既有展台工作者主动向观众提供信息的主动信息服务,也有被动信息服务,例如接受观众索取信息资料、口头询问;既有面向所有观众的多向信息发布,又有针对目标客户的单向信息传递。

第三,从信息服务的载体看,展台信息服务既提供传统的实物载体,例如企业宣传画册,也有电子载体,例如企业音像资料可以在展览会现场播放。

第四,从信息提供主体来看,展台信息服务的提供主体既有专职信息服务机构和专职信息工作者,也有非专业信息机构和非专职信息工作者。前者例如图书馆举办的图书展览会中,参加展台信息服务的图书馆为专职信息服务机构,图书馆人员为专职信息工作者;后者如贸易展览会中的企业参展商展台人员,参展企业是非专业信息机构,展台服务工作者来自参展企业的员工,他们通常是非专职信息工作者。

第五,从信息服务的层次和深度来看,展台信息服务既可以提供传统意义上的一次信息、二次信息和三次信息服务产品,也有专家、领导亲临展台提供直接解决问题的知识型服务。

三、展出展示与信息扩散

展出是指在展览会开幕后、闭幕前的开展期间,参展商的展品及相关信息得以向广大展览会观众展示。随着展览会上展品的展出,参展商的信息随着参观展览会的成千上万的观众流向世界各地,展品蕴含的信息也随之向世界进行扩散。

面向公众举办的展览会大都是综合性、消费品类的博览会,这类展览会能吸引很多观众。例如巴黎国际博览会每届大约有观众100万人次,德黑兰国际博览会大约有观众40万人次,这是展览会在信息受众数量上的优势。参展商借助展览会展出产品,展示形象,面向如此之多的、饶有兴趣的观众做宣传,参展商的信息得以迅速扩散,影响面相当广,影响力非常大。例如,在"第七届北京国际科技产业博览会"上,海尔公司在展厅里建了一个大舞台,发放材料和纪念品,进行产品演示,甚至还有演出。展台前人头攒动,观众俨然把展厅当成了营销市场。而诺基亚推出了一款新手机,可以一边拍照,另一边无线连接的电脑立即打印出照片,一时间参加手机拍照的人排起了长队,都想对这种新产品一试为快。首都钢铁公司展示了两台机器人,一台机器人悠然弹电子琴,另一台机器人则现场表演书法,展台工作人员给观众发放白纸,观众排队等着索取机器人的墨宝。韩国三星公司展示了最新研制成功的世界最大的80英寸等离子电视。这些新产品信息在展会上展示后,通过参会的国内外观众以及大众传媒,迅速扩散到全世界。

有人将展览会归入广告业,称之为立体广告。展览会宣传效果好,不仅吸引大批专业客户,也吸引大量普通观众,还会引起新闻媒体的注意。参加展览会也就意味着在行业内和市场上亮相,因此,越来越多的公司、城市利用展览会树立并提高形象、扩大影响。

信息扩散具有多向对称性,即信息在传递或扩散过程中,如果信息源所处的外围介质(包括自然介质和社会介质)是同质均匀的话,则它的信息传递就成为一种各向对称结构,即在距离信息源同等距离的空间点上,信息接收者所接收到的信息是同样的。如果介质分布不均匀,则传播路线、速度、内容、强度都会发生改变。展览会的观众作为接受展品信息的受众,也是展品信息扩散传递的介质,总体来说这个介质的分布是不均匀。观众往往来自不同的国家、民族和机构,各自的语言、学历、经历、知识结构、爱好兴趣以及市场需求等不尽相同,对同一展品信息,必然有着不同的理解。参展商不能指望所有的观众都对自己的展品感兴趣,全部成为自己未来的合作者,只有合适的目标观众才是其传递信息的对象。

展览会信息源主要是实物信息源,即通过物品表现和传递信息的信息源,是非文献信息源。展览中的展品、样机、样品、模型、标本等都包含丰富的信息,这类信息直观,容易被领悟,便于检测和仿制。当然有些实物蕴含的信息并非一望可知,需要复杂的专业仪器检测,而这时的展览实物可成为获取信息的入门条件。

四、洽谈签约与信息利用

洽谈签约是会展中所展示的信息得以充分利用的结果。

在会展中,当参展商和目标观众进入谈判和签约阶段,交易条款、合作条件以及技术等成为双方信息交流的重点内容,有时这种信息交流会延续到会后的实地考察和进一步的接触,最终促成合作。

在现代社会,不管是发达国家,还是发展中国家,都已经深深意识到信息和信息资源开发利用的价值,明确了信息资源开发利用以及其他信息活动已成为人们生产、生活不可分割的一部分。人们开始主动、自觉地开发和利用一切可以利用的信息。对信息资源的开发,就是要不断地发掘信息及其相关要素的经济功能,并及时将其转化为现实的信息资源,开拓其在社会、经济发展中的用途。对信息资源的利用,就是要把信息资源与社会经济生活中的具体实际结合起来,使信息资源充分发挥作用并产生最佳效益。

在美国、德国等国家,展览会是许多公司尤其是制造行业的公司洽谈贸易的主要途径。总体说来,展览会的国际贸易(进出口)、批发功能比较强,对制造业的产品有很好的促销作用。

参展商为"卖"而参展,专业观众为"买"而参观,双方有备而来,因此在一个展览会上可以完成从看样到成交的全部过程。贸易展览会的观众基本上是行业内的专业人员。据美国的调查:专业展览会上84%的参观者具有订货决定权或订货影响力,他们之中有很多是供销的关键人物和决策人物。54%的专业观众会在展览期间签订合同。中国的中小型进出口公司在国外的贸易展览会上有时一次就可以签订几百万美元的合同。在展览会上,买卖双方可以相互了解、立即建立贸易关系,从而使厂商参展取得立竿见影的经济效益。

五、展会中的竞争情报

展会中蕴藏丰富的竞争情报,正日益成为各类组织收集竞争对手信息情报的场所。展会的竞争情报与反竞争情报,具有辩证的对立统一关系。

（一）什么是竞争情报

竞争情报，作为一种为竞争战略服务的现代专业化的情报活动，主要是从竞争角度出发，对竞争环境、竞争对手、竞争策略、竞争目标等进行情报研究。展会是各类竞争情报的重要来源之一。例如，世界博览会富含各国国际层面的竞争情报。世博会展示了世界各国的政治、经济、文化、历史、科技等相关信息，即展示了各国的国际竞争力，包括经济活力、工业效能、市场动态、财政活力、人力资源、国家干预、自然资源、对外经济活动能力、创新能力以及社会政治的稳定性等国家能力的重要信息。

竞争情报的信息源在会议和各类展览会中都会出现。例如参会参展企业名录；每一届展览会的会刊及相关出版物；经济研讨会中的产业研究报告；科技博览会中的发明专利；行政会议中出现的政府出版物（如统计资料、政府工作报告、各类白皮书）；参展企业的广告样品、手册；人才招聘会上的企业招聘广告。一些专业调查咨询机构在展会上既获取竞争情报，经过综合加工后又可以提供竞争情报。

（二）展会富含竞争情报

在各类展会上，企业除了可以得到论文、产品说明书、产品目录、技术报告这类文字信息外，还有各展台的文字图片介绍、新产品的实地展示以及洽谈、经验交流、录音录像等非文字信息。现代展会产品密集、商家云集、同行会集，提供了大量获取竞争对手企业技术信息、市场信息、人才信息的良机。通过展会中竞争对手所展示的产品及相关资料，企业可以从正面或侧面了解竞争对手的经营目标、竞争能力、管理者团队、综合能力等方面的情报；了解有关宏观环境态势的竞争动向情报，包括市场环境情报、客户变化情报等；搜集竞争策略情报，进而可以开展定标比超，选择对象为基准目标进行对比，找出差距，力争赶上并超过对手。

（三）参展企业反竞争情报工作

目前，展会正日益成为企业收集信息情报的场所，同样，参展企业也必须重视反竞争情报工作，在获取对手信息的同时又保护自身商业机密信息的安全。例如：在以展示外观设计为主的工艺品、家具、服装类展会上，样品被侵权的频率非常高，甚至出现了"盗版专业户"。他们针对不同行业采取不同的手法窃取展品情报。在工艺品展和家具展上，他们用照相机、针孔摄像头、手机拍下样品外观，其中还有绘画高手，只看几眼就能凭印象勾勒出产品造型；在服装展上,他们想办法记下服装造型,甚至会偷偷剪下一块样品布料拿回去仿制。2004年5月在广州举办的一个中国日用品工艺展览会上,半数以上的参展商将展位做成房屋型封闭起来,门口有专人把守,有选择地放行人员进去参观,有的甚至只允许国外买家进场看样,其目的就是防止国内同行竞争者模仿抄袭自己的新产品,当然这只是无奈之举。会展中竞争情报工作常常涉及知识产权,因此必须完善相关管理工作。

小案例:如何利用展会竞争情报优化企业决策?

随着行业的日趋成熟,企业之间的竞争越来越白热化,为了求得企业的生存和进一步发展,许多企业使出浑身解数开拓不同的渠道以谋求更广阔的市场空间。在渠道的拓展中,展会的地位随着展会效果的显现得到许多企业的青睐,通过展会不仅可以起到类似影视和杂志广告的宣传效应,同时通过展会还可以直接接触更多的下游经销代理商,达到企业的战略目标。而对于从事竞争情报工作的人员来说,展会这一渠道无疑是其开展竞争情报业务的又一绝佳途径。展会这种渠道对于我们竞争情报的宣传推广甚至销售签单作用甚大。竞争情报从业人员在展会当中至少能做两件事:"推出去"和"拿回来"。

所谓"推出去",就是把我们竞争情报的产品服务推销给我们的目标客户,也就是诸多的参展企业,让其对我们的产品有一定的了解和认知,至少要让其对我们的品牌有印象,这有利于我们后续有针对性地进行二次销售开发工作。以这种方式进行宣传推广,我们的身份不必掩饰,可以坦坦荡荡地向目标客户表明我们从事的就是竞争情报业务,而且尽量与其交换名片取得直接联系方式。这种方式如果进行顺畅,目标客户对我们的产品有所注意时,就要从客户的需求角度出发,深入了解客户需求,在与客户直接接触沟通的过程中挖掘客户的需求。当然,为了加深宣传推广的效果,一些宣传工具是必不可少的,比如产品宣传手册、相关杂志书籍、自身的名片等。这种与目标客户面对面交流沟通从中挖掘目标客户直观需求的宣传推广方式虽然效果比较好,但不一定可行。因为来参展的企业目的并不在此,其目的也是宣传推广,只是它们宣传推广的是自身的产品罢了。

所谓"拿回来",就是把目标客户的相关资料、信息搜集回来,这些资料信息包括目标客户的产品宣传册、负责人信息、现场人员的介绍等。

以上到会展现场所做的宣传推广、目标客户资料搜集等工作都是为后续的销售工作而服务的,我们所做的这些前期工作是否有价值取决于我们能否将目标客户转变为真正的客户,也就是这些目标客户的再开发或深开发。这种方式的再开发的效果和效率都比较高,毕竟通过展会渠道的前期工作我们对目标客户是有所了解的,所取得的资料信息也是真实有效的,如果是通过"推出去"这种方式进行过沟通的客户还可能对我们会有更深的印象,这样一来开展销售开发工作的阻力则较小。

由此可见展会这种渠道对于开展竞争情报工作影响深远,特别是广州每年举办许多各种不同的展会,这对地处广州的赛立信竞争情报来说无疑是一大福音。当然,不可否认展会这种渠道也存在一定的局限性,但只要我们充分发挥其优点,有效利用资源,展会这种渠道还是能给我们竞争情报业务带来不小的效益。

资料来源:赛立信竞争情报网 http://www.sinoci.com.cn/?thread-12597-1.html

点评:

在现代会展中,多媒体技术、办公自动化技术、微电子技术、信息可视化技术、计算机科学与技术等信息技术应用十分广泛,会展竞争情报是伴随着这些信息技术的发展而发展的。譬如,现代展览充分运用声、光、电等现代立体信息技术手段,综合运用新闻、广告、印刷、出版、影视等多种信息传播方式,强化了信息展示效果。大型现代化会展中心配备现代化信息设施,如宽带互联网络、卫星通信、多媒体通信、同声传译声讯系统、传真、手提移动电脑、可视电话、数码相机、电子显示屏、投影仪、影碟机、电视、电影、广播等各类信息设备,大大地改变了会展竞争情报的内涵与外延,大大加速了会展竞争情报的产生和竞争情报体系的形成。

决策是企业管理的重要环节,关系到企业的存亡。企业的决策过程须以切实可靠的情报为基础,而会展竞争情报可为相关组织机构与企业提供及时、准确并具可操作性的情报,成为现代企业经营管理的智囊团、思想库和参谋部。同时会展竞争情报也可视为企业感知外部市场与环境变化的预警系统,能帮助企业洞悉政治、经济、社会市场等环境的变化及可能形成的威胁和机遇。在未来竞争越来越激烈的国内外市场,会展竞争情报无疑将成为企业为适应外部环境变化而进行战略决策和制订竞争策略的支持系统,并为竞争决策提供依据和论证。在市场经济条件下,企业的竞争日趋激烈,会展竞争情报体系的建设成为企业彰显实力与地位的重要标志和象征。

第三节 会展后续工作中的信息活动

会展活动结束后,会展组织者、参展商、会展参加者相互之间存在着会后的联系,会展的信息活动在进一步延续,其中更多的是对展会所获取信息的进一步信息反馈。会展组织者、参展商在展会之后往往进行展会后宣传,将成功组展、参展的信息广为传播。

一、信息反馈活动

展会闭幕后,会展组织者与参展商之间、参展商与目标观众之间存在着会后联系,形成信息反馈活动。

(一)信息反馈及其管理应用

信源是产生信息的源泉,信宿是信息的接受者。信源向信宿传递信息,信宿在收到信源发送的信号后,会根据自己的需求、知识结构、逻辑推理等对信号进行判断,并影响自己的知识、思想、观念,甚至影响自己的未来行动。信宿这些对信号的反应回馈到信源,信源可以由此决定是否修正以及怎样修正下一步即将发送的信号。

信息反馈在管理中应用十分广泛。信息反馈可以及时发现计划和决策执行中的偏差,并且对组织进行有效的控制和调节,如果对执行中出现的偏差反应迟钝,在造成较大失误之后才发现,这样就会给组织带来损失。因此,组织必须把管理中的追踪检查、监督和反馈摆在重要地位,严格规定监督反馈制度,定期对各种数据、信息做深入地分析,通过多种渠道,建立快速而灵敏的信息反馈系统。

(二)展会中的信息反馈作用巨大

在展览会信息交流系统中,参展商是信源,发送的展品信息即企业信息,它们向目标观众传递本企业产品品种、性能、质量、价格等信息;观众购买商是信宿,在展会上了解、接收参展商所传递的展品信息,专业观众往往是所在单位的营销代表,展览会后,回到自己的企业,向主管领导汇报,企业董事会将研究参展商信息,决定是否与该参展商合作,最后将决策信息反馈给参展商即信源,决定双方下一步的合作走向。

会展组织者对于会展参加者会后反馈的关于展会的有关问题,要及时予以答复,对于会展参加者会后索取展会的相关资料,能提供的尽可能提供,尽量满足会展参加者需求。会展组织者的展览后续服务包括为客户整理展会的总结、收集该行业的未来会展信息供客户作为选择下次参展的依据。一届展览会结束后若评估效果好,组织者可以考虑继续办展。参展商在展会结束之际,可以与展会组织者商谈,将继续参展的愿望需求信息反馈给展览组织者,争取在下一届展览会上优先挑选场地位置。展会组织者在发布新闻稿时可提及最先申请的参展商,这也是展会和参展商扩大影响的机会。

参展商的展览后续工作还包括继续洽谈争取成交。参展商对观展中显示兴趣的目标客户做工作,引发其购买意向,或将会展中尚未完成的谈判进行下去,力争成交。参会买家在展览会上会结识多家参展公司,但这只是一面之交,能否建立长久的贸易关系则在很大程度上取决于事后的信息反馈联系。参展商在展览会闭幕之后和离开展出地之前,展台人员可以抓紧时间访问展出地的新客户,抢在竞争对手前巩固与新客户的关系,对于接近谈成的项目,争取在离开展出地之前签约。根据美国的调查,在展览会上所打下的人际关系基础对未来(后续)成交有重要影响。16%的客户在展览后再联系一次才签约,10%的客户展会后联系两次成交,20%客户需会后联系三次达成合作。在日本等国家,商人习惯于展后订货,一般只在展览会上建立联系、了解产品或试订小批量的货,所有这些工作主要是为了未来的大批订货。这些会后的订单就是目标观众对参展商的信息反馈。

美国著名展览专家阿伦科诺帕奇(Alan Conoy Paci)博士在研究中发现:参观者在展览会闭幕后3周内对参观情况的记忆由100%迅速下降到60%,因此他建议参展者趁热打铁进行展会后续联系,将15%~20%的预算经费用于展会后续工作。

二、信息传播活动

会展组织者、参展商在展会结束之后,往往利用专业媒体或大众传媒进行宣传,将本单位组展、参展的信息向社会广为传播。

(一)信息传播的基本要素

信息传播系统涉及4个基本的要素:传播者、信息、途径、受传者。传播者是指传播信息的个体或群体;信息是指所要传播的内容;途径也称通道,是信息传播的保证因素;受传者又称"受众"、"传播对象"等,是信息的接收者。会展后续宣传的信息传播系统也包含传播者、信息、途径、受传者。传播者是会展组织者、参展商;所传播的信息是展览会的展出情况、参展商的参展收获和组织形象等;传播途径是各种媒体或联谊会;通过媒体的传播属于大众传播,其受众是广大社会公众,而举办联谊会属于人际传播,组展者、参展商的重点公关对象即为传播对象或受众。

(二)会展后续宣传传播效果

会展后续宣传方式包括新闻发布会、联谊会等。会展组织者、参展商可以召开新闻发布会、记者招待会，或向有关媒体提供新闻通稿，介绍展会情况、本企业参展收获，并联系、敦促媒体及时刊发，以扩大会展的影响。会展组织者、参展商也可以组织联谊会，邀请对本次展会的组展、参展工作做出支持贡献的单位、嘉宾，邀请有业务往来关系的客商和会展举办地的主要代理商以及新闻媒体等相关部门，共同欢庆展览会的胜利闭幕和所取得的显著成果。通过联谊会的人际交往，进一步加强信息沟通，联络感情，为以后的会展工作奠定更好的基础。会展的这些后续宣传工作就是信息传播。

重要会议结束后，对于会议成果要及时组织宣传报道，以利于会议精神的传达、贯彻、实施。每年三月中旬，我国的"两会"（全国人大会议、全国政协会议）结束之时，会议主席团均召开新闻发布会、记者招待会，或向有关媒体提供新闻通稿，通过媒体宣传传达会议的精神。

展览会作为一项大型活动，结束后必须予以评估总结，进行会展后续宣传。对于展览组织者来说，尽快汇总参展商成交情况，根据展会上参展商、观众以及媒体的反应，对照往届展览会、国内外同类展览会的举办情况，计算展览各项工作的成本和收益，总结优势以利发扬，寻找差距以待改善。尽快完成展览会整体总结报告，并提供给媒体作为关于展会结果的新闻报道的重要资料。对于参展商来说，参展总结工作最好在展台人员未离开展出地时完成，总结的主要内容之一是搜集整理展览资料，包括成交合同、新客户名单、参观者接待记录、市场和行业调研结果等。在此基础上写出总体参展总结报告，内容包括市场潜力、竞争态势、前景分析报告，财务报告，展台工作和展览效果报告，后续工作建议或计划等。展览组织者或参展商如果觉得展出效果好，可以举行记者招待会或发新闻通稿，以介绍展出结果、参展商和目标观众的收获为重点，将展览盛况提供给新闻界通过媒体广为宣传，进一步扩大展览影响。

例如：通过展会期间宣传和展会后的后续宣传，革命历史展、国民经济成就展可以展示国家和民族奋斗发展的历史足迹，宣传政党领导人民进行革命和建设的历史功绩，起到革命斗争史教育、爱国爱岗爱家乡教育、党的路线政策教育、社会发展教育的效果。科技产业博览会让人们了解最新科技动态，掌握最新科技生活用品，改善自己的生活质量。这些显示了展会后续宣传工作产生的极佳的信息传播效果。

本章小结

一个会展活动的运作过程，总体上可以分为会展前期工作、会展期间工作和会展后续工作三个阶段，每个阶段中，都存在着大量的会展信息交流，呈现出丰富的信息活动现象。

会展前期筹备工作包括招展招商、展示设计、展品运输以及展位分配等,这些环节中存在着不同的信息活动现象。招展招商工作富含信息搜集,展示设计相当于信息加工,展品运输相当于信息传输,展位分配类似于信息组织。

会展开展期间,展台服务的实质是参展商展台工作人员向观众提供展出信息的服务过程。展出展示就是信息扩散的过程;洽谈签约是展会信息利用的结果。会展蕴藏丰富的竞争情报。展会正日益成为各类组织收集竞争对手信息情报的场所。

展会闭幕后,会展参加者之间的后续联系构成信息反馈;展会组织者与参展商的展会后续宣传构成展会信息传播影响力。

复习思考题

1. 试运用信息组织方法谈谈如何搞好展位分配工作。
2. 谈谈你对于展会中竞争情报的认识。
3. 展会闭幕后,会展参加者之间的信息反馈有何意义?

第3章 会展信息交流模式

第一节 会展信息交流模型

会展信息交流包括会展主信息流和会展辅信息流两部分。会展主信息流是指参展商与观众(或会议发言人与听众)之间的信息交流,会展辅信息流是会展组织者、会展服务商在会展工作中涉及的信息交流,其目的是构建会展主信息流的平台。

一、会展主信息流过程符合申农通信系统模型

申农(Claude Elwood Shannon)信息论的研究对象主要是通信系统。所谓通信,就是在信源(信息的发生源)和信宿(信息的接收源)两个系统之间传递信息,由信源发出信息,信息经过译报员编码①,再将编码后的信息输入信道,通过信道传递信息,信息传输过程中会收到电磁干扰等噪声,译电员对收到的编码

---

① 编码过程就是符号编排过程,编码包括信源编码和信道编码。信源编码也就是把信源输出的原始符号序列,用某种给定的符号编排成能为其他事物所接受和理解的最佳符号序列;信道编码就是把信源编码后的符号序列转换成适于信道传输的信号序列,如光信号序列或电信号序列等。

信息进行翻译解码,再传递给信宿,信宿(收信人)最终获取信息,这一过程形成通信系统模型,这个模型是一个最原始、最简单的通信系统、一个开环系统及一个单信道单向传输系统,它模拟了一个典型的信息传递过程。如图3-1所示。

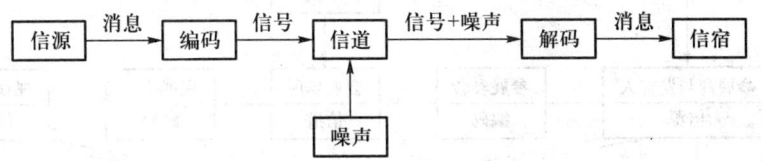

图3-1 申农通信系统模型

实际上,如今的通信系统比上述申农通信系统模型要复杂得多,而且大都是带有回路的双向闭环系统也即具有反馈、前馈机制的控制系统,因此后来一些学者在申农通信系统模型上补充了信宿对信源的反馈机制。

展览会是会展的主体部分。展览会是参展商和观众信息交流的平台,参展商与观众之间的信息交流是展览会的主体信息交流,该信息交流过程与申农的狭义信息论通信系统模型有相通之处:参展商、展品为"信源",参展过程相当于"编码",会展馆所现场为"信道",其他同期举办的同一主题展会对本展会构成"干扰",观展相当于"解码",观众为"信宿",观众的观展反应可于展会现场或展会后反馈给参展商,构成"反馈"过程。展览会主信息交流模型如图3-2所示。

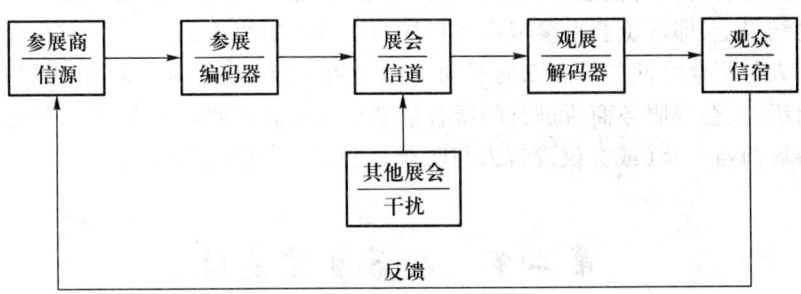

图3-2 展览会主信息交流模型

二、会展信息交流模型

会展中的信息交流涵盖会展主信息流、会展辅信息流两种信息流方向。会展信息交流模型如图3-3所示。

会展信息交流中的参与者主要有四类:一是会展组织者,二是会展服务

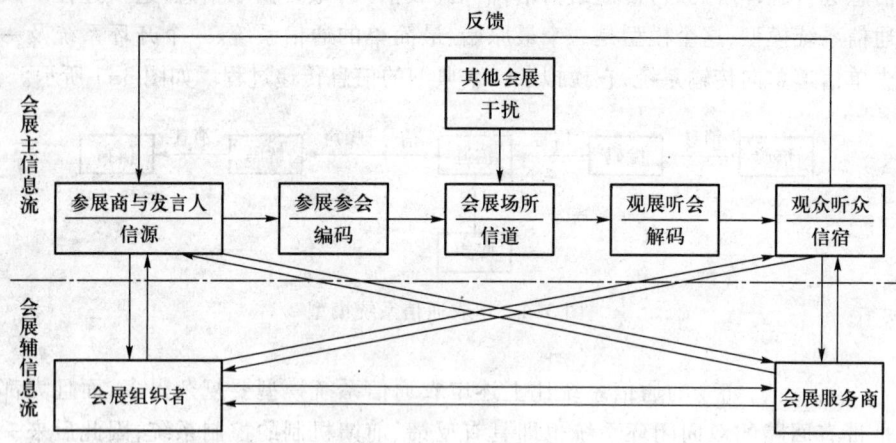

图 3-3 会展信息交流模型

商,三是展览会参展商或会议发言人,四是会展观众或会议听众。

在会展中,上述四类参与者之间均有不同程度的信息交流:会展组织者和会展服务商所有关于会展的信息交流主要是为了成功举办会展,为会展中的第三、第四类参与者构造会展信息交流平台,也就是说,展览会的组织者和服务商旨在构筑参展商与观众之间的信息交流平台,而会议的组织者和服务商旨在构筑发言人与听众之间的信息交流平台。显然会展中第三类参与者与第四类参与者之间的信息交流是会展主信息流,会展的成果体现在会展主信息流的结果上,即展览会上参展商与目标观众洽谈签约达成的合作协议,会议中发言人与听众之间的信息双向互动,会上产生的新观念、新知识、新思想;而会展组织者、会展服务商所进行的所有信息交流是会展辅信息流,其目的是服务于参展商与观众(或会议发言人与听众)之间的会展主信息流。

第二节 会展主信息流

会展主信息流即参展商与观众(或会议发言人与听众)之间的信息交流,其过程与申农通信系统模型相一致。

一、展览会参展商与会议发言人——信源

信源即消息的来源。参展商是展览会中的主要信息源,会议发言人是会议中的主要信息源。

（一）参展商是展览会信源

参展商在展会上都会发布自己特有的信息：厂商的行业、主要业务、产品价格与性能、企业发展历史情况、经营现状、组织结构、单位代码、单位名称、地址、联系方式、银行账号、使用货币以及付款条件等，还有参展人员在参展单位的职位、影响力、喜好、习惯以及联络信息等。例如，2004年5月第七届北京科博会上，参展的海尔、首钢、联想、四通等国内著名企业纷纷在展会上发布最新产品信息："863"项目成果"电动客车"，每充电半小时就可以行驶150~200公里，最高时速90公里；集"机、电、液"一体的全断面隧道挖掘机，堪称现代"土行孙"；新款个性化手机、数码相机令观众爱不释手，数码门锁、机器人吸尘器、智能化冰箱也十分抢眼，深得观众青睐。

（二）会议发言人是会议信源

会议发言人是在会议交流过程中讲话发言、传播信息的人，包括会议中的演讲者、报告人，他们是会议主信息流中的信息来源。学术报告会的报告人是在某一领域具有深厚造诣的专家学者，或是有丰富经验的实践人士，他们口齿清楚，能够胜任做大会报告。学术会议报告人作为会议信息源，可以传送关于科学技术研究成果和前沿动向的信息；形势报告会的报告人一般是政府领导、专家学者或有关方面的管理人员，作为会议信息源，传递关于国内外政治、经济、外交、军事等方面的最新动态信息；事迹报告会的报告人为先进人物或先进集体的法定代表人，他们作为会议信息源，传送有关先进事迹、先进经验方面的信息。

作为会议信源的会议发言人为了准确传递信息，应遵守会议时间规定，安排好发言内容。发言人的发言内容应该详略得当，既不要超过规定的时间使后面的发言人时间紧张或延长会议时间，也不要过早结束令与会者感觉会议内容松散、稀少。发言人讲话不宜太快，令翻译员来不及翻译，听众听不清发言人说些什么，以致发言效果大打折扣，因此会议发言可适当放慢节奏，把话说清楚，把自己的信息有效传递给听众。

二、参展参会——编码

参展需要将企业产品信息转换成展品信息，参会发言准备是将发言人思想进行语言编码，因此参展参会工作可视为信号编码。

编码就是把信息变换为信号的措施。所谓"码"就是一个符号序列和将这些符号序列排列起来时必须遵守的一些规则。例如在电报中，汉字要先编为四位数的阿拉伯数字,随后再编成莫尔斯码,然后转换成脉冲信号在信道中进行传递。会展中参展参会的过程相当于编码。

(一) 参展编码

参展即指参展商应会展主办者邀请,进行展示设计等参展准备,直至到展览会现场布置展品进行展出的全过程。从某种程度上说,展示设计过程就是信息编码的过程。这一过程中,参展商的口语信息资源、文献信息资源转换为展品实物信息资源,信息资源符号、信息的记录方式以及信息载体都进行了转换。参展过程中,参展商将需要传递的信息依据展示设计规则,有机地编成展品信号。

(二) 参会编码

参会即指会议发言人(包括演讲人、报告人)从会前的发言准备,直至会场做会议发言(演讲、报告)的全过程。会议发言人将自己需要传播的信息、知识进行精心设计、准备,将其编码转换为发言稿(演讲稿、会议报告)、PPT投影演示、讲话材料以及论文等,在会议上进行交流、传递、发送。因此,会议发言人的参会过程相当于通信系统中的编码过程。

三、会展场所——信道

信道即信息传递的通道或传输信息的媒介。会展场所包括会展中心、展览馆以及会议中心等,会展场所是展品信息或会议中的信息进行传递的通道或传输的媒介,相当于通信系统中的信道。一般说,展览馆、陈列室、展示厅、荣誉室都可以视为展览信道,会议中心、会议室、报告厅可以视为会议信道。

信道的关键问题是容量,即信道最多能传递或存储多少信息量。从某种意义上说,信息的传输过程也是信息的存储过程。如两人通电话时电话线路就起着存储信息的作用。举办会展选择会展场所必须首先考虑其容量,即展馆和会议室使用面积多大,可以容纳多少会展参加者;其次考虑其信息技术配套设施,能否满足参展商、与会者、媒体记者及时快捷地传递大量信息的需要。

(一) 展览馆

展览馆是展品信息进行传递的通道或传输的媒介之一。展览馆应当具有相当规模的面积以容纳数以万计的参展商、观众。展览馆选址应当注意交通的便捷性,以便展品物流和参展观展人流的快速疏散。规模宏大是现代化展览中心的重要标志,当今国外新建的展览中心占地面积一般都超过100万平方米,例如巴黎北展览中心的占地面积达115万平方米。国外展馆的室内展览面积大部分在10万平方米以上。为方便参展商和观众的车辆进出,展览中心一般建有大面积的停车场,例如慕尼黑展览中心的停车场拥有10 000个车位。2005年德国汉诺威印刷机床展展览总面积达15.8万平方米,有来自42个国家的1 800多家厂商参展、世界各地约40万观众观展。而广州新会展中心选址充分考虑了交通便捷性:位于广州市琶洲岛,有江海大道、华南快速干线等五条南北向主干道和新港东路及环岛北路两条东西向道路,以及地铁二号线、四号线在该会展中心交汇,从而可以保证广交会海量的人流、物流在较短时段内快速通达、疏散。

一个国家和地区的会展业的发展水平必然受展览馆面积的制约。例如北京地区的展馆面积目前不能满足首都会展业快速发展的需要,因此中国国际展览中心集团公司建设了新国展一期、二期工程。

(二) 会议中心

会议中心是会议信息进行传递的通道或传输的媒介之一。各类会议的与会人数规模大小不一,所以会议中心应该设有面积大小不一的若干会议室;会议中心还应该配备现代化信息技术设备,保证高规格会议中新闻工作的需要。

北京国际会议中心于1988年8月为向第十一届亚运会提供新闻中心服务而筹建,是国内目前颇具影响力的专业会议场馆之一。该中心可提供从容纳10人到2 500人不等的大小会议厅室50多个,大中型会场均配有世界一流的声讯设备,有支持6~10种语言的同声传译设备7套,4 000个接收机,即席投票发言系统5套,大型投影电视设备6套,音响设备18套,2套多声道立体声宽银幕电影放映设备,多台不同型号的高亮度幻灯机和投影仪,此外,还有4~6个讯道的电视转播系统、国际水平的录音系统、卫星电视接收系统、宽带多媒体网络、视频会议系统,可满足不同规格会议的需要。

四、重复办展、会议离题——噪声

噪声即信息在信道传输时所受到的干扰。由于噪声的作用,信道输出端输出的是叠加了干扰的信号。噪声容易导致信息失真。同类题材的展会在同一城市重复举办,相互干扰,类似通信过程中的噪声;在会议中与会者信息交流出现偏离会议主题,对于会议主题的信息交流也是一种噪声干扰。

（一）同主题展会互为干扰噪声

重复办展使得相同题材的展会相互之间形成干扰，展会组织者互相抢夺有限的参展商和观众市场。我国会展目前也存在着重复办展多、品牌展会少等问题。除了已经颇具知名度的广交会、北京国际车展、厦门投资洽谈会等，全国一年中近3 000个展会大多形式单一、内容雷同，有的展会之间主题甚至完全一样。2004年3~6月份，浙江省内仅以纺织面料为主题的展览就有4个（其中国际展3个）：宁波国际纺织面料辅料纱线展览会、嘉兴国际服装面料辅料展览会、中国（杭州）纺织机械及针织设备展览会、绍兴国际纺织针织机械及印染设备展览会。2004年，上海曾在3个月之内举办了两个国际食品展，广东在广州、深圳、汕头、东莞相继举办了同类的食品展。此外，农副产品展、小商品展、旅游展更是你方唱罢我登场。各地争着办展会，目的是招商引资、扩大名气、提升经济效益，但实际效果常常事与愿违。一些展会现场门可罗雀，专业观众甚少，甚至参展企业为了向主办方要回参展费而大打出手的极端事例也不少见。显然主题重复的展会之间形成噪声。

（二）会议离题是对会议主题的干扰噪声

所谓会议离题就是指会议讨论偏离会议主题。会议离题是与会者在会议中讨论过火，发言中出现一种远离会议主旨的"脱轨"现象，是对会议主题的干扰噪声。

在会议中，如果会议议程设计不够紧密，会议讨论失去系统性，无法按预定计划讨论会议主题；或者会议中出现比会议主题使与会者更感兴趣的话题，主持人及与会者对议程缺乏有效率的讨论整合能力，会议讨论就很可能在与会者默许的情况下越扯越远，对会议主题的讨论不了了之，不能形成预期的会议结果，甚至可能形成与会议主旨相反的会议结果。

与会者有时无法专心讨论一个问题，以至于在多个议题间徘徊却无结果，这样的情况在互动性高的会议上经常发生。一个会议讨论议题往往包含许多子议题，议题在各子题间转来转去，只要在合理的范围之内，议题迅速转换，有时体现发言人的发散性思维，本无可厚非，但若是在与会议主题完全不相关的议题间转圈圈，主持人又缺乏适当的会议控制，讨论就会事倍功半，常会导致无法达成决议，或者有讨论而无决议，即议而不决。

会中闲聊是造成讨论离题的又一个原因。会议讨论中出现传闻、轶事等闲话，与会者海阔天空、津津有味地谈论，越扯越远。这时主持人可以接过讨论的某句话，顺势巧妙地引回到正题上来，或者用一句风趣的话截住议论引入会议正题。

五、观展听会——解码

观众观展就是观赏、解读参展商展出的信息,会议听众听会就是解读、领会发言人传递的信息。

解码即把信道输出的信号进行反变换,其过程类似于语言翻译过程。由于信道输出的编码信号含有干扰信号,因而解码不是编码的简单还原,还应剔除干扰信号,减少信息失真。

(一)观展解码

展览会观众参观展览解读展品信息,了解参展商的情况,相当于将展示设计所编码的展品信息用观众自己的语言进行翻译解读、理解领会。

(二)听会解码

会议的听众认真听取会议发言人(包括演讲人、报告人)的讲话、演讲、报告,根据自己的已有知识,理解发言人的讲话、演讲、报告,相当于对会议发言人的撰写发言稿(演讲稿、报告)的编码过程进行反变换的翻译解码。

六、观众听众——信宿

信宿即信息的接收者,展览会观众是参展商传递信息的信宿,会议听众是会议发言人传递信息的信宿。信宿的核心问题是收信人能够收到多少或提取多少由信源发出的信息量。

(一)展览会观众信宿

展览会观众是指通过购买门票或提前注册进入展览现场参观,与参展商进行洽谈交流的人士。观众是参展商所传递的展品信息的接收者。

展会的观众分专业观众和普通观众,专业观众可以较多地提取参展商信源发出的信息,并充分利用该信息,洽谈经贸合作,产生效益。所以专业展会组织招徕观众的核心问题是提高专业观众的比例,使其作为收信人能够接收、提取更多的由会展信源发出的信息。例如,第11届中国—东盟博览会的会期是2014年9月16日~19日,其中16日至18日只对专业观众开放,19日是公众开放日,对社会普通观众开放。显然对于中国—东盟博览会而言,专业观众优先于社会普通观众。

经贸类展览会的专业观众又被称为"目标观众"或参展客商,他们参展的目的与自身的业务直接相关,与参展者利益相关,因此专业观众成为会展市场中关键的观众群体,他们或扮演供给方或成为需求方。产品供需型专业观众以产品交易为最终目的,通常由采购员等市场人员构成;技术探求型专业观众由技术人员构成,如软件开发者、设计师等,他们参观展会不以达成合约为目的,旨在探求相关领域的发展状况和最新动态。例如中国—东盟博览会的参观客商有全球采购商、国际投资商、贸易和投资中介机构以及博览会服务商。

(二) 会议听众信宿

会议听众是发言人(包括演讲人、报告人)的讲话、演讲、报告所传递信息的接收者。一般来说,会议听众数量规模要适中,规模太大、人数太多则浪费资源,会议规模过小则达不到会议主题目的。

代表大会的会议听众有正式代表、列席代表、旁听代表,正式代表具有表决权,列席代表、旁听代表一般没有表决权。学术性、时事性、知识性报告会一般可安排适当的时间给会议听众提问,由报告人现场回答。政府的新闻发布会的听众为媒体记者,记者对所获取的信息进行加工整理,及时刊发新闻稿。产品推介会的会议听众可以是产品的用户,也可以是媒体记者。

七、展会后反馈联系——信息反馈

展会结束后,观众与参展商、会议听众与发言人的反馈联系相当于通信系统中的信息反馈。

申农通信系统模型不足之处在于缺乏"反馈"机制,只是一个单向的、线性的模型,把信宿看作信息的终点站,信息没有回流。实际上,会展信宿并不是完全消极被动的,他具有自主性的心理和行为。信息传送不是从一点开始到另一点终止的线性过程,而是互动循环的过程,信息源和信宿的回应构成互动循环的路线。反馈代表信宿解码后对信息源所发送信息的反应,是信宿的一种责任和权利。因此,申农通信系统模型只有得到"反馈"概念的补充和修正,才能得以完善。而观众观展、听众听会议后的回馈反应就是信息传递过程中的信息反馈。

(一) 展览会会后信息反馈

展览组织者对于参展商会后反馈的关于展览会的问题,需要及时予以答复,对于参展商索要的展览会相关资料,能提供的尽可能提供,从而尽量满足参展商展会后需求。展览会后,展会组织者可以回访专业观众,方式包括邮寄信函、电子邮件、传真、电话等,内容包括会后满意度调查、下届参观意向等。

参展商在展览会闭幕之后和离开展出地之前,展台人员可以抓紧时间访问展出地的关键新客户,抢在竞争对手前巩固与新客户的关系。对于接近谈成的项目,争取在离开展出地之前签约。可见展会之后的信息反馈可以产生很好的经济社会效益。

(二) 会议会后信息反馈

会议是结交志同道合者的良好时机。为方便会后相互联系和交流,同时也为留作纪念,会议组织者应及时印发会议代表通讯录。

会议交流时间短暂,但会后联系可以持久。会后的信息反馈使与会者收获良多。例如,一些会议听众在会上来不及向发言人提问,可以在会后通过电子邮件、电话、信函等方式向发言人提问,获得问题的答案;也可以向发言人索取主题报告电子版或 PPT 文件,进一步获取会议资料和信息。一些经贸会议的与会者通过会后联系进一步签订经贸合同;一些学术会议的与会者通过会后联系确立科研合作关系;一些联谊会议的与会者通过会后联系成为工作伙伴、学习挚友甚至生活伴侣。

第三节 会展辅信息流

会展辅信息流是指会展组织者、会展服务商在会展中所涉及的信息交流,其最终目的是构造成功的会展信息交流平台,让参展商与观众(会议发言人与听众)之间的会展主信息流得以顺利沟通。

会展辅信息流包括会展组织者与会展服务商之间、会展组织者与参展商之间、会展组织者与观众听众之间、会展服务商与参展商之间以及会展服务商与观众听众之间的信息流。

一、会展组织者与会展服务商之间的信息流

会展组织者因展会业务需要,需要与各种提供会展服务的会展服务商进行联络协调,会展组织者与会展服务商之间必然存在着大量的信息交流。

(一) 展览会组织者与服务商之间的信息流

展览会服务商是指向展会提供工作证制作、门票制作、广告制作、展示设计、展品运输、布展施工、PDA 租赁、安全保卫、卫生保洁、交通、餐饮、导览以

及购物等服务的客商。展览会组织者与广告公司接洽广告制作、工作证制作,与展览设计公司接洽展示设计、布展施工,与物流公司接洽展品运输,与安保公司接洽展会安全,与保洁公司接洽保洁工作,与旅游公司接洽参展商、观众的吃住行游购事宜,由此可以看出展览服务工作中存在大量的信息流。例如关于机床展览会的展品运输工作在展览会组织者与服务商之间就存在着大量信息流:机床是大型、笨重的实物展品,展览会组织者先要与展馆服务商交流了解展览馆场地地面的最大承重指标参数,展馆入口处是否有台阶,是否允许车辆直接开进展览大厅,展览大厅入口处大门的高度和宽度为多少,可允许何种车型进出;展览会组织者与参展商指定的展品承运商之间也要沟通,确定参展机床的种类,该机床可用什么型号的车辆运输直接进馆,展览大厅用什么机械卸下机床,甚至考虑地面如何铺垫以减少对展览大厅地面的破坏等。这些具体的展览工作沟通必然产生展览会组织者与服务商之间相应的信息流。

(二) 会议组织者与服务商之间的信息流

会议组织者与会议服务商关于会议具体服务需要进行合作沟通,从而产生信息流。会议组织者与印刷公司接洽会议材料印刷、门票印刷,与广告公司接洽门票设计、会议广告制作、工作证制作,与旅游公司接洽会议代表的吃住行游购事宜,与保洁公司接洽会场保洁工作,与信息技术服务商接洽会场多媒体技术设备等会务工作,必然产生大量的会议服务工作信息流。例如信息技术服务商与会议组织者经常就视频会议系统、电视墙、视频数字投影仪、音响系统、灯光系统、同声传译系统等设备的租赁、安装、调试服务进行洽谈沟通。

特别值得一提的是编辑学术会议中论文集的出版工作需要会议组织者与出版商(会议服务商)进行多次联系。学术会议十分重视会议论文集的编辑和出版工作,一些学术会议论文集在出版社用正式书号出版发行。我国有的国际会议论文集在国外出版,而国际上许多出版商都要选择一些有影响的国际会议论文集作为自己的出版物,用以提高自己刊物的发行量。有些国际学术会议在筹备期间,经常会有多家出版商联系出版论文集。会议组织者可以选择知名度高的出版商,利用其发行渠道扩大论文集征订数量;也可以选择国际上影响力强的杂志社(会议服务商),将论文集作为该杂志的增刊发行,扩大会议的学术影响。

二、会展组织者与参展商(发言人)之间的信息流

展览会组织者与参展商之间、会议组织者和发言人之间都有着丰富的信息流。

（一）展览会组织者与参展商之间的信息流

展览会组织者（包括主办者、承办者）为吸引更多的参展商到会参展，必须与参展商进行信息联络。很多会展组织者建有参展商信息库，信息库包括厂商公司信息和联系人数据库、客户原始记录、统计分析资料、企业投入记录、潜在参展商数据挖掘和参展商分类管理、参展商历届参展史管理以及优良与不良记录管理等，按参展商重要性分级别管理参展商信息。通过这些数据，招展人员可以详细了解招展对象的情况，便于在招展过程中采取措施，完成订单。会展组织者对潜在参展商数据收集的方式包括：从网上登记信息和从互联网搜索得到；从其他合作单位得到；从行业数据资料和产品大全中得到；通过以往参展商介绍得到等。

参展商通过联络会展组织者（会展主办者、承办者）或访问会展组织者设立的展览会网站或网页，可以了解展会信息。这些信息包括上届展会情况报告、本届展会日程和活动安排、展馆地理情况、酒店预订、展品运输以及展台搭建等信息。

没有建立展览会观众管理信息系统的展览会，对观众信息的搜集手段相对落后，难以实现计算机化管理。展会主办者与各参展商各自为政，相互之间关于观众信息缺乏沟通和交流。参展企业搜集到的信息仅为客户名片，不能从中得到整个展览会全体观众的分析报告。

而在高度信息化的展会中，展会组织者可以建立展览会观众管理信息系统，采集展览会全体观众的信息并予以分析，将其提供给成百上千的参展商，参展商在展台搜集到的观众行为信息也可以与会展主办者共享。参展商在展会后访问会展主办者设立的展览会网站，能很方便地得到完整准确的观众名单、观众的图像资料以及关于观众的分析报告。通过分析某些观众的行为，能准确定位他们对本企业的价值程度，同时也能评价该展览会对本企业的有用程度、参展是否成功等。

（二）会议组织者和发言人之间的信息流

会议组织者和发言人就以下一些会务工作发生多次联系、沟通和磋商。会前的发送会议通知、联系与会者报名、印制会议代表证、征集会议论文；会议报到时的接站、住宿安排、驻地探望；会场服务中的会议签到、引导就座、发放会议文件、安排会议发言、组织分组讨论、处理临时事项、编写会议简报；会议后勤工作中的安排会议餐饮、提供会议安全和保密服务、提供会议医疗卫生服务、组织参观访问和文娱活动、编印通讯录和拍摄集体照；会议结束后的返离服务和会后宣传等。在这些会务工作中,会议组织者和发言人之间产生大量的信息流。

三、会展组织者与观众听众之间的信息流

会展组织者可以通过网站、报纸、杂志、电视、广播、路牌、横幅等各种手段向普通社会公众传递展会的信息,通过信函、传真、电子邮件等方式联系目标观众,邀请观众到展览会参观,邀请参会对象参加会议,展会后建立反馈联系。

(一)展览会组织者与观众之间的信息流

展览会组织者通过展览会管理信息系统可以实现观众参会网上预约登记。观众可以访问展览会网站,查看会展主办者、承办者发布的有关信息,了解展览动态,预约参观。

在使用了先进的展览会管理信息系统的展览会上,观众只需在入口提交名片或填写有关信息,即可换取一个代表其信息的参观卡,可以在展会现场内各处划卡访问,系统以此收集观众的信息。

展览会结束后,展览组织者需要对展览会现场收集的观众信息和观众行为数据进行深入的信息加工处理。首先,进行观众的地区分类,通过与邮政编码、电话区号、世界城市数据库的相互校验,确定观众所在城市、省份和大区信息;其次,归类部门和职位,根据相应行业的特点,对各种不同部门和职位进行归类处理,确定观众的部门属性(管理、销售、技术、服务等)、工作层面、职位属性(高级职员、中级职员、一般职员)等。

展览会结束后,观众可以访问会展主办者的展览会站点,查看新发布的展览会资料,查看曾经访问过的参展商,查看参展商的最新动态信息,下载参展商的参展资料,并可通过留言簿或电子邮件联络会展主办者或承办者。

(二)会议组织者与听众之间的信息流

一些互动性会议的听众也是会议的发言人,这样的会议中,会议组织者与听众之间的信息流等同于上述会议组织者和发言人之间的信息流。一些行业、单位组织的形势报告会、事迹报告会中,会议组织者为行业协会、单位负责人,本行业或本单位的员工为会议听众,会议组织者采用行政命令的方式,通过文件、传真、电话、电子邮件或口头告知等信息手段传递会议通知,组织参会。一些会议组织者要求会议听众撰写参加会议感想与收获,例如中央部署开展保持共产党员先进性教育活动,一些部门或单位党组织召开动员大会后,党组织作为会议组织者往往要求党员听众撰写思想汇报、思想分析材料等,这

些工作中就包含着会议组织者与听众之间的信息流。

四、会展服务商与参展商（会议发言人）之间的信息流

展览服务商与参展商之间、会议服务商与会议发言人之间理所当然存在着信息流。

（一）展览服务商与参展商之间的信息流

参展商在参展过程中与展览服务商有很多业务往来，因此展览服务商与参展商之间也有双向的信息流。

参展商与展示设计服务商接洽展品设计；与展品运输服务商接洽展品运输；与印务公司洽谈展会宣传印刷品；与展出地展览工程公司洽谈布展施工；与旅行社洽谈交通、住宿、旅游、购物；与会展中心展馆服务商洽谈会议多媒体设备租赁、保洁工作；与安保公司洽谈展品安全事宜，这些会展服务工作中都存在着会展服务商与参展商之间的双向信息流。

（二）会议服务商与发言人之间的信息流

会议的多媒体服务商向发言人提供会议多媒体服务，其间必然产生信息流。会议发言人在会议前到达会场，与多媒体服务商衔接，了解熟悉将要使用的会议多媒体设备，如笔记本电脑、投影仪、VCD/DVD机、幻灯机等，并试用一下，以免出现发言时无法使用这些信息技术设备的尴尬局面。旅行社服务商向会议发言人提供交通、住宿、旅游、购物等服务，这些服务中产生旅行社服务商与会议发言人之间的信息流。

五、会展服务商与观众听众之间的信息流

会展服务商可以向展览会观众或会议听众提供名片制作、材料印刷、电子设备租赁、翻译、安全保卫、卫生、交通、餐饮、导游、购物、休闲等服务，这些服务过程中存在着会展服务商与展览会观众（或会议听众）之间的信息流。

本章小结

会展信息交流包括会展主信息流和会展辅信息流两部分。会展主信息流是指参展商与观众（或会议发言人与听众）之间的信息交流，会展辅信息流是指会展组织者、会展服务商在会展工作中涉及的信息交流，其目的是为会展主信息流构建平台。

展会主信息流过程符合申农通信系统模型：参展商、展品为"信源"，参展过程相当于"编码"，会展馆所现场为"信道"，其他同期举办的同一主题展会对本展会构成"干扰"，观

展相当于"解码",观众为"信宿",观众的观展反应可于展会现场或展会后反馈给参展商,构成"反馈"过程。

复习思考题

1. 试用申农通信系统模型解释展览会主信息流过程。
2. 如何理解参展参会相当于申农通信系统模型中的信息编码?
3. 试比较会展场所规模与申农通信系统模型中的信道容量。
4. 试比较重复办展现象与申农通信系统模型中的噪声现象。

第4章 展览会主办方管理信息系统

展览会主办方管理信息系统基于展览会主办者的信息管理需求,主要包括展会客户数据库管理、展会策划管理、展会招展管理(含展位图管理)、财务管理与会刊制作等子项管理信息系统。

第一节 客户数据库管理系统

一、客户数据库概述

(一)客户数据库的作用

在会展领域中,展览会主办方的客户主要是指参展商。参展商是否参展、参展数量、参展规模大小、参展人员等诸多要素决定了展会能否成功举办,同时也决定了展览会主办方办展会的效益。

客户数据库给展会主办方带来的效益非常明显,主要体现在以下方面:
(1)展览会主办方自己建立的庞大的基础资源库,是组展企业的根本。
(2)利用现代信息化手段管理客户,大大提高工作效率。
(3)利用软件管理客户,充分发挥了管理信息系统的优势,大大节省管理成本。

(4) 与互联网无缝对接,突破时间空间限制,随时可进行客户管理。

(5) 为企业拓展客户提供长远的经济效益。

(二) 客户数据库的信息内容

客户数据库,即参展商基础数据库或展商基础资源库。建立展商基础数据库是企业客户资源的积累。展商基础数据库主要来源于两个方面:一是历届展会的不断积累,形成大的展商基础资源库;二是潜在展商的挖掘,即通过展会招商各种宣传手段,扩大展会影响力,吸引参展商的注意,积极来参展,使得每届展会都不断有新的展商参加,扩充展商基础资源库。

客户数据库主要包括参展商的单位信息与单位成员信息两部分内容。

1. 客户单位信息

客户单位信息包括:单位名称、单位分类、行业类型、单位所在区域、城市、地址、邮编、网址、主要产品与服务、企业介绍、企业性质、目标市场、涉足的行业、企业的行业地位、是否知名企业、商标名称、商标所属地、所属商品种类、单位简称、成立时间、注册资金、职工人数、年产值、总经理、电话、传真、法人、开户行、账号、税号等基本信息。

2. 客户单位的成员信息

客户单位成员信息包括:成员所在的单位名称、成员姓名、成员出生日期、成员部门、成员性别、成员职务、成员通信地址、邮编、成员联系电话、传真号码、移动电话、邮箱、QQ号码、业余爱好等。

二、客户数据库的管理功能

客户基础库的管理包括对客户数据库的基本功能:即新增、删除、修改、查询功能;数据库数据的批量导入导出功能。

(一) 客户数据库的基本管理

客户数据新增:向客户数据库中新增加展商记录。

客户数据删除:对于长期不来参展或是恶意欠费用户可以将其从数据库中删除。

客户数据修改:对数据库现有的展商记录,进行信息修改保存。

客户数据查询:对数据库中的展商数据进行准确的定位查询。

(二) 客户数据库的批量导入导出

随着办公软件的广泛应用,电子表格软件已成为办公必备软件。从展览会主办方的实际业务出发,展览会主办方可以通过各种手段,包括调查、营销、宣传等收集到大量的展商数据,形成 Excel 电子表格数据。客户数据库提供关于 Excel 电子表格文件的导入功能,可以将收集到的展商数据导入到客户基础资源库中。相反,展览主办方希望随时从客户数据库中得到所需的展商信息,客户数据库也提供导出数据到 Excel 电子表格文件功能,方便展览会主办方随时导出电子表格数据。该功能实现了客户数据库与办公软件的无缝对接。

三、客户数据库应用案例

(一)录入客户数据

将已经准备好的数据进行数据新增录入,如图 4-1 所示。

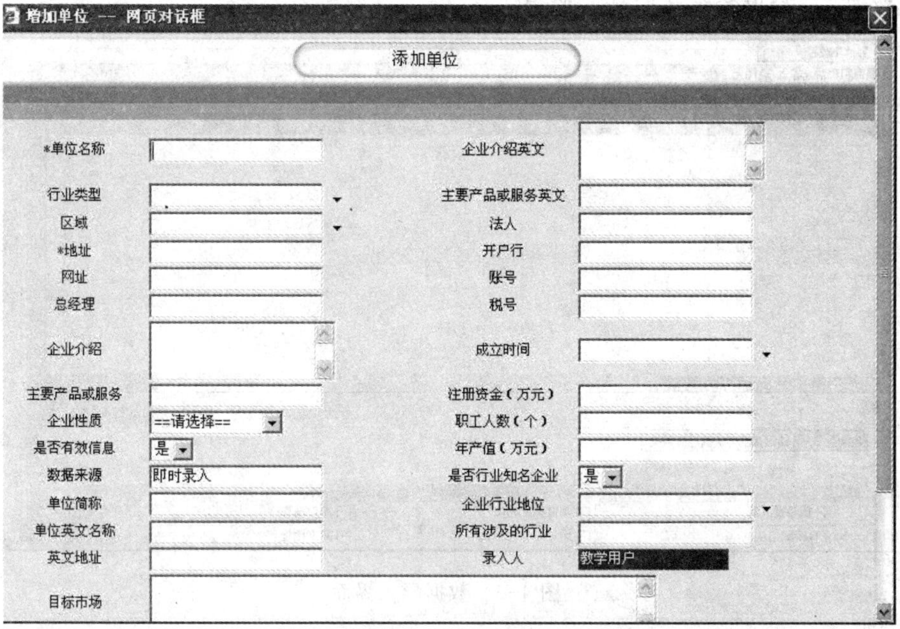

图 4-1 客户数据新增

(二)客户数据的批量导入

客户数据库导入数据的基本流程为:

第一步,准备导入的 Excel 电子表格数据文件。Excel 电子表格数据模板如图 4-2 所示。

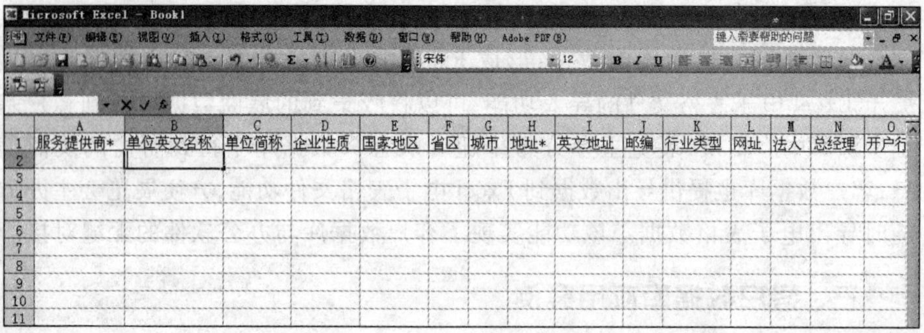

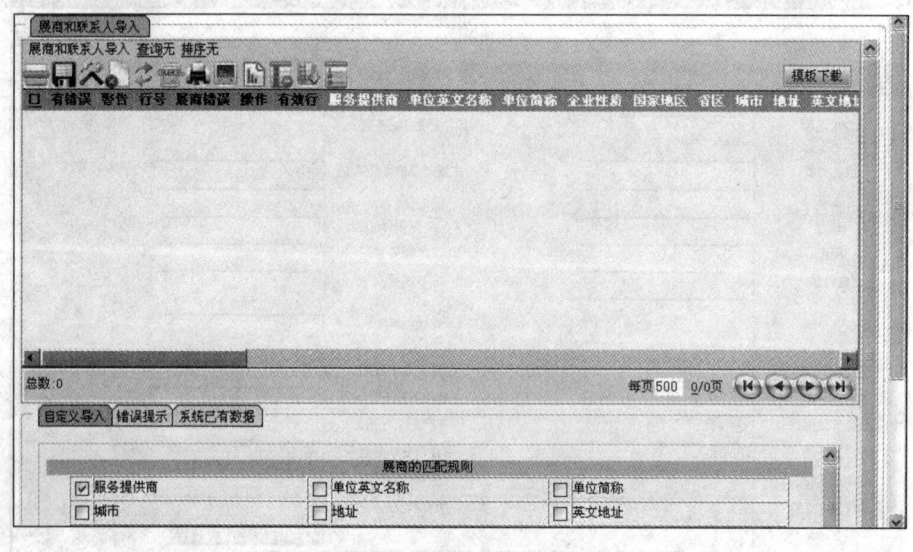

图 4-2　Excel 数据导入模板

第二步，导入 Excel 电子表格数据文件到客户数据库中。将已经准备好的 Excel 表格数据导入客户数据库，如图 4-3 所示。

图 4-3　数据导入界面

第二节　展会策划管理系统

一、展会策划管理系统的信息内容

对展会中所发生的各类事件、活动进行筹划并规范其执行准则的过程，称为展会策划。展会策划是展会项目管理中不可逾越的重要阶段,直接决定着展会的成败与否。策划阶段参与人员一般为业务经理层、决策经理层人员。很多执行准则的制定都在策划阶段完成。

展会策划的内容主要包括展馆选址、相关机构的邀请与招揽、宣传媒体的配合、招展方案设计、专业观众招募以及展会活动安排。

(一) 展馆选址

展馆选址对于一个展会的举办至关重要。一个城市会有多个展馆,具体哪一个展馆能满足展会需要是必须考虑的问题。展馆选址涉及的信息内容有以下5个方面。

1. 展馆资质

展馆资质的考察包括对展馆相关资质文件、相关证件、历史办展证明性文件进行查看,从而确定展馆是一个合法的、能够投入正常使用的展馆。

2. 展馆的位置

展馆的位置要求展馆周边的交通、通信便利,购物、餐饮等配套服务设施完备。

3. 展馆的规模

展馆的规模是指展馆应能够承受一定数量的参展商和参观者。拟选展馆要满足拟办展会的办展面积规模和参观人数容量要求。

4. 展馆服务

展馆提供服务是指展馆对展会主办方、参展商、专业观众提供的服务。展会主办方考察展馆服务主要从三个方面进行:展馆提供服务的类型、展馆服务的报价和展馆服务的质量。

(1) 展馆提供服务的类型:场地租赁服务、展具租赁服务、展馆用电和用水服务、展馆通信服务、展馆商务服务、展馆现场服务等。

(2) 展馆服务的报价:针对展馆提供的某一具体的服务进行报价。

(3) 展馆服务的质量:可以通过展馆提供的历史承接展会的数据文件中查看评估,或是该展馆承接展会主办方的往届展会体验感受评估。

5. 展馆租赁的价格

展馆租赁价格是指展览会主办方租赁所需要的展馆场地和设施的价格总和。租赁价格的高低直接决定展览会主办方的场地、资金投入。

(二) 相关机构的邀请与招揽

相关机构是指与当前展会有关联的单位,包括政府部门、企事业单位、各类服务提供商等。基于展览会主办方的策划需要,它们在展会中的职责各不相同。

政府部门职责:一般充当展会主办单位角色。展览会组展方为了追求展会社会效应与知名度,邀请政府机构担任展会主办单位角色,展览会专业公司担任展会承办单位角色。

企事业单位职责:展览会主办方会招募一些大型的、有实力的单位作为协办单位,提供展会广告赞助。

服务提供商职责:展会需要不同供应商进行后台支持,共同完成展会项目。

（三）宣传媒体的配合

宣传媒体是展会对外宣传的窗口。宣传媒体可以来自电视、报纸杂志、互联网等各种媒体单位,也可以是会展业界或是城市的媒介载体等。

宣传媒体的主要职能是对展会的前期、中期、后期进行全方位的报道跟进,及时将展会的各项工作进行宣传报道,使得社会大众对展会的内容、主题、开展时间、地点、组委会进行了解,扩大展会的社会影响力。

（四）招展方案设计

展览主办方招展方案的设计内容包括展位规划设计、展商服务方案、展位订购的优惠措施和展商跟踪方案。

1. 展位规划设计

展位规划设计指实现展览馆的最大利用,最大限度地规划展位数是展览会主办方所追求的目标。当展览会主办方规划展位方案时,应进行充分考虑,对比历届展会数据,综合本届展会的特点,预期达到的展商数期望值等综合因素来考虑展位的规划。

2. 展商服务方案

展商服务方案是指展商参展的具体服务方案,包括展商参展方案、展会布展撤展方案、展商接待方案、展会安全须知、展会服务实施细则等。

3. 展位订购优惠措施

展位订购的优惠措施是指在招展阶段,为了吸引参展商参展而制订的一些展位销售的优惠方案,例如连续参展优惠、订购展位面积大者优先、大型企业参展优惠等。

4. 展商跟踪方案

展商跟踪方案则是针对业务员在招展阶段制订的一些策划方案,主要包括业务员工作方式方法、工作技巧、客户沟通艺术、客户难题解答等相关的方案,主要是帮助业务员成单的方案方法。

(五) 专业观众招募

展会招商主要是专业观众的邀请,专业观众参观人数的多少,直接影响展会的形象,因此,展览会主办方会在展会开展前,对专业观众发出邀请。

专业观众的招募途径主要有:展览会主办方会利用现代化的通信手段,如利用短信平台、邮件平台、电话通知、邮寄函件的形式与专业观众沟通,对专业观众进行邀请。

(六) 展会活动安排

展会活动安排的内容涉及展会活动内容、展会活动具体部署与执行、展会活动涉及人物与事件、展会活动经费开支以及展会活动评估。

1. 展会活动内容

展会活动内容包括展会活动项目、活动主题、活动内容、活动的开始时间与结束时间、活动地点以及出席嘉宾等。

2. 展会活动的具体部署与执行

展会活动的具体部署与执行主要指活动负责人、活动的具体工作安排分工等。

3. 展会活动涉及人物与事件

展会活动涉及人物包括展会主办方、参展商、专业观众、重要嘉宾或代表等,需要明确他们在展会活动中担当的角色。展会活动涉及事件一般包括活动本身事件、活动事件方案、突发事件处理等。

4. 展会活动经费开支

展会活动经费开支包括举办一次活动需要投入多少人力、财力、物力。例如,展会活动需要租赁场地、设计制作广告、活动现场搭建布置、活动现场人员配备、相应物品配备与礼品配送等,必要时还会有活动现场嘉宾、观众互动等,依据具体的活动方案,活动投入各不相同。

5. 展会活动评估

评估内容包括展会活动调查评价、展会活动收支评估、展会活动综合评估等。

小案例:2015 上海华交会招展书

展会名称:2015 上海华交会(第 25 届中国华东进出口商品交易会)

主办单位:华东九省

时间:2015 年 3 月 1—5 日

地点:上海新国际博览中心(上海浦东新区龙阳路 2345 号)

展位预订咨询:张× 电话:1366179××××

展会概况:

中国华东进出口商品交易会(简称"华交会")是中国规模最大、客商最多、辐射面最广、成交额最高的区域性国际经贸盛会。由上海市、江苏省、浙江省、安徽省、福建省、江西省、山东省、南京市、宁波市 9 省市联合主办。每年 3 月 1 日在上海举行。

自 1991 年以来,华交会已成功举办了 24 届。第 24 届华交会有来自全世界 128 个国家和地区的 21 124 名客商和国内 2 200 余名专业客户到会洽谈,出口成交总额达 31.22 亿美元。

第 25 届华交会将于 2015 年 3 月 1 日至 5 日在上海新国际博览中心举行。展览面积达 11.5 万平方米,标准展位 5 800 余个。分 4 个专业展区(服装、家用纺织品、日用消费品、装饰礼品),10 个展馆。参展企业 3 420 余家,境外展商 145 家,分别来自 10 个国家和地区。华交会展示的轻纺产品中,高新技术产品、名特产品占有较大的比例。

参展产品展区分类:

服装展区:含各类服装成衣、服装面料、裘革皮羽绒、时装饰品、成衣配件等。

家用纺织品展区:含床上用品、居室用纺织品、卫浴用纺织品、餐厨用纺织品、纺织原料面料、纱线、抽纱品等。

装饰礼品展区:含各类礼品、工艺品、装饰品、编织品、园艺用品、宠物用品等。

日用消费品展区(下设三个专区):

家居用品专区:含各类日用类(清洁用品、洗浴用具、护理用具、一般家庭用品)、家具类、陶瓷器皿、餐厨用品、箱包、灯具灯饰、钟表、眼镜等。

电子消费品专区:含家用电器、电子及信息产品(音像视听产品、计算机及配件、计算机软件、网络、通信产品、商务自动化、电子安全、电子电工产品)等。

其他日用消费品专区：含体育用品、休闲用品、办公文具用品、玩具及玩具零配件、鞋类、帽类等。

欢迎有意参展企业来电咨询，预订展位。

【展会联络】

上海雅辉展览有限公司

地址：中国·上海市漕溪路 251 号 5 号楼 20F

联系人：张×　1366179××××

在线 QQ：30652××××

资料来源：http://www.china-show.net/exhibit/show-6892.html

案例讨论题：

上述招展书中包含哪些展会信息？

二、展会策划管理系统应用案例

展会策划管理系统包括展馆展区规划、活动计划、服务商管理、主办方管理、代理商管理、其他单位管理、观众名库以及展会预算等子系统。

（一）展馆展区规划

1. 展馆的选择

可以进行展馆相关业务信息的添加维护，如图 4-4 所示。

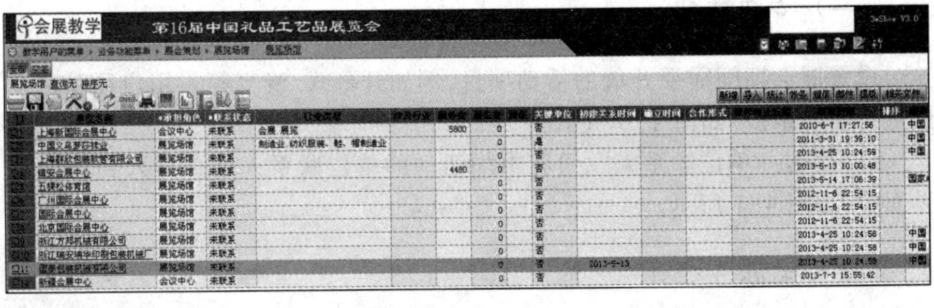

图 4-4　展馆选择

2. 展区规划

该功能主要是对展馆内外部展区的规划，还包括维护展馆展区信息。展区规划布局图要结合展馆的实际空间条件，例如在会展中心内设置几个展馆、限定展览面积、摊位数量、角摊数量等。

如图4-5所示,页面分为两个部分,上半部分为展馆展区信息维护,下半部分为展区信息。

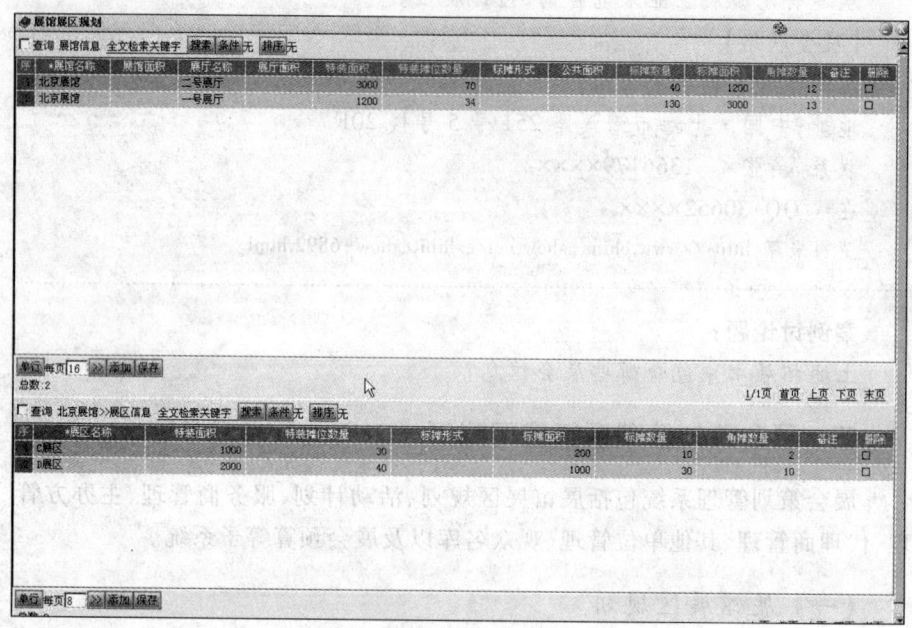

图 4-5　展馆展区规划

(二) 活动计划

设置展会期间需要开展的活动项目,例如开幕式、晚宴等。用户可以在这里进行动态维护,如图4-6所示。

点击"协办单位联系人",可将参加活动的单位联系人信息导入到该活动界面中,如图4-7所示。

(三) 主办方管理

在当前展会中,主办方管理主要是对展会主办方基本信息进行维护,包括合同、收支情况、票据管理等。如图4-8所示,在主办方管理界面中,可以看到展会主办方信息,单击"编辑"按钮可以对主办方信息进行修改。界面里有"收支","票据","调查表"等多个按钮,点击可以进行修改信息。

第二节 展会策划管理系统

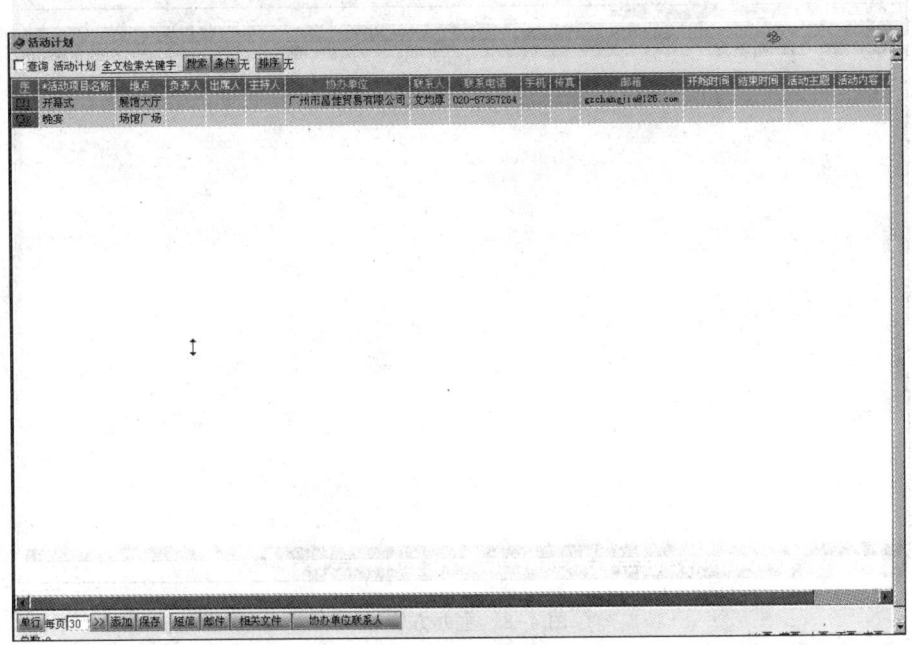

图 4-6 活动计划

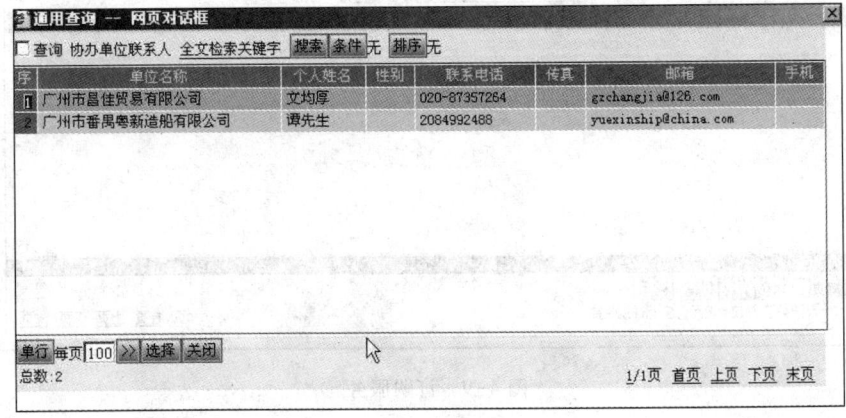

图 4-7 协办单位联系人

图 4-8 主办方管理

单击"订购服务"按钮,可以添加主办方订购服务信息,如图 4-9 所示。

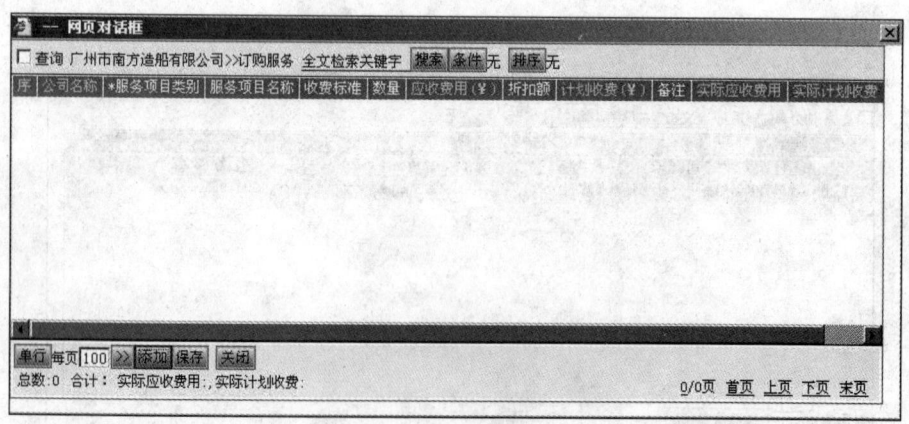

图 4-9 订购服务

单击"合同"按钮,可以对主办方合同信息进行统一管理,可以进行合同电子版的上传与下载,如图 4-10 所示。

第二节　展会策划管理系统

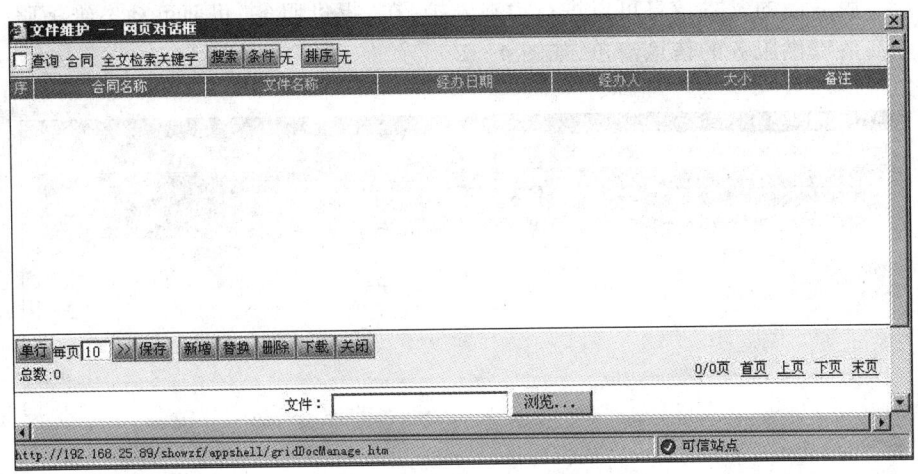

图 4-10　合同上传与下载

（四）服务商管理

在展会中，服务提供商是给展会提供服务的单位，提供如搭建、运输、旅游、广告、宣传、住宿、租赁、关税、保安等服务，如图 4-11 所示。

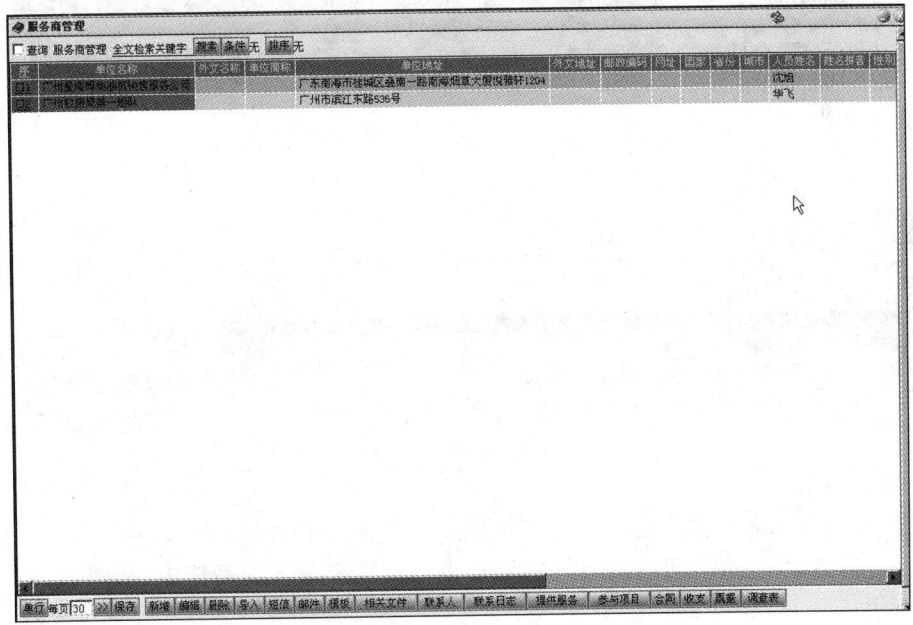

图 4-11　服务商管理

服务商的基本信息可以进行动态维护,在"提供服务"里面可动态维护服务商所提供服务的信息清单,如图4-12所示。

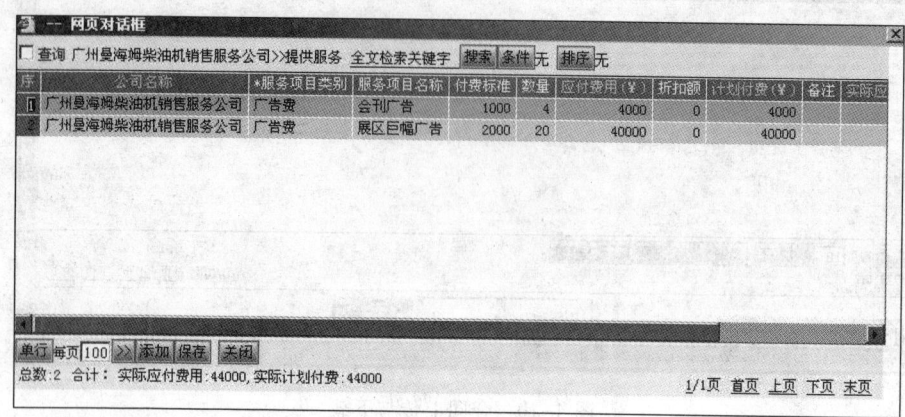

图4-12 提供服务

在服务商管理界面中,还有三个功能需要特别说明:收支、票据、调查表。
收支:动态维护当前服务商的收支信息记录,如图4-13所示。

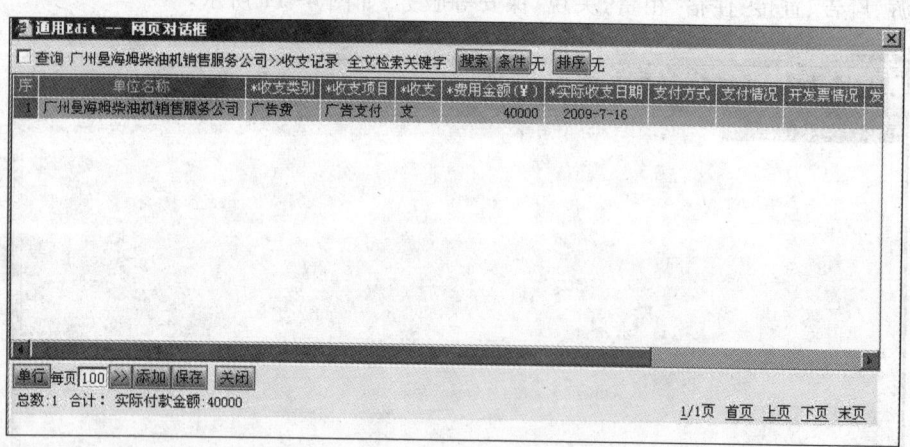

图4-13 服务收支

票据:动态维护当前服务商的发票信息记录,如图4-14所示。
调查表:主办方可将收集好的调查表信息逐个录入到系统中,如图4-15所示。

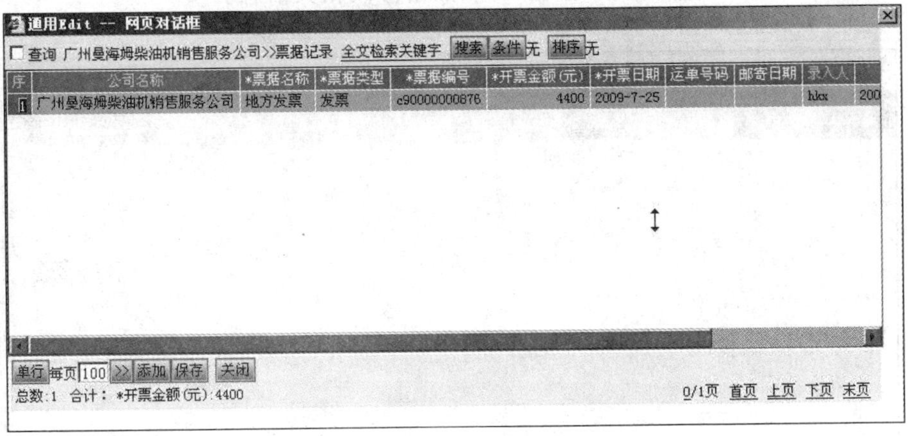

图 4-14 票据

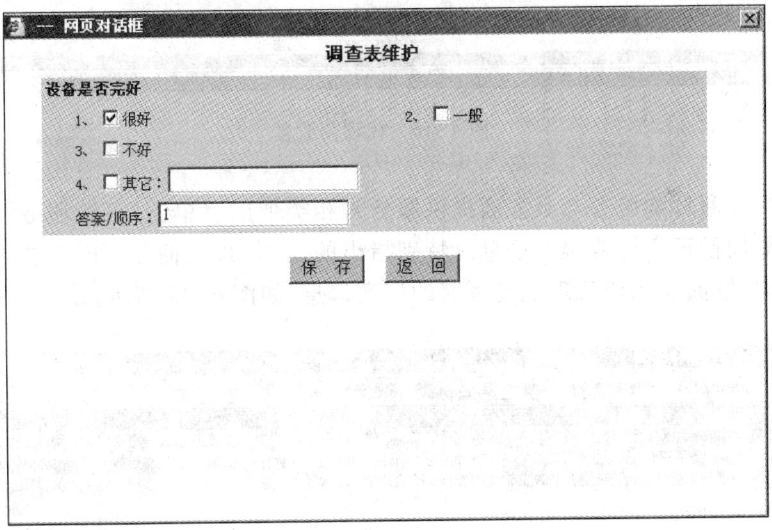

图 4-15 调查表应用

(五) 代理商管理

在展会中,代理商管理主要是对展会代理商基本信息进行维护,包括合同、收支情况、票据管理等。如图 4-16 所示,在代理商管理界面中,可以看到展会代理商信息,单击"编辑"按钮可以对代理商信息进行修改。界面里也有

"收支""票据""合同"三个按钮,可以点击修改相关信息。

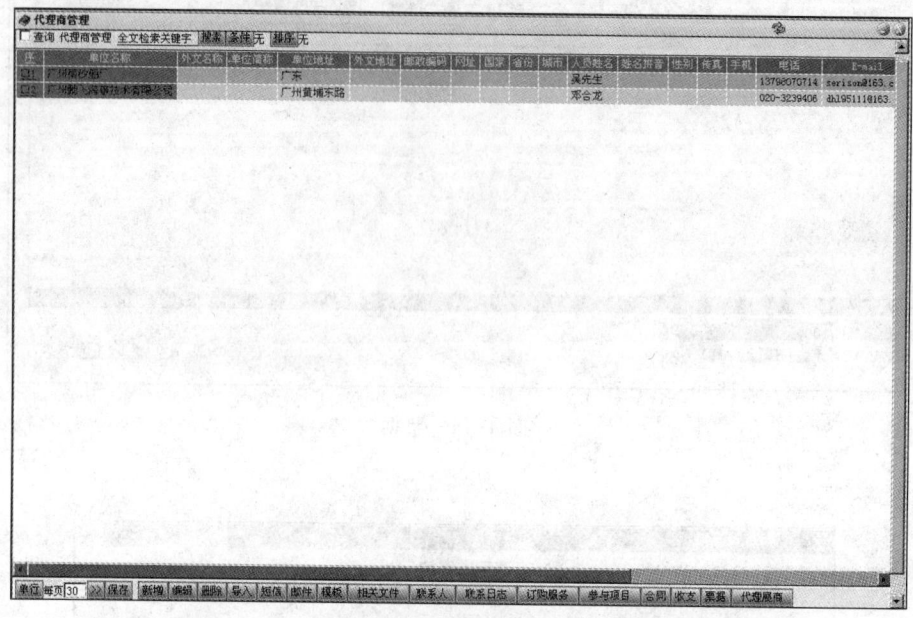

图 4-16 代理商管理

代理商订购服务与服务商提供服务是相类似的。单击"订购服务"按钮,可以添加代理商订购服务信息。特别指出的是"代理展商"按钮,单击它弹出对话框,里面显示该代理展商下属的展商信息,如图 4-17 所示。

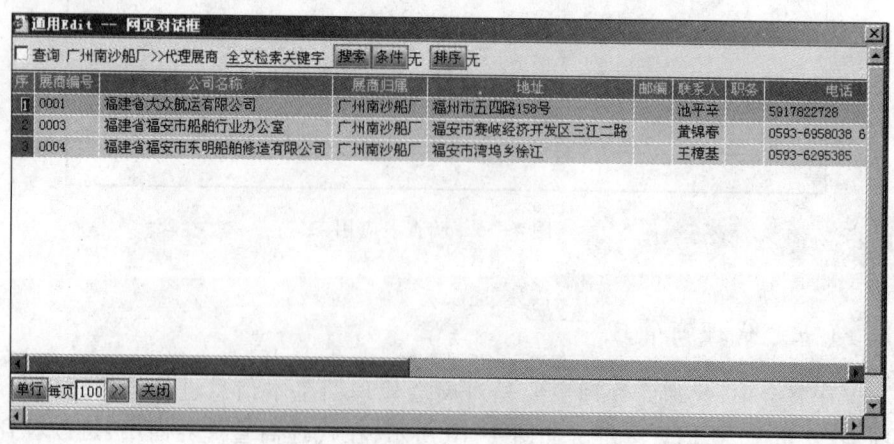

图 4-17 代理展商

（六）其他单位管理

其他单位管理界面包括6个标签按钮，分别是"协办"、"承办"、"后援"、"展馆"、"媒体"、"竞争单位"。它们是展会不可或缺的关键要素。从功能与操作上来说，它们的操作界面与功能按钮是一样的，只是不同标签按钮代表意义不同，如图4-18所示。特别需要说明的是"参与项目"是指该单位曾经参与过哪些展会。

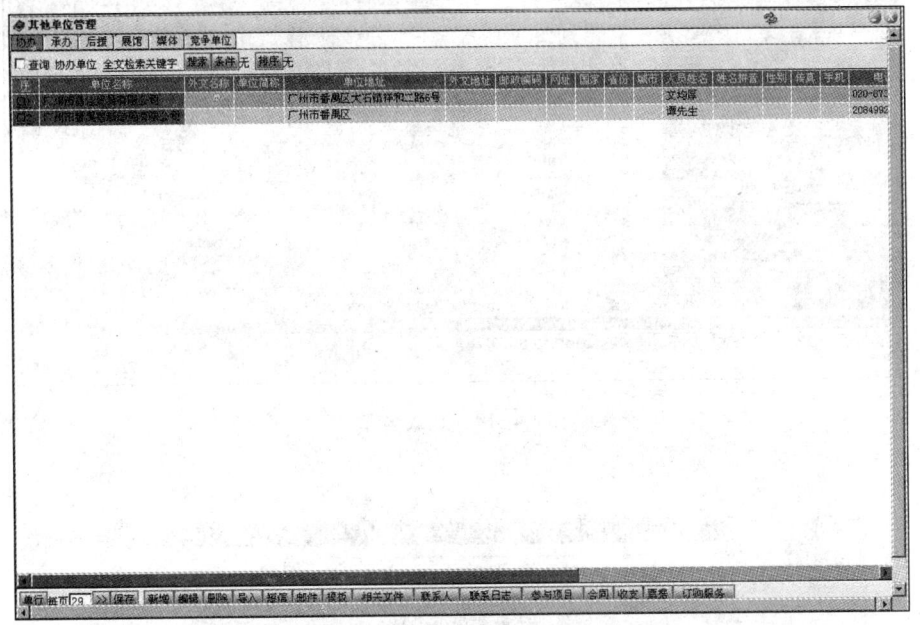

图4-18　其他单位管理

（七）观众名库

观众名库是指本次展会项目的观众信息库，如图4-19所示。它不同于基础库中的观众名库，它的信息可以自基础库中或其他展会的观众信息库中导入，这是"导入观众"按钮的功能，如图4-20所示。单击"调查表"按钮，可以将观众调查表信息录入到系统中，如图4-21所示。

（八）展会预算

展会预算页面是对展会所有项目开支和收入情况的预算进行录入，如

图 4-22 所示。

图 4-19 观众名库

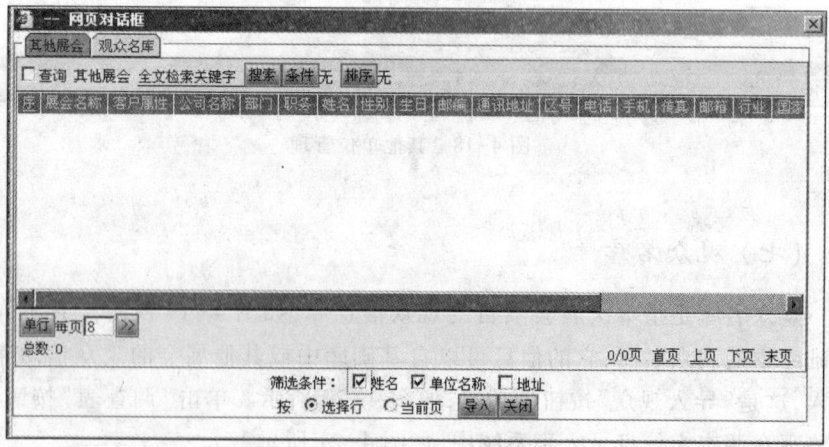

图 4-20 导入观众

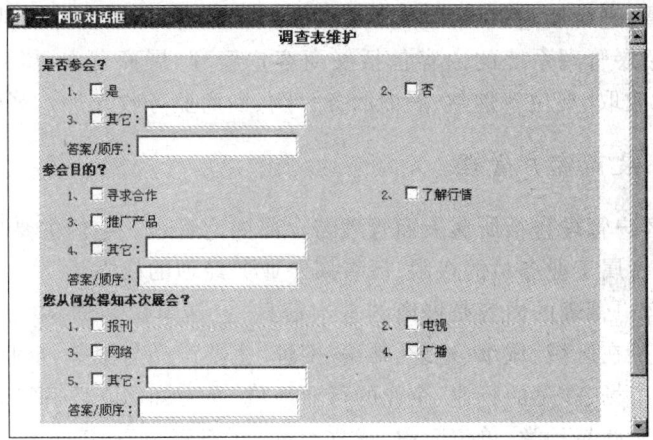

图 4-21 观众调查表维护

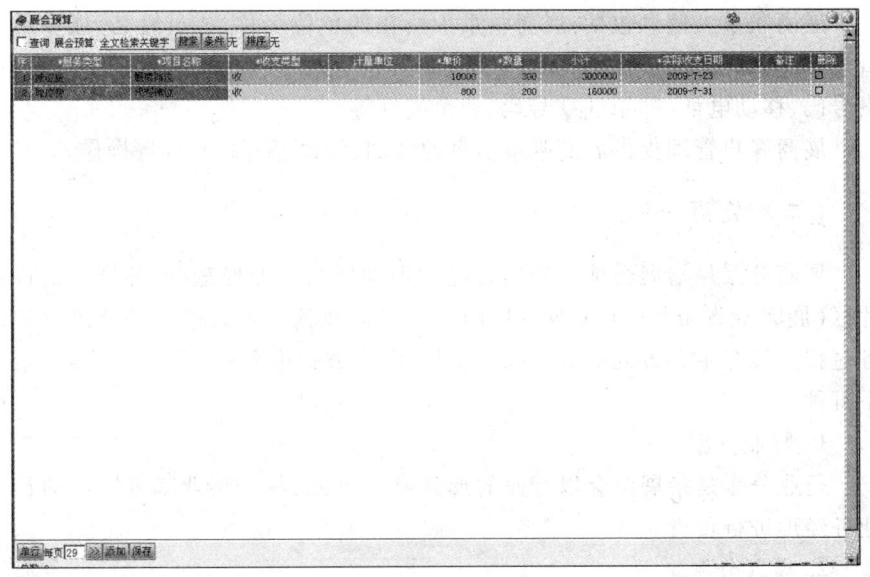

图 4-22 展会预算

第三节 展会招展管理系统

一、展会招展管理系统的信息内容

展会招展不同于展会策划,是展会招展的具体实施阶段,主办方按照前期的策划部署,进行展商招展,完成预定的招展任务,保障展会的顺利进行。

展会招展管理系统的内容包括展商客户管理、展商分派、展商跟踪管理(含展位费收取、展位费催款、展商服务订购、展商业务收支等)、展位图管理。

(一) 展商客户管理

展商客户管理包括所属展商管理与全部展商管理。它们主要是按角色进行划分,前者属于业务员的权限,后者属于业务经理的权限。

展商客户管理的内容是展商的基本信息,包括单位名称、单位分类、行业类型、单位所在区域、城市、地址、邮编、网址、主要产品与服务、企业介绍、企业性质、目标市场、涉足的行业、企业的行业地位、是否知名企业、商标名称、商标所属地、所属商品种类、单位简称、成立时间、注册资金、职工人数、年产值、总经理、电话、传真、法人、开户行、账号、税号等基本信息。

展商联系人信息包括:展商联系人所在的单位名称、成员姓名、成员出生日期、成员部门、成员性别、成员职务、成员通信地址、邮编、成员联系电话、传真号码、移动电话、邮箱、QQ号码、业余爱好等。

展商客户管理提供展商基本信息的添加、修改、删除、查询等操作。

(二) 展商分派

展商分派是指展会项目的项目经理根据展会行业经理/业务员所负责的片区(展区)、省市代表团(展团)、国籍形式以及其他形式进行展商派发的业务过程。展会主办方的业务不同,其展商派发方式也会有所不同,主要包括以下五种。

1. 行业分派

行业分派是指展览会以行业的形式进行分派,每个行业都有专门的行业业务经理进行负责。

2. 展区分派

展区分派是指将展览馆划分为若干展区,每个展区由相应的业务负责人进行招展。

3. 区域代表团分派

我国政府主导的展会,展商主要以展团形式参加展会,展商会以省级代表团的形式进行上报,展会主办方会分派不同的业务员来管理不同的省代表团。

4. 国籍分派

对于国外展商参加比较多的国际性质的展会,展会主办方按国籍分派不同的业务员进行管理。

5. 其他分派

其他的分派形式根据展会项目主办方的业务特点而决定。

(三) 展商跟踪管理

展商跟踪管理是指在展会招展过程中,业务员招徕展商的业务过程。展商跟踪管理信息内容包括:展商基本信息、展商业务联系人信息、展商的联系日志、展商收支计划、展商收支记录、展商票据记录、展商消费服务、展商展品、展商活动、展商调查表、展商订购展位、展商申请服务、展商证件发放等,展商的基本信息和业务联系人信息前文介绍过了,此处不再赘述。

1. 展商联系日志

展商联系日志是指业务员跟展商的联系过程的记录,包括与展商的联系方式、展商联系次数、是否联系成功、客户反馈等业务信息。

2. 展商收支计划

展商收支计划指业务员在联系展商过程中,对展商的资金来源情况的描述,包括展商账款的付款时间和展商账款的到款计划。

3. 展商收支记录

展商收支记录是指展商的账款的实际发生时间以及不同收支计划中的计划时间。

4. 展商票据记录

展商票据记录是指展商在展会上发生账款业务的票据记录,包括发票、收据之类的票据的开出时间记录。

5. 展商消费服务

展商消费服务是指展会上展商实际发生的消费服务的记录,包括展商的展位费、展商订购的服务费等。

6. 展商展品

展商展品指展会上展商展出的展品信息记录。

7. 展商活动

展商活动是指展商在展会上自行开展的推介活动。由展商自己进行出资,并与主办单位进行沟通,展商自己组织的活动,具有一定的展会意义与展商效应。

8. 展商调查表

展商调查表是指展会主办方会在展会期间组织展商调查活动,展商填写的展商调查表,其内容在系统中以记录的形式进行保存。

9. 展商订购展位

展商订购展位是指展会的展商所订购的展位的信息,包括展位号、招展业务人员的相关信息等。

10. 展商申请服务

展商申请服务是指展商在展会招展初期,在展商申请表上填写相关的申请信息,记录下原始信息。但是实际分派的业务结果未必与原始申请信息相同。

11. 展商证件发放

展商证件发放是指发放展商证件的记录信息。

12. 展商订购服务

展商订购服务是指展商除了购买展位之外订购的其他展会服务,主要是指展会现场服务与展具租赁服务:

(1)展会现场服务。展会现场服务主要指针对展会项目下的展商提供服务,包括展商搭建展位服务、展商展品运输服务、展商广告服务、展商用电服务等。例如广告服务包括气球、会刊广告、室外大屏幕、气拱门、广告喷绘、室内大屏幕液晶电视背投、企业资料印刷、展位易拉宝等。这些服务有明确的收费标准,展商根据自身的需求进行定制。

(2)展具租赁服务。展具租赁物品包括展桌、展椅以及其他展商自己使用的物品,例如电视机、易拉宝、展架、饮水机、电冰箱等。

(四)展位图管理

展位图是指用图示的方法进行展馆内展位的展示。展位图中包括展区、展位、展位通道等信息,以及展会展位图名称、比例尺等相关信息。

展位图管理是指用展位图的方法来管理展商在展馆内的具体位置。展位图管理的功能包括展位图的铺画、展位图的上传、展位图的比例测定、展位图的展位设置和展位图的销售。

1. 展位图的铺画

展位图的铺画是指将展位图中物理摆放展位的位置用图纸表现出来。展位图铺画的方法主要是通过矢量绘图软件进行实现。矢量绘图软件有Autocad、Coreldraw等。

2. 展位图上传

当展位图铺画完成之后,需要将其转为浏览器可以识别的格式上传至系统中,进行管理。

3. 展位图比例测定

展位图的比例测定是指将展馆的实际物理展位尺寸按比例缩放在图纸

上,该比例系数需要测定出来,便于展位图上的展位设置。

4. 展位图展位设置

展位图的展位设置是指在图纸上进行展位的参数设置与位置确定,包括展位的图示位置、展位的大小、展位号码的编排规则、展位的放置方向和展位号的编排方向。

5. 展位图销售

展位图销售是指对展商进行展位销售,销售过的展位在展位图上的呈现即为展商招展结果的图示展现。

二、展会招展管理系统应用案例

以下重点介绍展商客户管理、展商分派、展商跟踪管理、展位图管理的系统应用案例。

(一)展商客户管理

1. 展商基本信息

录入展商基本信息,如图 4-23 所示。

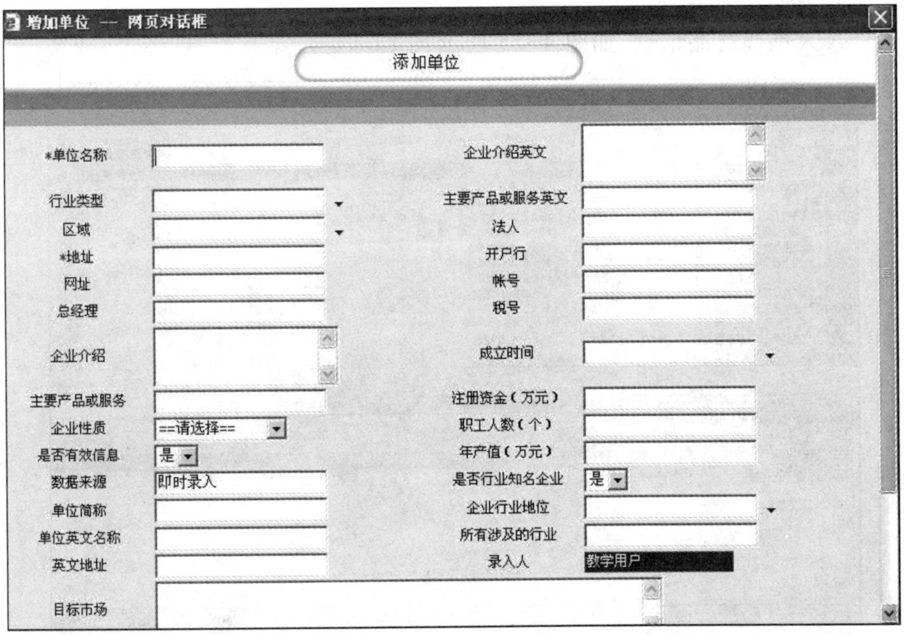

图 4-23 新增展商

2. 展商联系人信息

录入展商联系人信息,如图 4-24 所示。

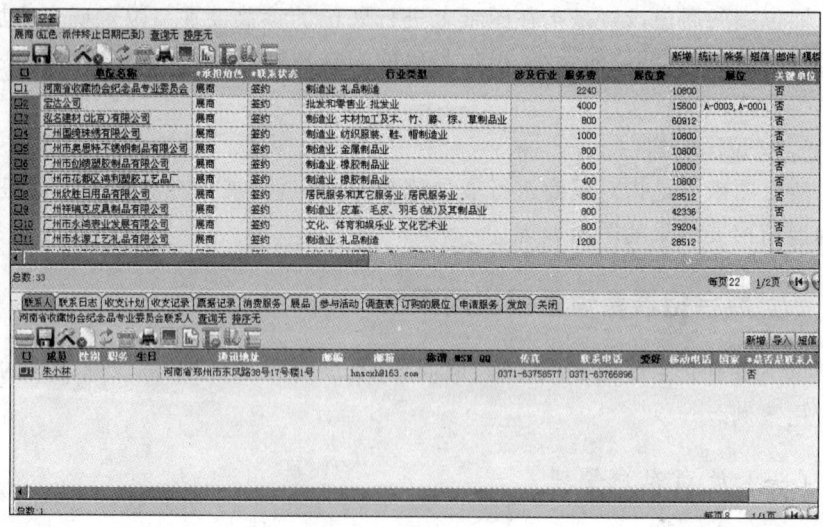

图 4-24　展商联系人信息

3. 展商展品信息

录入展商展品信息,如图 4-25 所示。

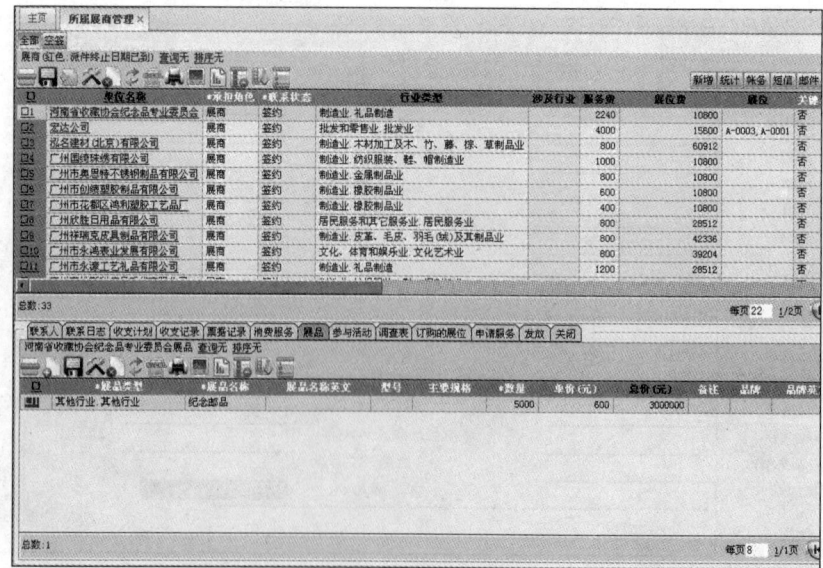

图 4-25　展商展品信息

(二) 展商分派

在展会中,展商分派主要是对展会展商基本信息进行维护。展商由展会招展业务员分派,并负责相关的业务信息维护,这包括合同、收支情况、票据管理等。如图 4-26 所示,在展商分派界面中,可以看到展会展商信息,单击"编辑"按钮可以对展商信息进行修改。界面里有"收支"、"票据"、"合同"三个按钮,点击可以更改信息。

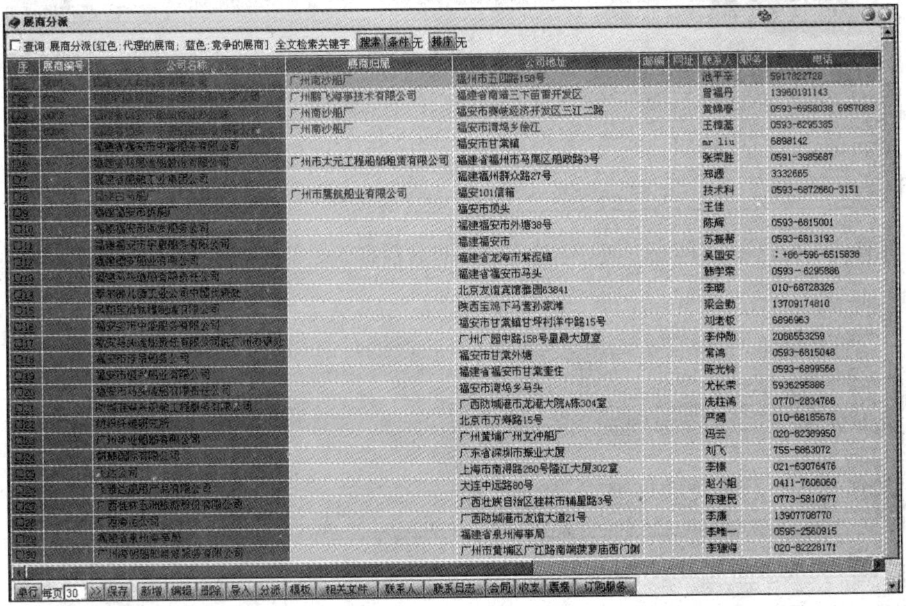

图 4-26 展商分派

(三) 展商跟踪管理

1. 展位报价

在招展管理中,会涉及展会的展位报价,如图 4-27 所示。

2. 展位优惠

在招展管理中,会涉及展位优惠,如图 4-28 所示。

3. 展商订购服务

录入展商订购服务信息,如图 4-29 所示。

图 4-27 展位报价

图 4-28 展位优惠

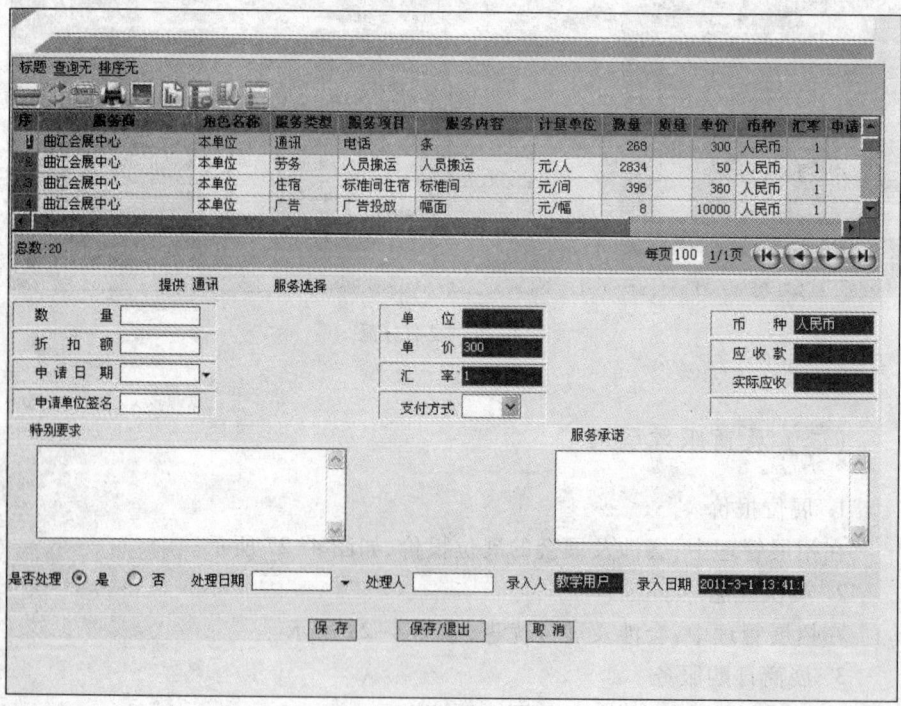

图 4-29 展商订购服务

第三节 展会招展管理系统

4. 展商业务收支信息

录入展商收支计划信息，如图 4-30 所示。

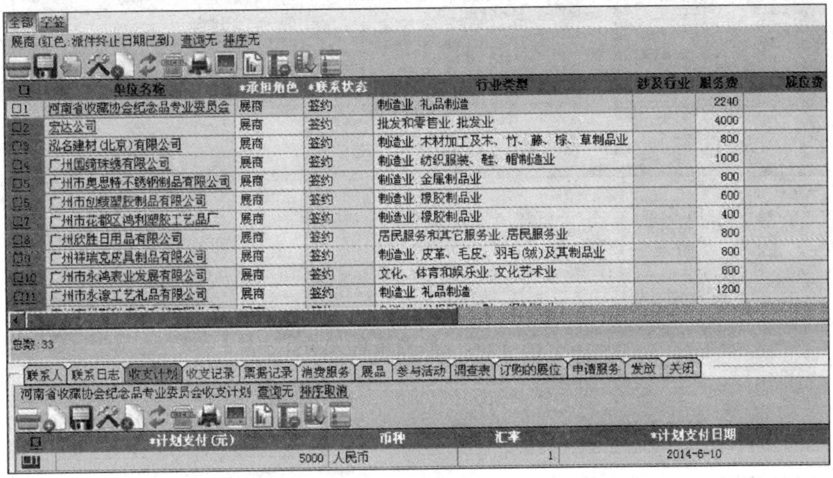

图 4-30　展商收支计划

5. 展商调查表

向展商发送电子邮件，对展商进行问卷调查，调查表如图 4-31 所示。

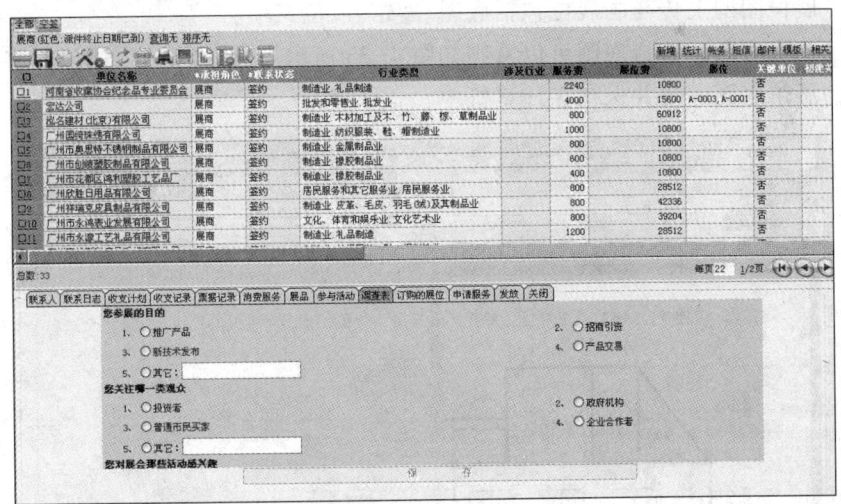

图 4-31　展商调查表

6. 展商证件发放

录入展商证件发放信息，如图 4-32 所示。

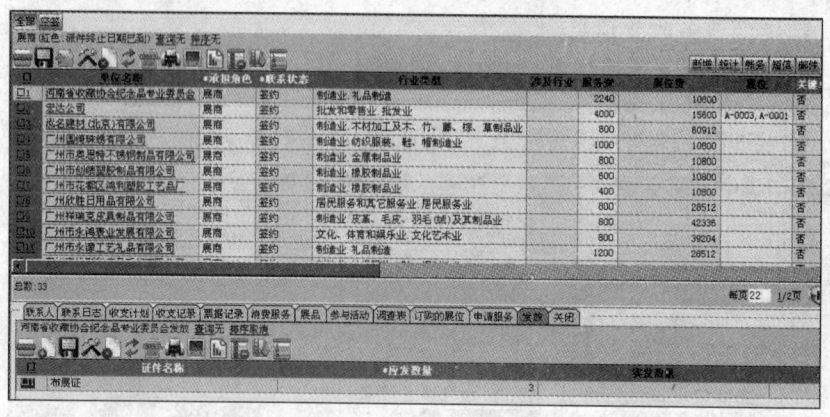

图 4-32 展商证件发放

(四)展位图管理

展位图管理与销售的业务应用主要表现在从展位图整体上传到展位销售完成的全过程。

首先要进行展位图的上传与画展位,其次进行展位销售。

1. 展位图的上传与画展位

展位图的上传与画展位包括底图、展馆、展位三项。

(1)底图。选择底图可以看到如图 4-33 所示界面。"上传底图"时将已有的展馆底图上传并保存在计算机中。

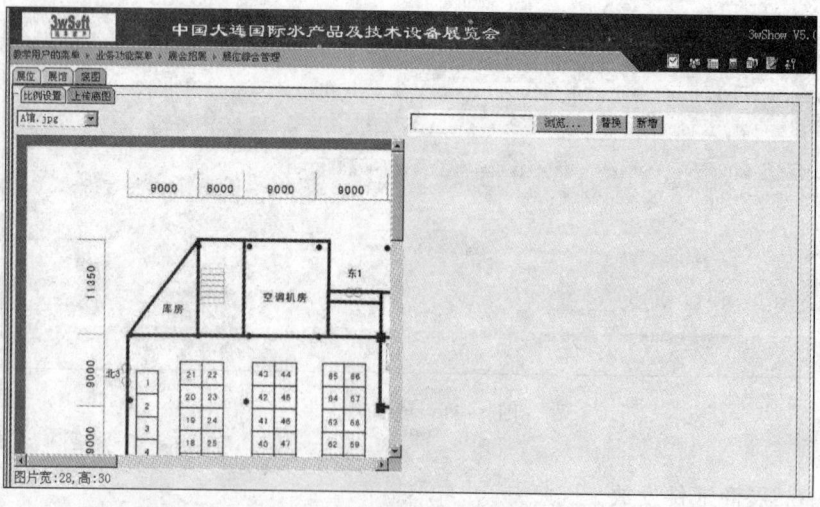

图 4-33 上传底图

在"比例设置"页签中可以设置底图的比例系数,如图4-34所示。

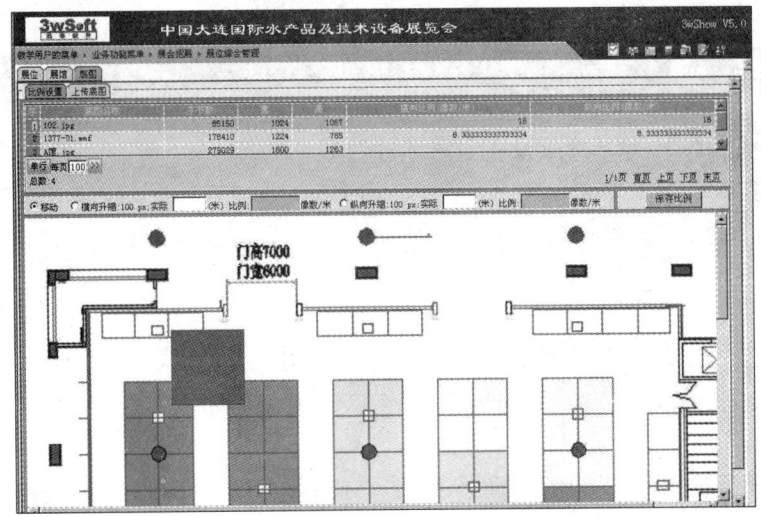

图4-34　比例设置界面

设置方法如下:利用"移动标尺"功能将红色标尺移动到指定的位置上,利用"升降标尺"功能改变红色标尺的宽度与高度,使其与指定位置相吻合,根据实际摊位尺寸可算出底图的比例参数。单击"保存比例"可将底图比例保存,如图4-35所示。

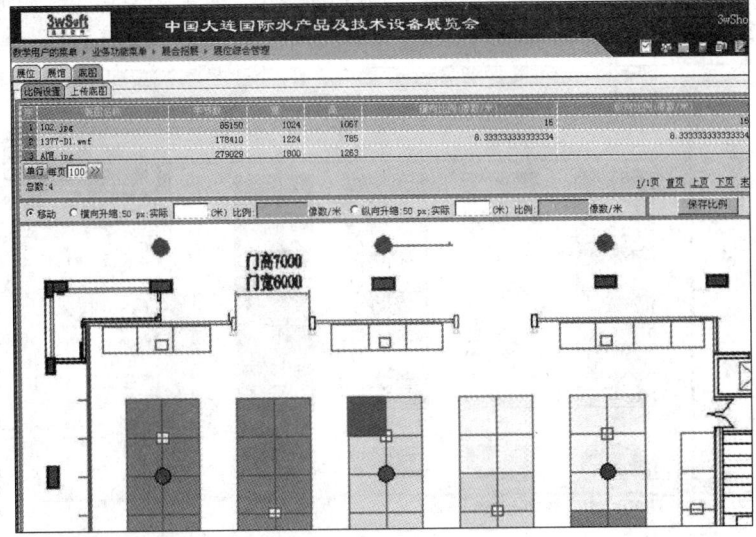

图4-35　底图比例

(2) 展馆。选择"展馆"页签,可以对展会的展馆信息进行相应的维护,界面如图 4-36 所示。一个展会可以添加若干个展馆。

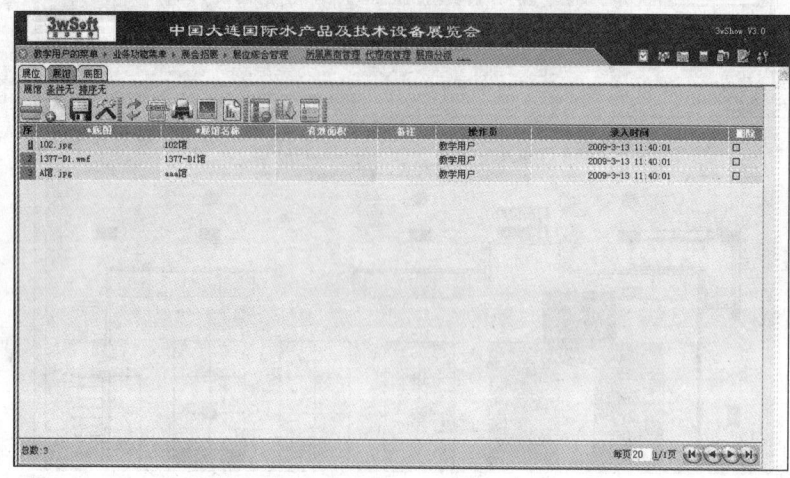

图 4-36　展馆信息

(3) 展位。选择"展位"页签可以进行展位的新增、命名以及修改操作。具体可进行如下操作:先选择"新增"按钮,在右侧的参数栏中输入展位宽度与高度,生成展位的个数及旋转角度等相关信息,在需要的位置单击即可画上展位,如图 4-37 所示。

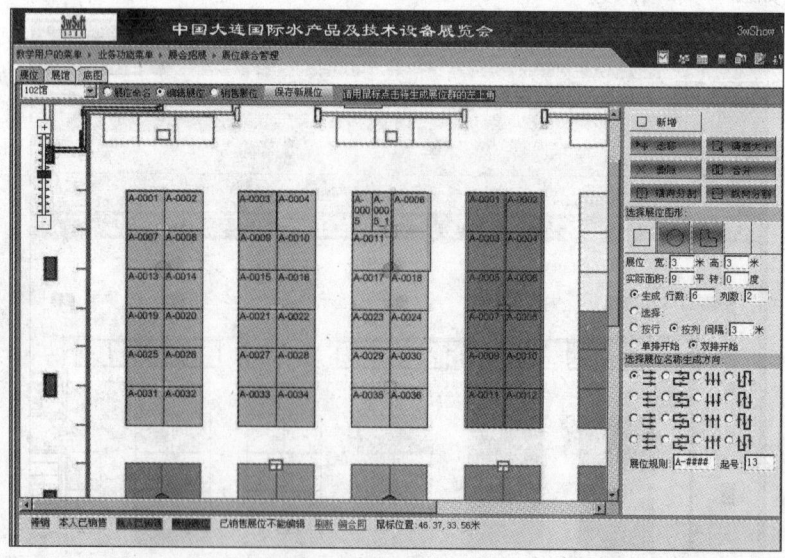

图 4-37　新增展位界面

相关的展位维护操作,见图4-38所示界面。

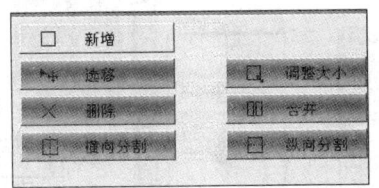

图4-38 展位维护操作界面

在该界面中,可进行展位的选择移动、调整展位大小、展位删除、展位合并、展位的横向分隔与纵向分隔等操作。

"选移"是指通过鼠标对展位进行选择,并可以移动到需要的地方松开鼠标即可。"调整大小"可以对已有展位进行高度或宽度调整使其达到要求,"删除"可将图中现有展位删除,如图4-39所示。

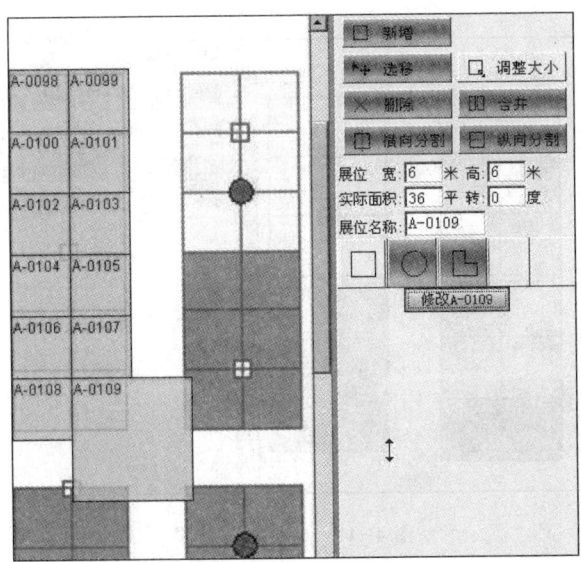

图4-39 调整大小界面

"合并"可将现有的两个或多个展位进行合并,如图4-40所示,将A-0116与A-0117合并,参数在右侧显示,可进行设置。

设置好进行展位合并,合并效果A-0116如图4-41所示。

"横向分隔"时将一个展位进行横向分离,将一个展位分成两个展位。

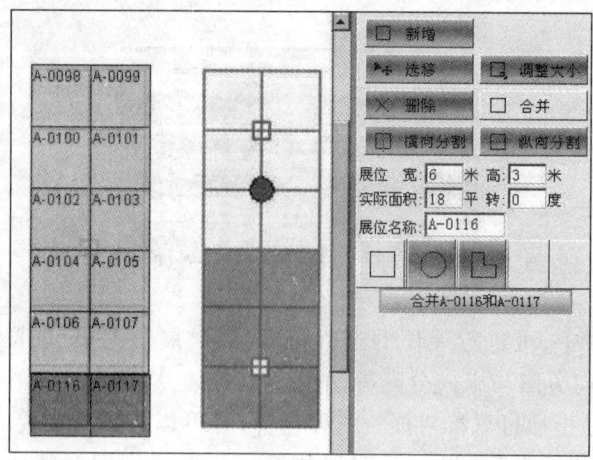

图 4-40 展位合并界面

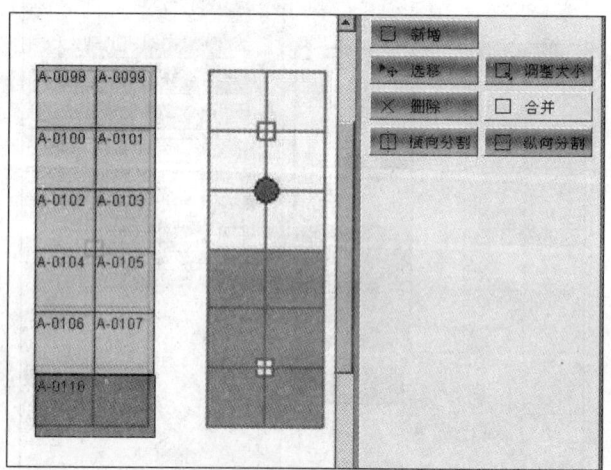

图 4-41 展位合并效果

以 A-0116 展位为例,如图 4-42 所示。分隔参数可进行设置,分隔效果如图 4-43 所示。纵向分隔操作与横向分隔操作类似,这里不再阐述。

2. 展位销售

如图 4-44 所示,展位销售首先需要选择待销展位,如 A-0003 和 A-0004,在右侧的销售栏中确定相应售价及摊位类别,单击"确认签约"就可以将展位售出了。

第三节 展会招展管理系统

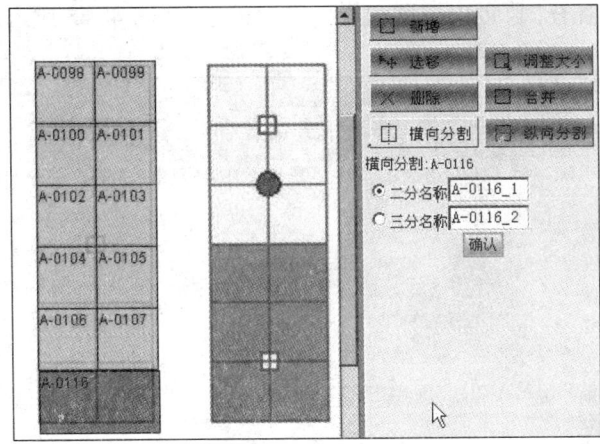

图 4-42 横向分隔界面

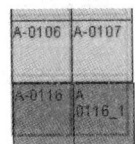

图 4-43 横向分隔效果

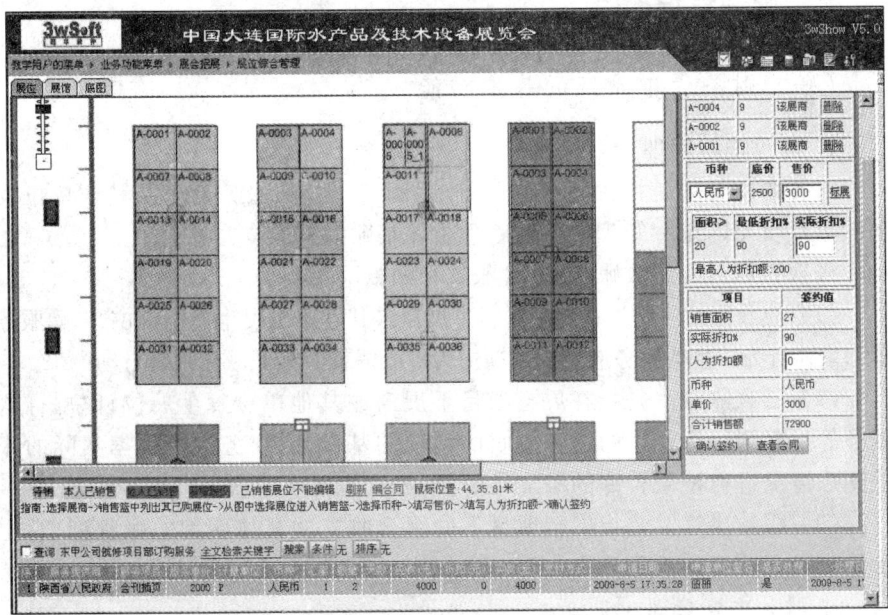

图 4-44 展位销售

单击"查看合同"可以阅览相应的合同模板,如图 4-45 所示。

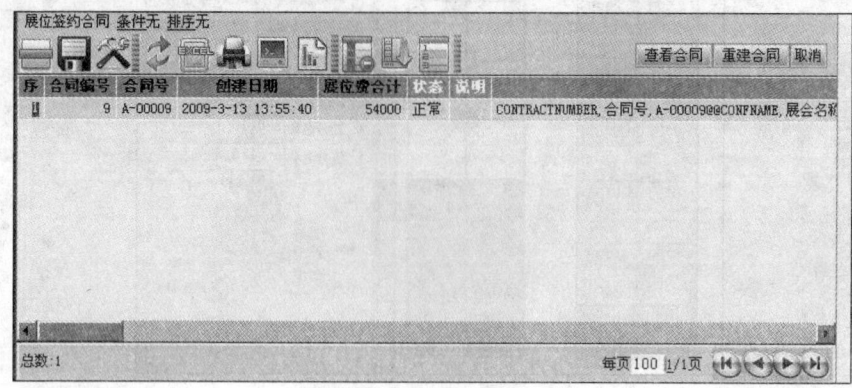

图 4-45　合同模板

第四节　财务管理系统和会刊制作系统

一、财务管理系统

(一) 财务管理系统的基本功能

1. 财务账款管理

财务账款管理是指在展会项目下,展商、代理商、服务商以及其他单位发生的账款收支的统一管理。账款管理主要是账款的收支台账管理。

账款管理包含应收账款、已收账款和账款决算。

(1) 应收账款。是指在展会项目下展商或其他单位发生展位订位、订购服务等一系列行为产生的财务应收的款项成为应收账款。该账款由系统自动产生。

(2) 已收账款。是指在展会项目下展商或其他单位发生展位订位、订购服务等一系列行为产生的财务应收的款项的基础上,财务人员根据实际的账款到账情况进行记录台账的添加维护,该账款为已收账款。

(3) 账款决算。是指展会项目下的展会收支的具体明细的账款列表,主要说明展会项目的盈亏分析。

2. 财务决算管理

财务决算主要是体现展会项目的账款发生的明细清单,要表现出展会项目的盈亏分析,供管理层进行展会项目的未来决策。财务决算在展会项目下所包含的内容包括单位收支记录、单位统计查询、实验项目分析以及项目的复合统计查询。

(1) 单位收支查询。是指各个参会单位的具体收支的明细,包括其应收明细、实收明细等。

(2) 单位统计查询。是指关于单位在展会项目下相关业务的统计查询。例如展商的基本信息查询、展位销售情况查询、展商展品查询等。

(3) 项目分析。指展会项目各个环节的完成情况的查询,例如展品的完成情况查询、营销人员的业绩查询、展位销售的盈亏查询、展馆完成情况的分项统计查询等内容。

(4) 项目的复合统计查询。是指从横向和纵向两个不同角度来对展会数据进行统计分析,得出展会项目间对比数据,为管理层做决策提供参考。

(二) 财务管理系统展会项目应用

展会项目分析是针对项目管理系统中所有展会项目进行展位销售分析。分析时,可以选取希望分析对比的展会信息进行展位销售状况查看分析。展位销售状况适于当前正处在招展当中不同展会展位销售状态的对比,如图4-46所示。

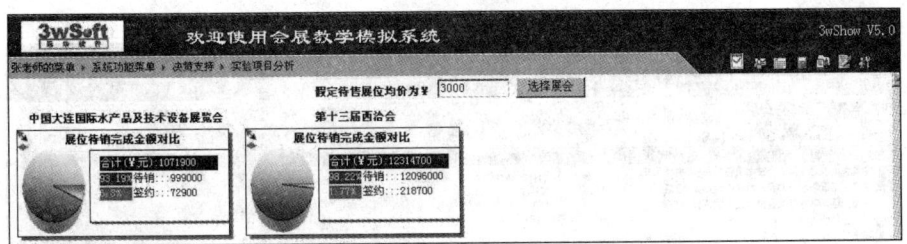

图4-46 不同展会展位销售比较分析

单击展会对应的饼图时,会弹出展会展位统计分析界面,系统会对当前选取的展会进行展位销售分析。在展会展位统计分析界面,会对当前展位销售情况进行统计,其中包括展位销售金额、面积、数量三项对比内容,分别对展位的三种状态:签约、预定和待销进行比较。分析比较时提供对比条件,具体如按展馆待销完成、完成、展位类型完成、招展员完成、销售日期完成等情况进行分析比较。系统同时提供展位销售切片分析,对当前具体展位销售情况按不同条件进行更详细数据分析及图形显示。

查看完某一展会展位当前销售情况,可单击界面上的"返回展位销售状况"功能按钮返回至决策支持中的展位销售状况界面,如图 4-47 所示。

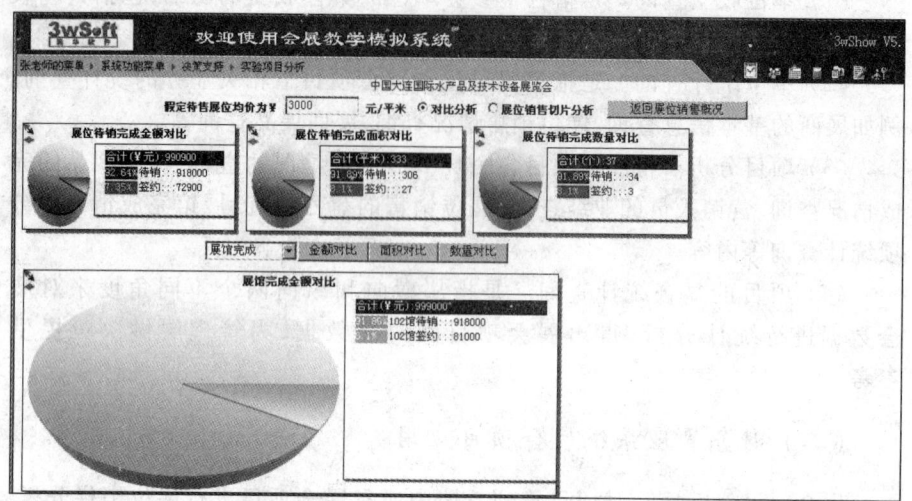

图 4-47　当前展会销售状态分析

可对不同展会下不同业务员销售业绩信息进行查询统计,如图 4-48 所示。

图 4-48　业务员营销业绩统计

在业务员业绩统计界面中,提供包括展会名称、招展员、单位应收款、单位收入、单位欠款、展位销售个数、展位销售面积等信息的统计查询。同时界面提供"招展员业务明细"、"统计"功能按键。单击"统计"功能按键可以提供图表统计效果,如图 4-49 所示。当然,与其他图表统计的操作一样,界面上也提供了导出数据图表到 Excel 电子表格的功能。

第四节　财务管理系统和会刊制作系统　　83

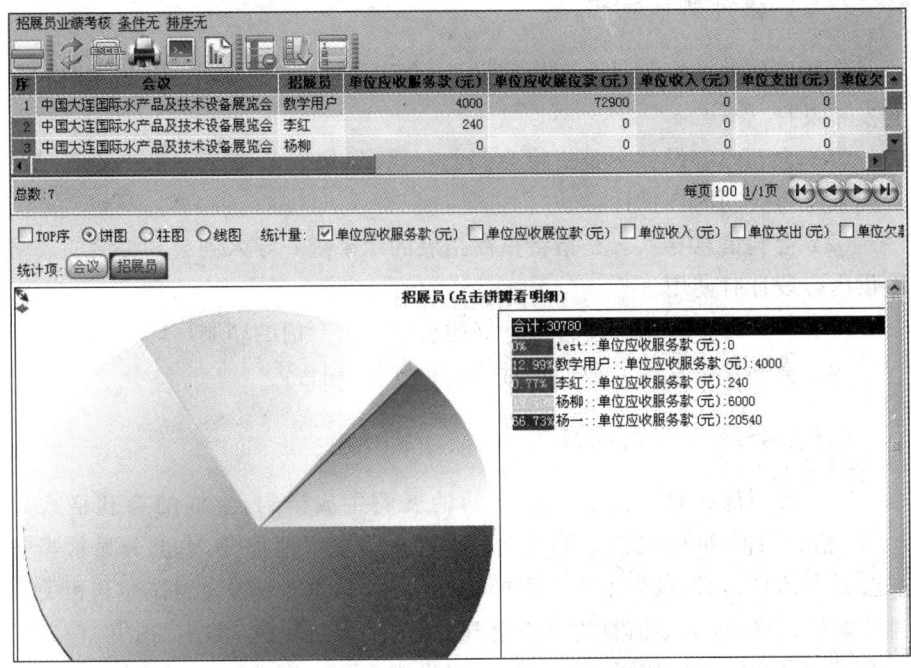

图 4-49　业务员业绩统计图表

二、展会会刊制作系统

（一）展会会刊的信息内容

会刊是展会对外宣传展会内容、宣传展商、宣传展会展品与展会服务的重要窗口。会刊的内容包括展会基本情况、会刊广告、相关展会介绍、地情简介和其他信息。

（1）会刊中的展会基本情况包括展商基本信息、展馆介绍、展会服务发布、展会交通、展会展馆介绍和展会主办方介绍等。

（2）会刊广告内容。包括展会主办方、展商、展馆、服务商在会刊上的各类广告，主要用于展会上的宣传。

（3）相关展会介绍，包括与当前展会相关的其他展会信息介绍。

（4）地情介绍，包括展会举办地的风土人情、地方景观的相关介绍等。

（5）其他信息，会刊也会根据其业务发展介绍一些与展会或会刊相关的信息，供阅览者浏览。

（二）会刊制作流程

会刊制作的内容包括会刊内容设计、会刊信息导入、会刊内容的印刷和会刊发布发行。

（1）会刊内容设计。是指将会刊的版面、风格以及主办方单位的需求结合起来进行会刊内容设计。

（2）会刊信息导入。是指将招商招展的结果统一导入到会刊编制的表格中供内容设计时使用。

（3）会刊内容印刷。即将设计好的会刊交由专门的印刷厂印刷成册。

（4）会刊发布发行。即会刊对外公布发行、销售。

（三）会刊制作系统应用

制作会刊是针对当前展会已签约的展商生成会刊，生成的会刊格式为*.doc格式（即word格式）。制作会刊界面分为上下两部分，上部分显示当前展会展商信息，此信息为生成会刊的展商信息，下部分内容为制作会刊相关信息选取栏，打钩选取的信息为制作会刊时需要生成的内容，没有打钩的信息则不会成为会刊内容。如图4-50所示，将生成会刊内容选取并调整好后，单击顶部"会刊生成"按键，系统会按照选取的会刊生成信息生成会刊，生成的会刊经保存后，可以进行排版，变更风格及样式。

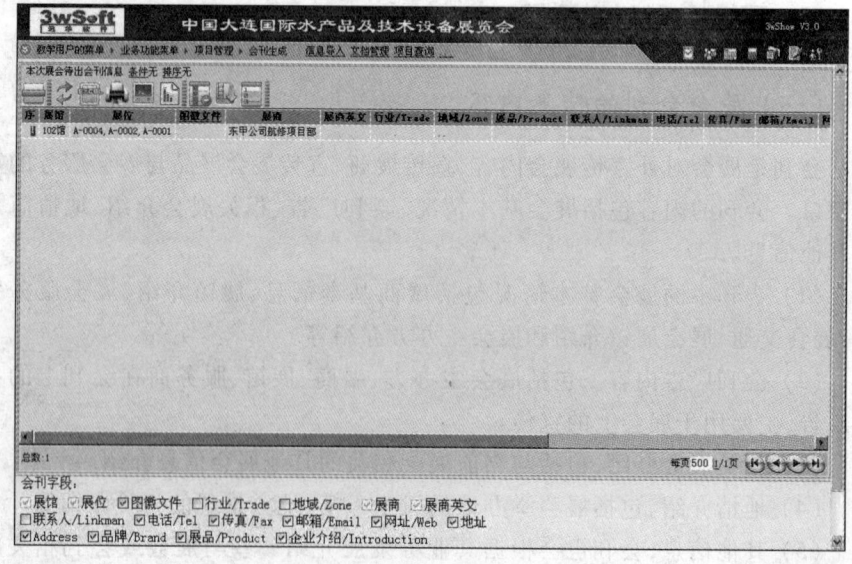

图4-50 会刊生成系统界面

本章小结

展览会主办方管理信息系统的应用对象为大型展览会的组织者、各种展览会的主办单位、承办单位。本章叙述了展会客户数据库管理、展会策划管理、展会招展管理(含展位图管理)、财务管理与会刊制作等子系统功能,并结合应用实例对各功能展开介绍,使学生了解到运用该系统可全面信息化管理展览会主办方策划和组织实施展览会的主要业务,满足展览会主办方的客户数据管理、展会策划管理、展会招展管理、展位图管理、财务管理与会刊制作等环节的信息化管理需求,展览会组织者通过该系统可以全面、有效、直观地进行展览会组办过程管理。

复习思考题

1. 展览会客户数据库的作用有哪些?
2. 展会策划管理子系统主要功能有哪些?
3. 展商跟踪管理子系统主要功能有哪些?
4. 试述展会财务管理子系统的决策支持作用。
5. 试述展会会刊的主要信息内容。

第5章 展览会现场管理信息系统

展览会现场管理信息系统的应用对象为大型展览会的组织者、各种展览会的主办单位、承办单位和展览公司。本章将详述展览会现场管理信息系统的用户数据管理、制证管理、门禁管理、观众管理和查询统计五大子系统功能,并结合应用实例对各功能展开介绍。

第一节 用户数据管理系统

一、用户数据管理系统功能概述

用户数据管理系统模块功能分为设置功能、维护功能和数据补录功能三部分。

(一) 设置功能

设置功能可对当前使用操作管理系统的相关人员进行功能设置,包括以下三方面内容。

1. 系统用户设置

在系统用户界面建立、添加和维护当前使用系统的单位信息、单位部门设立情况信息及操作人员信息。

2. 所有角色(岗位)定义

系统可以提供用户数据的科学化、合理化管理,定义使用系统操作人员的角色和其权限类型,可将权限类型定义为系统角色或业务角色。

3. 角色设置

根据使用系统的单位实际情况,对在角色定义中权限类型为系统角色或业务角色的角色名称进行系统功能定义与授权,并可根据需要随时进行更新变化。在设置系统角色名称及其权限基础上,可通过系统授权将具体操作人员与系统角色进行对应,对具体操作人员授予其对应的系统功能权限。还可以通过业务小组授权建立起项目组,确定项目组长及组成员,并对项目组内的成员进行授权。将具体业务人员所能操作的业务权限隶属于项目组,并对其对应的具体业务权限进行定义。

(二) 维护功能

维护功能可对系统的基础信息和基本常量信息数据进行维护,包括:

1. 基础信息维护

对国家、城市、展会类型等基础信息进行维护,可直接调用系统提供的基本信息,也可根据需要自行添加相应信息。

2. 系统常量信息维护

对系统常量信息如观众信息、币种、展会规格、展会性质、展会主办、门禁日报表等基本信息进行维护。

3. 收支类型信息维护

对应用账款收支常量如展位费、广告管理费、接待费等信息进行设置、维护。

(三) 数据补录功能

系统的补录功能可对展会期间未记录的信息进行补录,包括以下三方面。

1. 观众录入

用户可调出信息不全用户的当前信息,对其进行补录操作。

2. 观众统计

用户可通过国家、日期、时段和通道对现场观众进行统计,系统为统计结果提供了饼图、柱图、线图等类型图示,用户可以根据自己的喜好选择图示类型。用户依据观众信息可得到各种分析报表,如展览会观众的数量规模、人员组成、需求反馈、下一届持续观展意向、区域分布、外商统计等,这是决策分析的重要依据。

3. 制证查询

系统提供了快捷查询功能,可通过多个查询条件对信息进行查询。

二、用户数据管理系统功能应用实例

(一)设置功能应用实例

1. 系统用户设置

在系统用户界面建立、添加和维护当前使用系统的单位信息、单位部门设立情况及操作人员信息,包括操作人员登录名称、密码、使用状态及对应的邮箱地址等。如果建立的用户需要正常使用管理系统,操作人员"状态"栏应设置为"在职"状态,否则设为"离职"状态,如图 5-1 所示。根据建立的用户信息,系统可在单位内的成员相互之间进行通告发布、短信发送等功能。

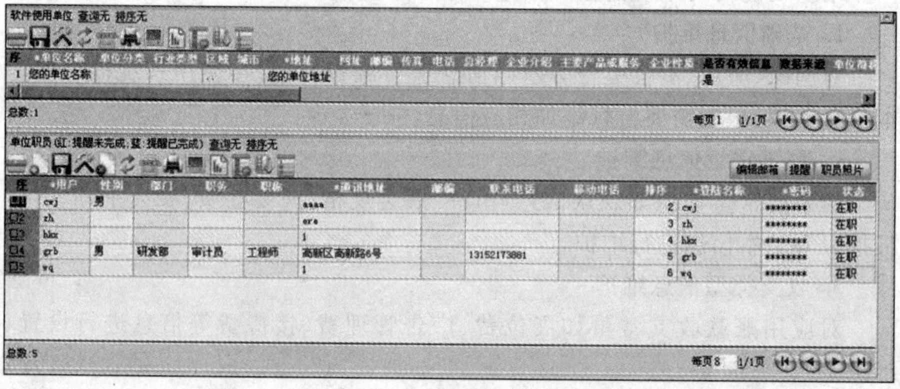

图 5-1 创建使用用户

2. 所有角色(岗位)定义

所有角色(岗位)定义可进行系统角色和权限类型的定义。在系统中点击页面下方的"添加"按钮,添加角色和其权限,如图 5-2 所示。

3. 系统角色功能设置

系统角色功能设置是指对角色岗位定义界面中权限类型是"系统角色"的角色进行系统功能定义与授权。设置系统功能权限可根据使用单位的实际情况而定,也可根据该单位的现实使用需求随时进行系统更新与变化。如图 5-3 所示,图中打"√"的表示该系统角色具有的权限。

图 5-2 所有角色(岗位)定义界面

4. 业务角色功能设置

业务角色功能设置是对角色岗位定义中权限类型是"业务角色"的角色进行业务功能定义与授权。业务角色一般可有多个,系统可对每一个角色进行设置,如图 5-4 所示。

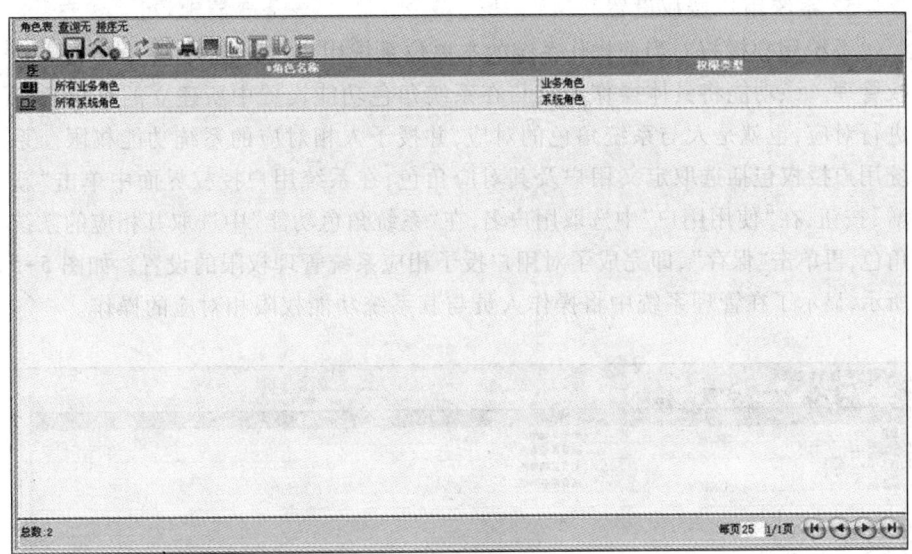

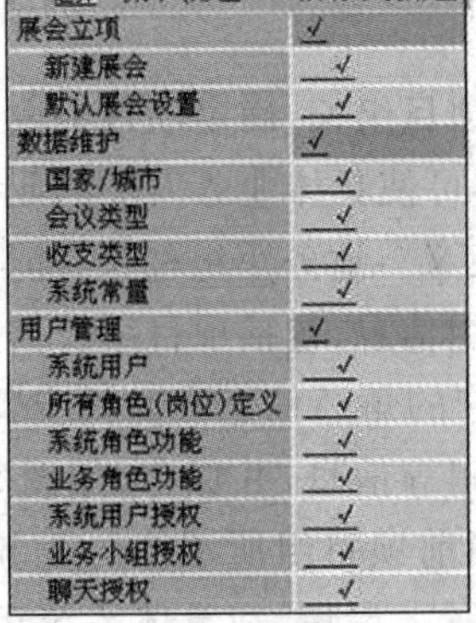

图 5-3 系统角色功能设置界面 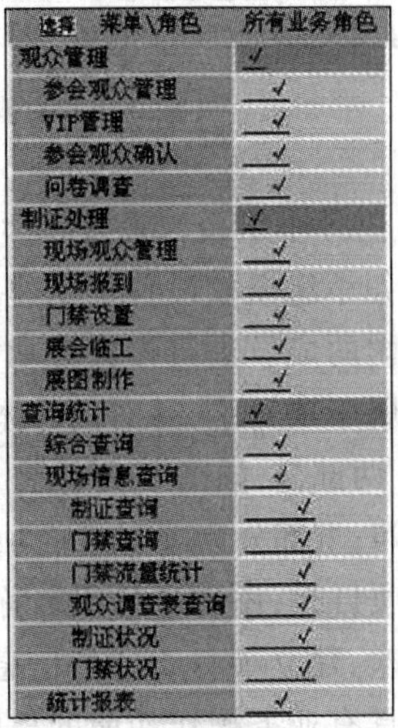　　图 5-4 业务角色功能设置

5. 系统用户授权设置

系统用户授权对当前操作系统的本单位系统用户进行定义,并给予相应授权管理。该功能将具体操作人员与在系统角色功能设置中所建立的系统角色进行对应,也就是人与系统角色的对应,并授予人相对应的系统功能权限。系统用户授权包括选取定义用户及其对应角色,在系统用户授权界面中单击"新增"按钮,在"使用用户"中选取用户名,在"系统角色功能"中选取其相应的系统角色,再单击"保存",即完成了对用户授予相应系统管理权限的设置。如图 5-5 所示,显示了在管理系统中将操作人员与其系统功能权限相对应的操作。

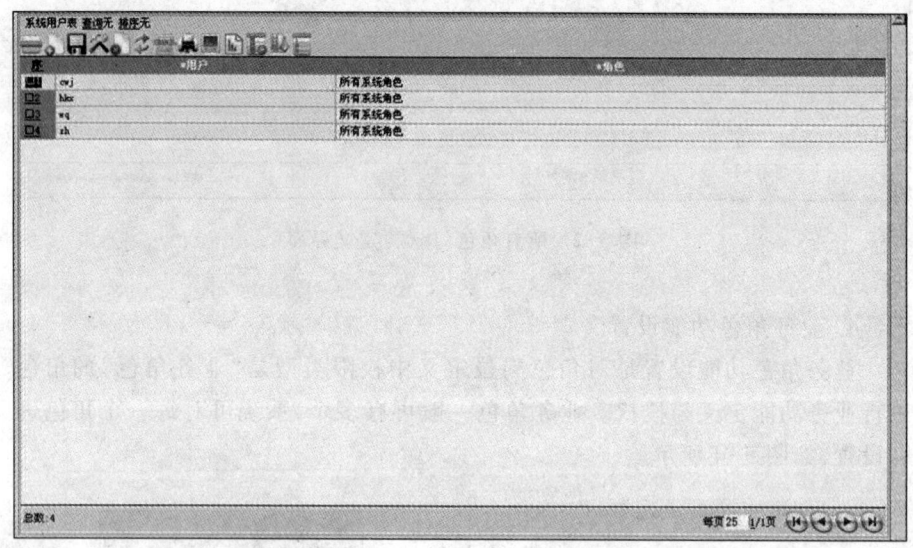

图 5-5　对操作人员进行系统角色定义匹配

6. 业务小组授权设置

业务小组授权设置包括建立项目组、确立项目组长、确定项目组成员并对项目组内的成员进行授权等功能的设置。这样可使具体业务人员的业务操作权限隶属于项目组,并对其具体业务权限进行定义。业务小组授权功能界面分为上、下两部分,如图 5-6 所示。上部分为项目组信息,包括项目组长信息和组创建时间;下部分为项目组内项目成员及其对应的角色信息。设置步骤为:首先建立项目组,添加项目组名称、组长、创建时间等信息,并保存,如图 5-7 所示。其次,建立项目组成员信息,并确定其在当前项目组所承担的业务角色,即给予具有业务操作功能的权限,如图 5-8 所示。最后,在具体系统运用中,项目组的建立可以按单位的实际组织机构(如展览一部、二部、三部)进行建立划分,也可按展会名称进行划分。如果在招展业务中,单位中的部门比较多,且部门业务划分较细,不同部门的业务是独立、固定的,那么可以根据部门建立项目组,部门中的具体展会就可以直接隶属于项目组。但如果单位中部门较多,部门业务划分不明确,唯一可以明确的是项目名称,那么可以按展会项目名称建立项目组。

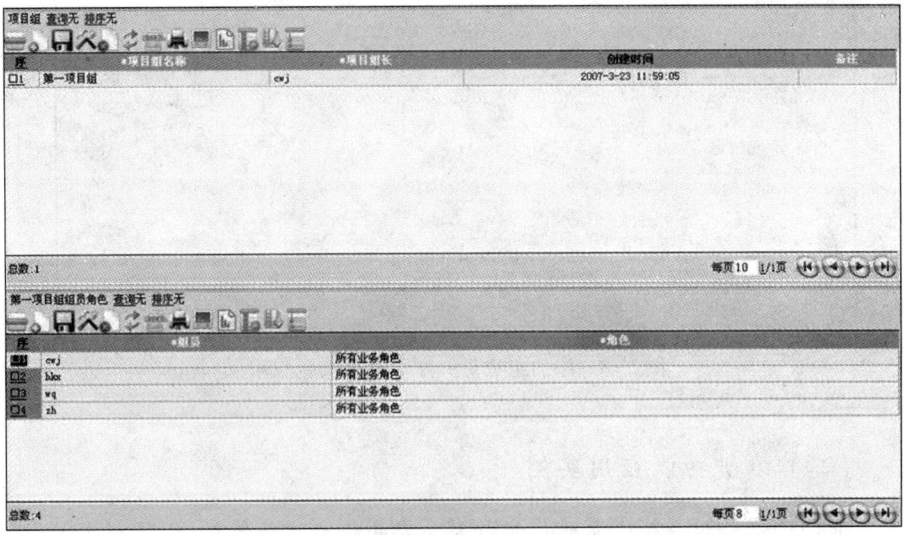

图 5-6 建立项目小组并授予组员业务角色权限功能

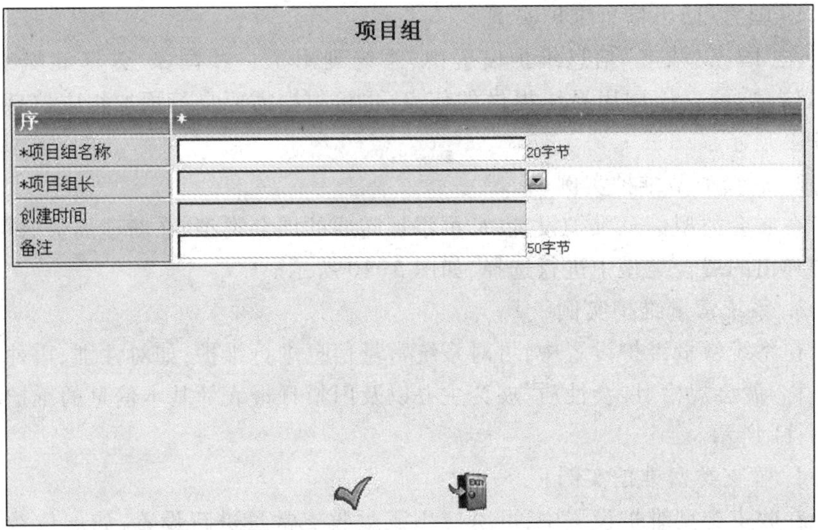

图 5-7 添加项目组

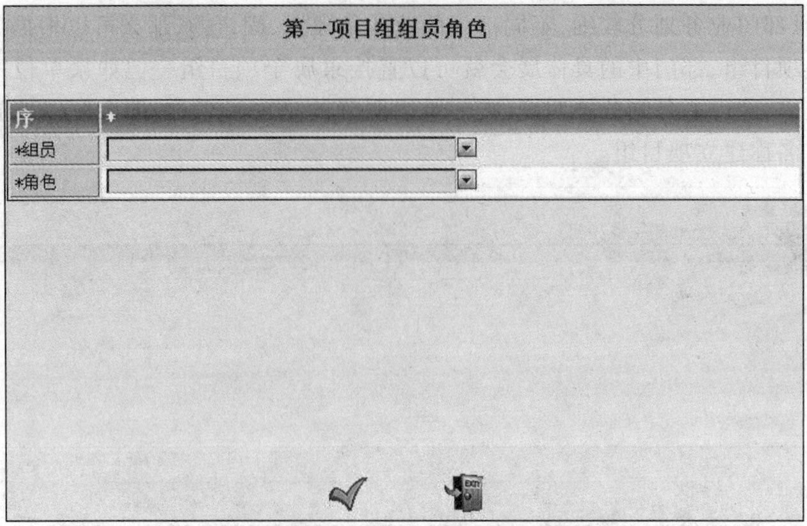

图 5-8　添加组成员并赋予业务角色权限

（二）维护功能应用实例

维护功能是对系统中基础信息和基本常量信息进行维护，包括对国家、城市、展会类型、系统常量以及收支类型等信息的维护。

1. 国家/城市信息维护实例

在"国家/城市"信息维护设置中，系统列出了一些国家、省区和城市的基本信息，可直接调用系统提供的信息，也可根据需要自行添加相应信息，如图 5-9 所示。

2. 展会类型维护实例

在展会类型信息维护设置中，可添加需要的展会类型，在新建展会时可在系统列出的展会类型中进行选择，如图 5-10 所示。

3. 系统常量维护实例

在系统常量维护设置中，可对系统常量信息进行维护，如对性别、币种、职务职称、展会规格、展会性质、展会主办以及门禁日报表等基本信息的维护，如图 5-11 所示。

4. 收支类型维护实例

在收支类型维护设置中，可对应用账款收支常量进行设置，如展位费、广告管理费、接待费等常量进行设置，如图 5-12 所示。

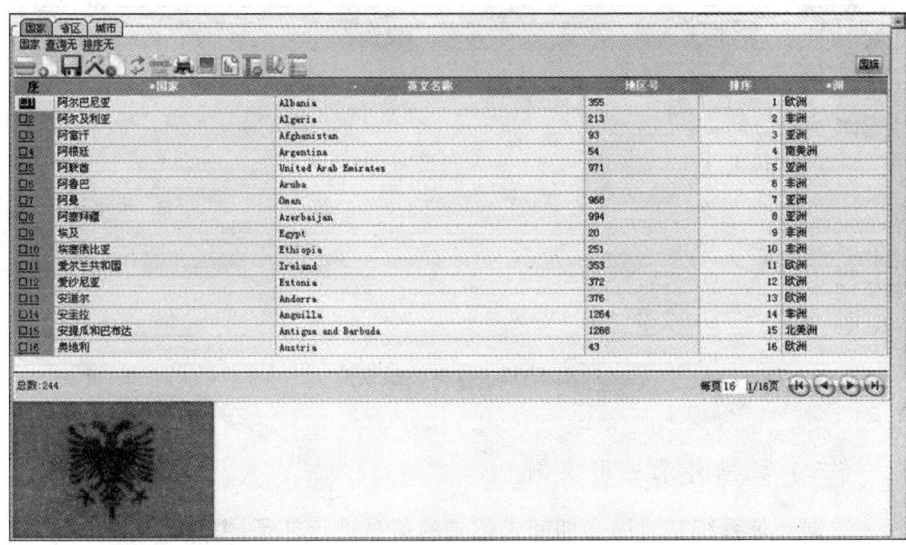

图 5-9 国家/城市信息维护

图 5-10 展会类型维护

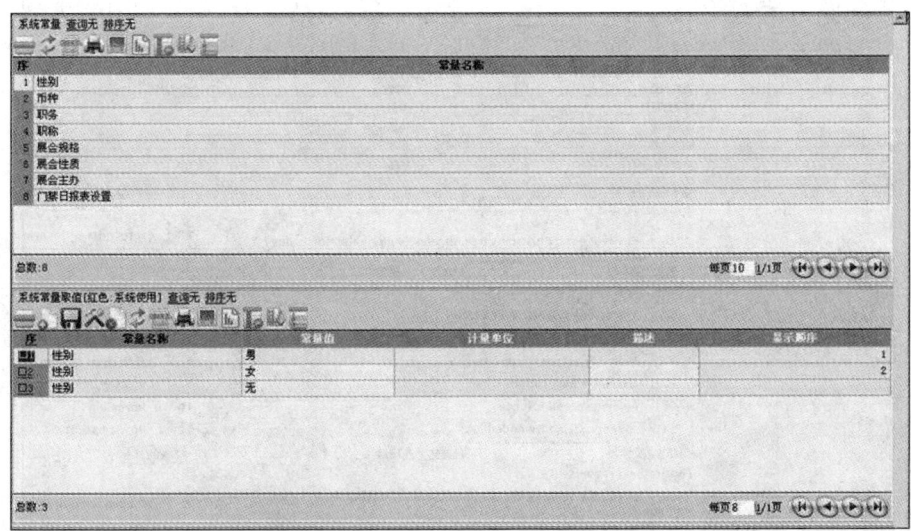

图 5-11 系统常量维护

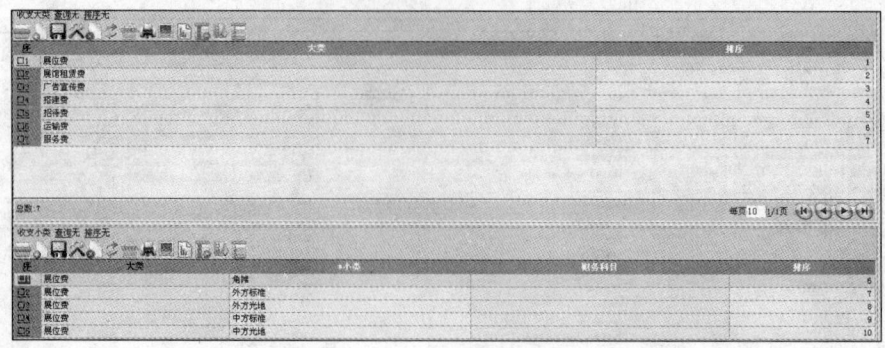

图 5-12 收支类型维护

（三）数据补录应用实例

数据补录系统是对展会期间未记录的信息进行补录，主要包括观众录入、观众统计和制证查询三大模块。

1. 观众录入实例

观众录入功能将对信息不全的用户信息进行补录。在登记表号位置输入用户的卡号，可以调出用户当前信息，然后可对其进行信息添加补录操作，如图 5-13 所示。

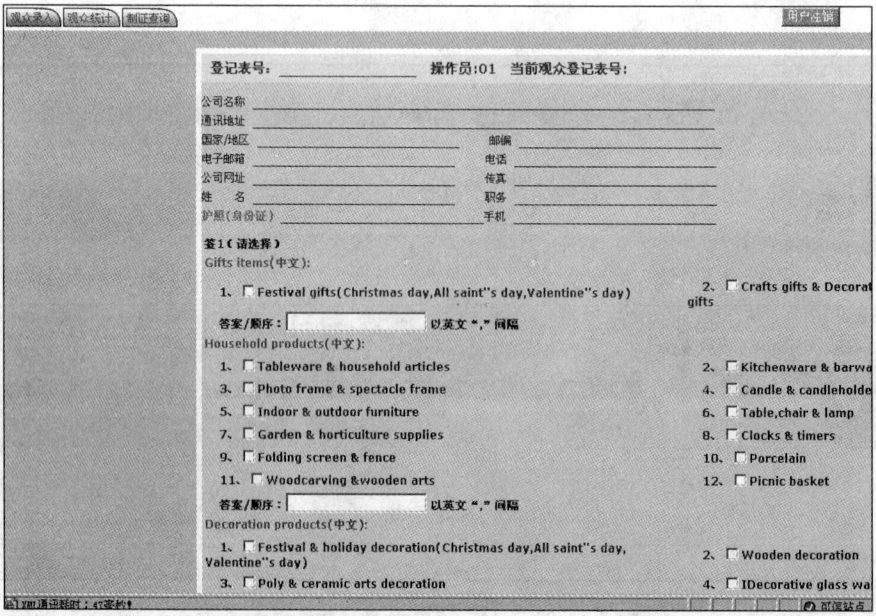

图 5-13 观众信息补充录入界面

2. 观众统计实例

用户可通过国家、日期、时段和通道对观众进行统计。系统为统计提供了饼图、柱图、线图等类型的图示,用户可以根据自己的喜好选择图示类型,如图 5-14 所示。并可将观众统计结果与观众统计图以 excel 表格式导出,如图 5-15 所示。

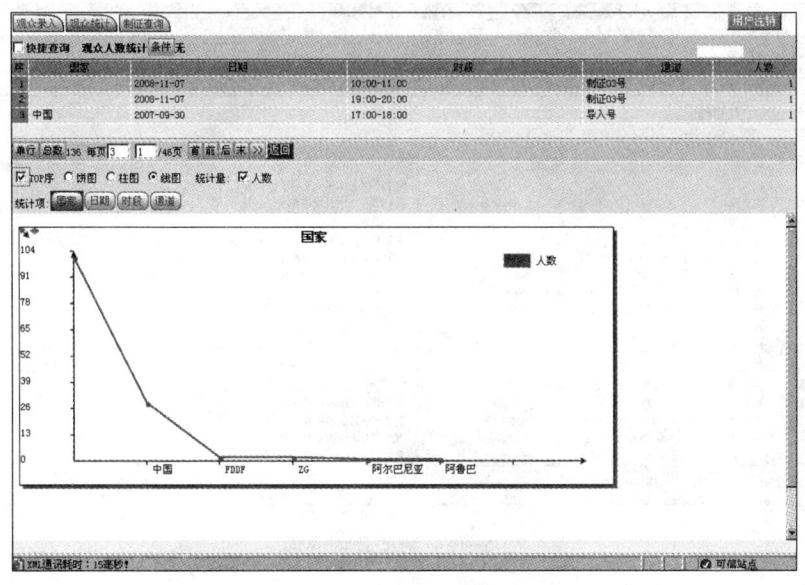

图 5-14 观众统计界面

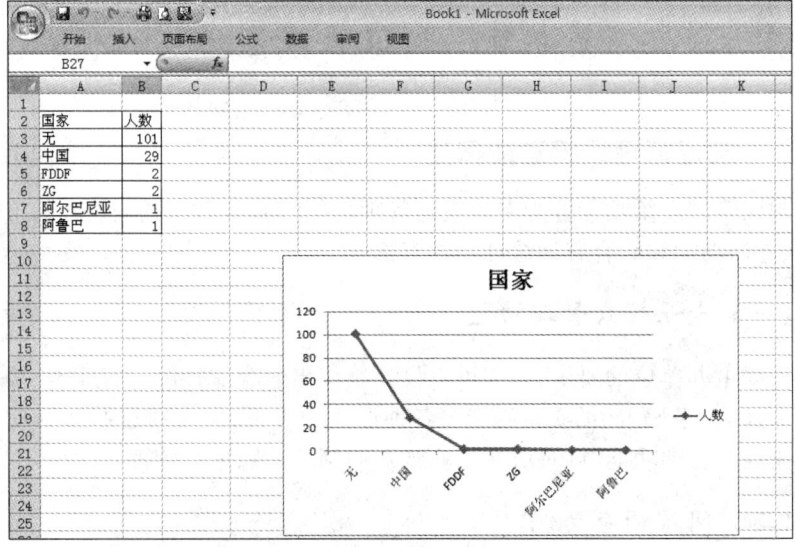

图 5-15 观众统计结果导出到 excel 表

3. 制证查询实例

制证查询可查询用户的制证信息。系统提供了快捷查询功能，可通过多个查询条件如"参展类型"、"姓名"、"性别"、"单位"、"代表团"等，对制证结果进行查询，如图 5-16 所示。

图 5-16 制证查询界面

第二节 制证管理系统

一、制证管理系统功能概述

制证管理系统功能分为专业观众管理功能、问卷调查功能、展会临工管理功能、查询功能和综合查询统计功能五部分。

（一）专业观众管理功能

根据主办单位的要求，系统可以设计制作出兼容非接触式智能卡、接触式智能卡、PVC 条码卡、纸质条码卡等各种形式的卡证，并且通过制证管理系统的专业观众管理功能，可对所有专业观众的制证信息进行管理。

（二）问卷调查功能

根据展览会的实际情况，系统服务商可结合自身经验和问题库，提供调查问卷咨询,会同主办商设计出最合理有效的调查问卷,并通过问卷调查功能进行问卷维护和观众答案管理。

(三)展会临工管理功能

展会临工管理功能是为了更好地管理展会期间出入的临时工,可对展会临时工进行账号信息管理,设定其相关权限。

(四)查询功能

查询功能是对展览会现场收集的观众信息、观众行为数据进行深入的规范化处理,并将其导入数据库中,用以建立基于互联网的快捷查询功能,可查询包括制证、门禁及流量状况、观众调查表等信息。

(五)综合查询统计功能

系统提供的多种查询方式进行相关信息统计,并为主办单位和参展商提供多种类型的分析报告。主要有:

(1)曲线类分析报告。提供展览会各会场的观众人数曲线、在馆人数曲线、到达人数变化曲线等,这些曲线可以帮助主办者分析现场展览效果,调整未来展览策略。例如根据不同主题的会场到达人数情况调整未来展会的主题设置;根据不同研讨会场的在场人数比较分析判断演讲的受欢迎程度和效果等。

(2)结构类分析报告。以饼图或柱状图形式提供基于观众职位、部门、来源区域等的结构数据分析报告。

(3)调查类分析报告。对观众填写的调查问卷进行初步分析,生成调查问题备选答案的饼图、柱状图或图表类报告,并可对不同调查问题的相关性进行分析。

二、制证管理系统应用实例

(一)专业观众管理

点击"专业观众管理"可显示和管理所有的制证信息,如图5-17所示。

其中调查表、门禁和照片信息默认状态为不显示,要查看其信息可点击"调查表"、"门禁信息"和"照片"任意一个按钮即可查看其信息,不需要时则可点击"关闭",信息则不再显示,如图5-18所示。

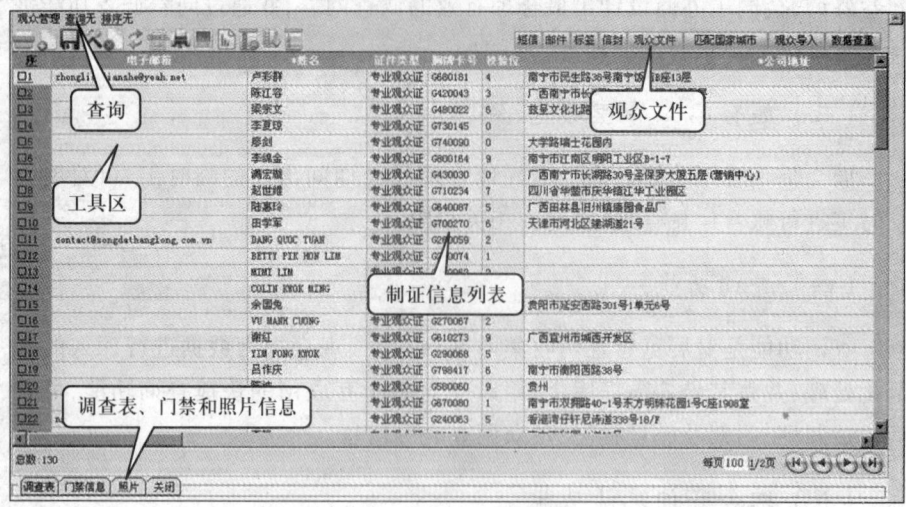

图 5-17 专业观众管理界面

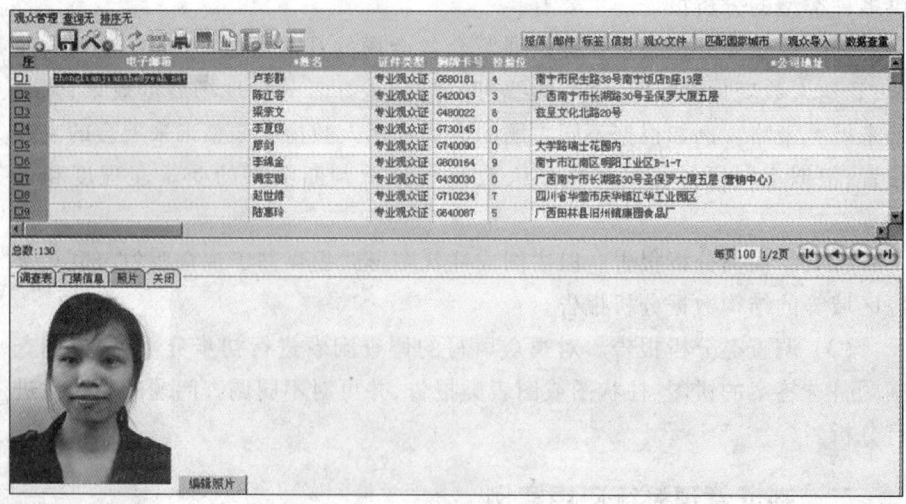

图 5-18 调查表、门禁和照片信息显示页面

(二) 问卷调查

问卷调查主要包括观众答案管理与调查表维护。

1. 观众答案管理

点击"观众答案"进入答案管理页面,页面将提供观众名称、调查内容、答案、经办人和办理时间等信息,如图 5-19 所示。

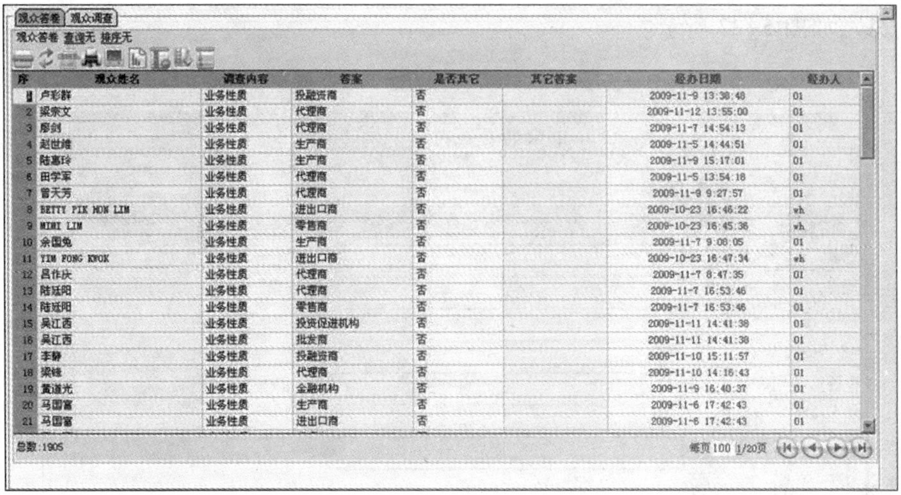

图 5-19　观众答案界面

2. 观众调查

观众调查主要是对调查内容进行维护,既可以更改问卷调查的问题和答案,也可以直接在此页面添加新的问卷调查问题。观众调查页面主要由调查内容和答案两部分组成,如图 5-20 所示。点击"添加按钮",出现调查表内容

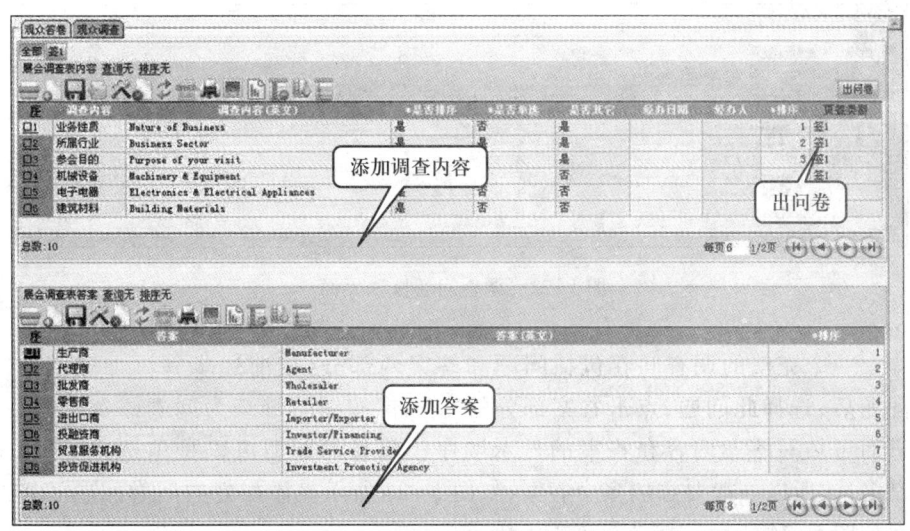

图 5-20　观众调查界面

添加页面,如图 5-21 所示。填写添加内容后点击"保存"即可。如要修改,则直接点击需要修改的字段,修改后字体颜色为淡蓝色,点击"保存"即可完成修改,如图 5-22 所示。

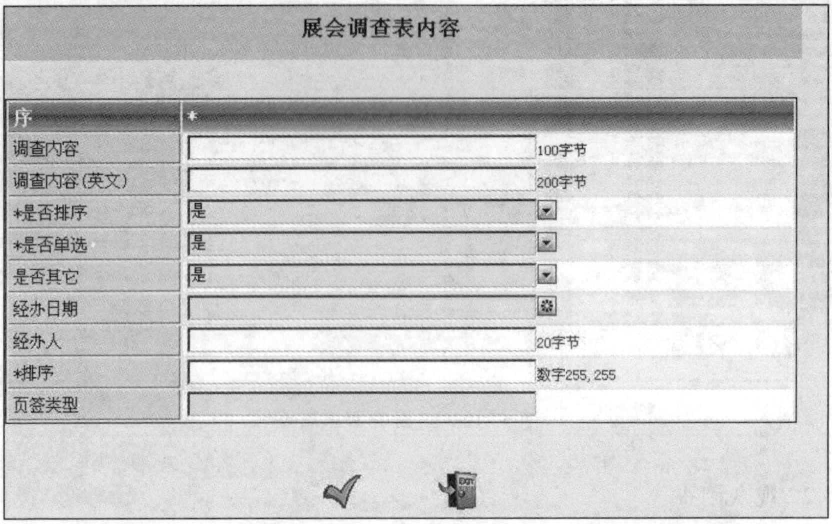

图 5-21　调查问卷添加界面

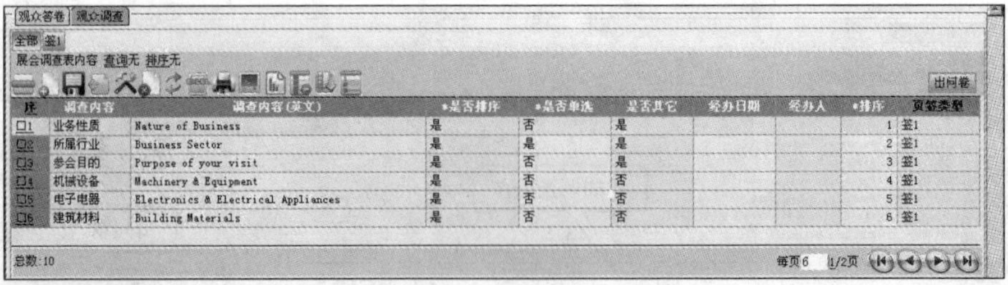

图 5-22　调查问卷修改界面

　　一个完整的调查问卷包括问题和答案两部分,按前述步骤添加完问卷问题后,选择此问题,点击答案部分的"添加"按钮可继续为问卷添加答案,进而可填写答案内容和答案的显示顺序。问卷的题型可以是单选,也可以是多选,所以一般要添加多个答案,如图 5-23 所示。添加好的问卷问题和答案如图 5-24 所示。

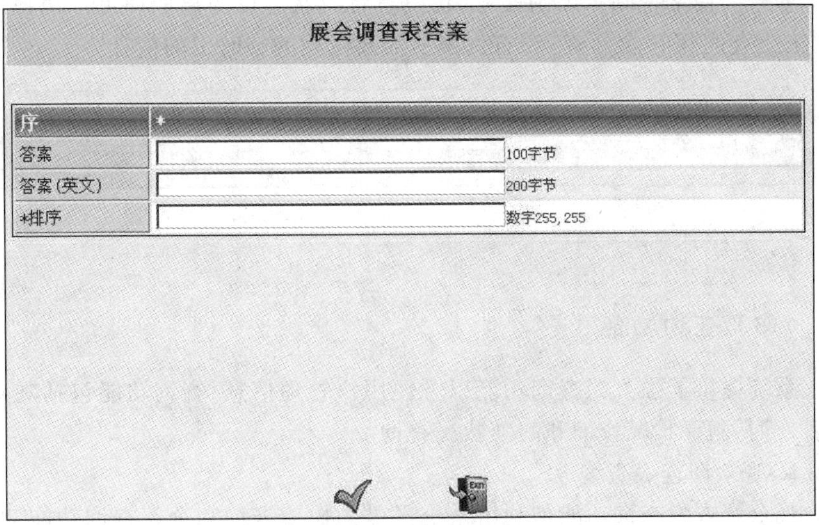

图 5-23　添加答案界面

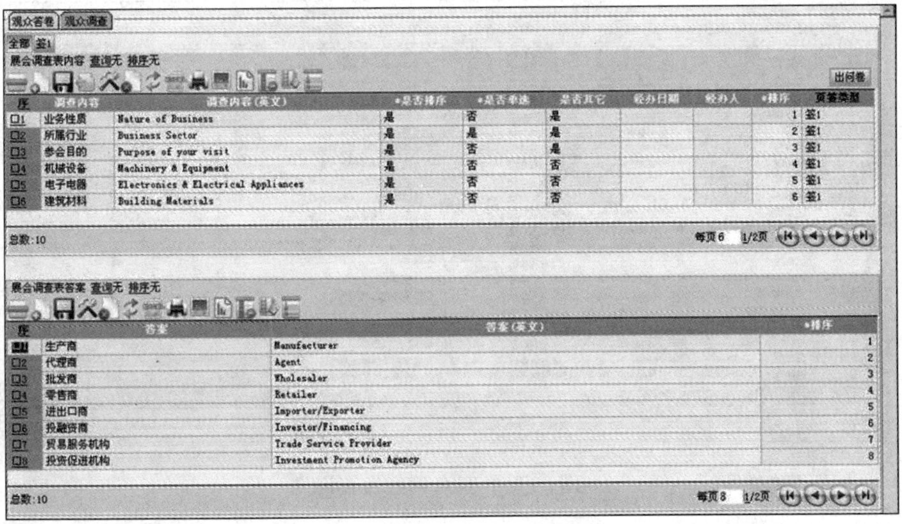

图 5-24　添加好问题与答案的界面

(三) 展会临工管理

展会临工管理主要是指对展会中临时人员的制证账号进行管理。如图 5-25 列出了展会临工的信息列表，包括临工的基本信息、登录名称、密码和在职情况。如果要使某个临工无制证权限,只需将其状态设为离职即可。用户可使用"快捷查询"和"全新查询"查询出所需要管理的临时工的信息。

图 5-25 展会临工界面

(四) 查询功能

系统提供了强大的查询功能以方便用户管理信息,查询功能包括观众调查表查询、制证状况查询和门禁状况查询。

1. 观众调查表查询

观众调查表查询功能是利用系统提供的快捷查询和全新查询功能,对查询条件进行设置,查看观众的调查表信息,如图 5-26 所示。

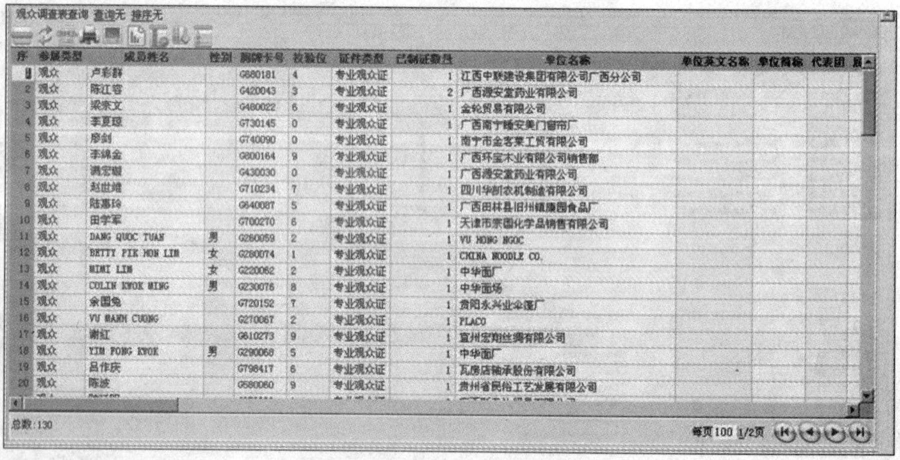

图 5-26 观众调查表查询

2. 制证状况查询

制证状况查询可显示出制证人员的制证状态信息图,包括责任人、制证通道、最近制证信息和距离目前时间等,如图 5-27 所示。

3. 门禁状况查询

门禁状况查询可显示出门禁状态信息图,包括门禁号、最近过门禁时间和距离目前时间等,如图 5-28 所示。

远华软件制证状态信息图

第六届中国—东盟博览会

责任人	通道	最近制证时间	天 时 分	责任人	通道	最近制证时间	天 时 分
wh	导入通道	2009-09-30 16:33:02	250天19时24分以前	G64	制证64通道	2009-10-21 09:32:12	230天2时25分以前
G76	制证76通道	2009-10-21 09:40:14	230天2时17分以前	G28	制证58通道	2009-10-21 09:41:19	230天2时16分以前
G75	制证75通道	2009-10-21 09:42:43	230天2时15分以前	G27	制证27通道	2009-10-21 09:42:45	230天2时15分以前
G54	制证54通道	2009-10-21 09:42:57	230天2时14分以前	G74	制证74通道	2009-10-21 09:43:16	230天2时14分以前
G78	制证78通道	2009-10-21 09:44:05	230天2时13分以前	G23	制证23通道	2009-10-21 09:44:30	230天2时13分以前
G28	制证28通道	2009-10-21 09:45:06	230天2时12分以前	G68	制证68通道	2009-10-21 09:47:07	230天2时10分以前
G63	制证63通道	2009-10-21 09:47:31	230天2时10分以前	G41	制证41通道	2009-10-21 09:47:41	230天2时10分以前
G73	制证73通道	2009-10-21 09:48:27	230天2时9分以前	G22	制证22通道	2009-10-21 09:48:35	230天2时9分以前
G79	制证79通道	2009-10-21 09:48:36	230天2时9分以前	G43	制证43通道	2009-10-21 09:48:45	230天2时9分以前
G48	制证48通道	2009-10-21 09:48:45	230天2时9分以前	G55	制证55通道	2009-10-21 09:48:48	230天2时8分以前
G25	制证25通道	2009-10-21 09:48:58	230天2时8分以前	G26	制证26通道	2009-10-21 09:48:58	230天2时8分以前
G24	制证24通道	2009-10-21 09:49:07	230天2时8分以前	G42	制证42通道	2009-10-21 09:49:15	230天2时8分以前
G29	制证29通道	2009-10-21 09:49:22	230天2时8分以前	G80	制证80通道	2009-10-21 09:49:25	230天2时8分以前
G77	制证77通道	2009-10-21 09:49:29	230天2时8分以前	G44	制证44通道	2009-10-21 09:49:31	230天2时8分以前
G49	制证49通道	2009-10-21 09:49:33	230天2时8分以前	G56	制证56通道	2009-10-21 09:49:45	230天2时8分以前
G71	制证71通道	2009-10-21 09:50:05	230天2时7分以前	G47	制证47通道	2009-10-21 09:50:11	230天2时7分以前
G30	制证30通道	2009-10-21 09:50:19	230天2时7分以前	G70	制证70通道	2009-10-21 09:50:35	230天2时7分以前
G66	制证66通道	2009-10-21 09:50:47	230天2时6分以前	G69	制证69通道	2009-10-21 09:50:55	230天2时6分以前
G72	制证72通道	2009-10-21 09:51:09	230天2时6分以前	G67	制证67通道	2009-10-21 09:51:14	230天2时6分以前
G51	制证51通道	2009-10-21 09:51:44	230天2时6分以前	G40	制证40通道	2009-10-21 09:51:45	230天2时6分以前
G62	制证62通道	2009-10-21 09:51:55	230天2时5分以前	G52	制证52通道	2009-10-21 09:53:03	230天2时4分以前
G61	制证61通道	2009-10-21 09:53:11	230天2时4分以前	G65	制证65通道	2009-10-21 09:53:27	230天2时4分以前
G50	制证50通道	2009-10-21 09:53:31	230天2时4分以前	G60	制证60通道	2009-10-21 09:53:57	230天2时3分以前

图 5-27　制证状况查询

远华软件门禁状态信息图

第六届中国—东盟博览会

门禁号	最近过门禁时间	天 时 分	门禁号	最近过门禁时间	天 时 分
门禁139	2009-10-21 10:09:37	230天1时50分以前	门禁220	2009-10-22 08:58:31	229天3时1分以前
门禁230	2009-10-22 09:04:13	229天2时58分以前	门禁57	2009-10-22 09:06:38	229天2时53分以前
门禁235	2009-10-22 09:11:13	229天2时49分以前	门禁66	2009-10-22 09:26:38	229天2时33分以前
门禁64	2009-10-22 09:39:22	229天2时21分以前	门禁236	2009-10-22 09:46:29	229天2时14分以前
门禁34	2009-10-22 09:59:20	229天2时1分以前	门禁59	2009-10-22 11:18:35	229天0时41分以前
门禁63	2009-10-22 11:33:19	229天0时27分以前	门禁58	2009-10-22 11:49:39	229天0时10分以前
门禁206	2009-10-22 13:00:41	228天22时59分以前	门禁228	2009-10-22 13:45:14	228天22时15分以前
农展馆门禁10	2009-10-22 15:21:16	228天20时39分以前	门禁47	2009-10-23 08:46:32	228天3时13分以前
门禁61	2009-10-23 08:59:51	228天3时0分以前	门禁227	2009-10-23 08:59:54	228天3时0分以前
门禁229	2009-10-23 09:00:31	228天2时59分以前	农展馆门禁22	2009-10-23 09:02:14	228天2时58分以前
门禁215	2009-10-23 09:03:52	228天2时56分以前	门禁218	2009-10-23 09:53:42	228天2时6分以前
门禁221	2009-10-23 10:17:47	228天1时42分以前	门禁69	2009-10-23 10:38:54	228天1时21分以前
门禁226	2009-10-23 10:43:08	228天1时17分以前	门禁224	2009-10-23 11:52:36	228天0时7分以前
农展馆门禁16	2009-10-23 12:29:38	227天23时30分以前	农展馆门禁27	2009-10-23 15:34:03	227天20时26分以前
农展馆门禁37	2009-10-23 15:57:09	227天20时3分以前	农展馆门禁23	2009-10-23 16:38:10	227天19时22分以前
门禁225	2009-10-24 08:58:04	227天3时2分以前	门禁62	2009-10-24 09:00:58	227天2时59分以前
门禁212	2009-10-24 09:01:51	227天2时58分以前	门禁208	2009-10-24 09:19:48	227天2时40分以前
门禁207	2009-10-24 09:21:15	227天2时39分以前	门禁214	2009-10-24 09:23:57	227天2时36分以前
门禁67	2009-10-24 09:35:34	227天2时24分以前	门禁68	2009-10-24 09:46:38	227天2时13分以前
门禁239	2009-10-24 10:06:51	227天1时53分以前	门禁240	2009-10-24 10:06:51	227天1时53分以前
门禁237	2009-10-24 10:21:01	227天1时39分以前	门禁244	2009-10-24 10:35:45	227天1时24分以前
农展馆门禁28	2009-10-24 10:52:12	227天1时8分以前	门禁216	2009-10-24 10:53:16	227天1时7分以前
门禁217	2009-10-24 11:08:13	227天0时52分以前	门禁211	2009-10-24 11:09:31	227天0时50分以前
门禁55	2009-10-24 11:23:06	227天0时37分以前	门禁31	2009-10-24 11:38:22	227天0时22分以前
门禁202	2009-10-24 11:54:27	227天0时6分以前	农展馆门禁15	2009-10-24 11:57:39	227天0时2分以前
门禁210	2009-10-24 12:29:45	226天23时30分以前	农展馆门禁21	2009-10-24 12:49:40	226天23时10分以前
门禁203	2009-10-24 14:29:26	226天21时31分以前	门禁241	2009-10-24 14:40:09	226天21时20分以前
门禁97	2009-10-24 14:41:38	226天21时18分以前	门禁232	2009-10-24 14:49:16	226天21时11分以前

图 5-28　门禁状况查询

（五）综合查询统计

综合查询统计是利用系统提供的 15 种查询统计条件，对制证信息和门禁进行综合查询统计，如图 5-29 所示。选择需要查询统计的条件，点击"开始查询"，即可得到查询统计结果，如条件选择"制证人数统计（按单位）"，查询结果如图 5-30 所示。

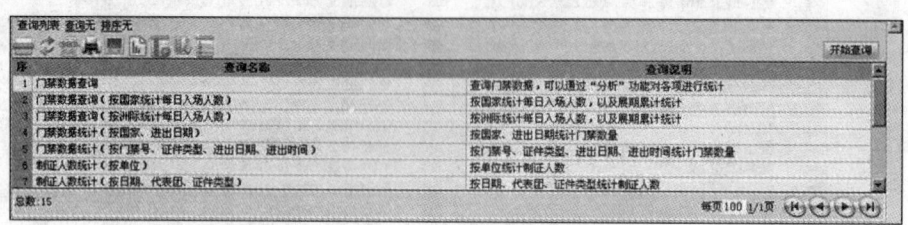

图 5-29　查询统计界面

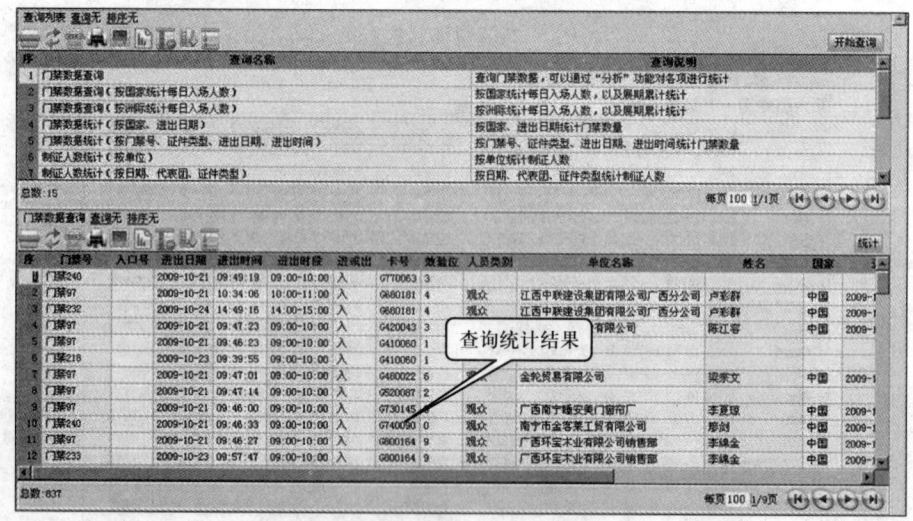

图 5-30　查询统计结果页面

第三节　门禁管理系统

一、门禁管理系统功能概述

门禁管理系统功能包括门禁刷卡功能、门禁设置功能和门禁统计查询管理功能三部分。

（一）门禁刷卡功能

门禁刷卡功能为展会提供全面、高科技的卡管理手段，也为参观者提供安全、可靠、快捷的检票服务。通过用户刷卡可判断其是否为合法用户、是否有权限进入展会。

（二）门禁设置功能

门禁设置功能可设置门禁号、门禁出入时间段和门禁日报表生成时间段，提高门禁管理效率，简化管理流程。

（三）门禁统计查询管理

门禁统计查询管理功能提供门禁流量统计和门禁信息查询，管理人员可以实时查看当前在馆人数情况，查询各场馆某个时间段内的进出情况，凭借实时数据为展览会现场管理工作提供坚实依据。

二、门禁管理系统功能应用实例

（一）门禁刷卡

门禁刷卡主要是通过刷卡判断用户是否为合法用户，是否具有权限进入展会。当卡号为正确时则显示用户信息和照片，如图 5-31 所示；当卡号为错误时则显示"卡号校验错误"，如图 5-32 所示。

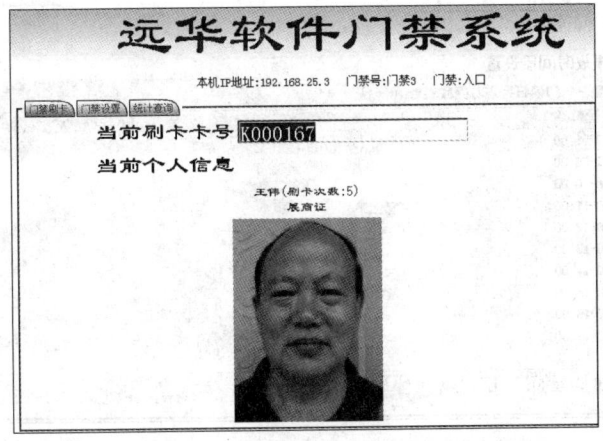

图 5-31　刷卡正确

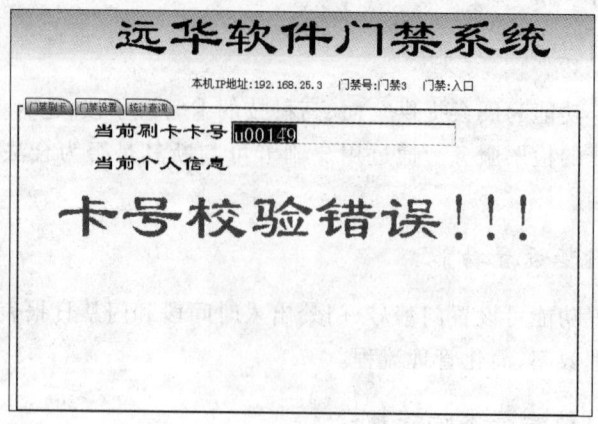

图 5-32　卡号校验错误

（二）门禁设置

门禁设置可以设置门禁号、门禁的出入和门禁日报表时间段，如图 5-33 所示。

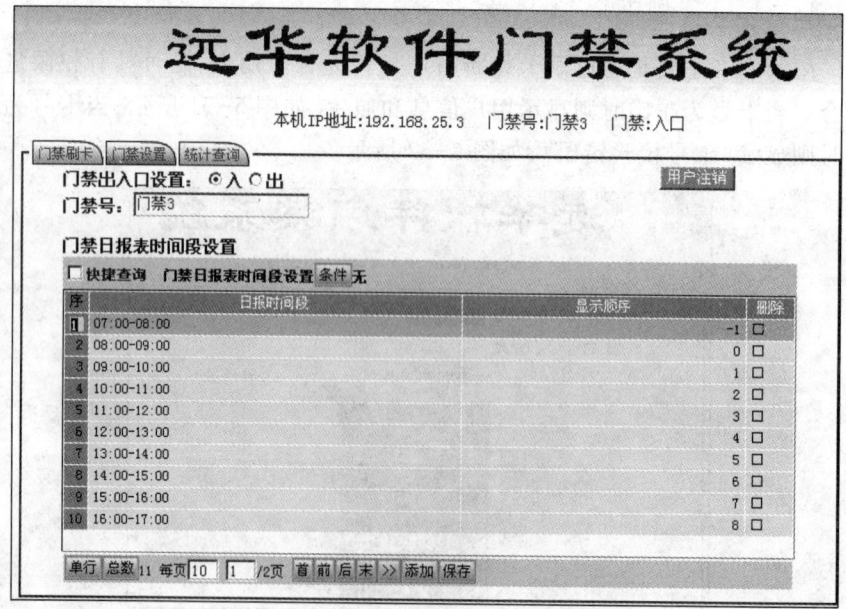

图 5-33　门禁设置界面

（三）门禁统计查询

门禁统计查询包括门禁流量统计和门禁信息统计查询。

门禁流量统计查询可以统计出每天每个时间段门禁的流量，如图5-34所示。

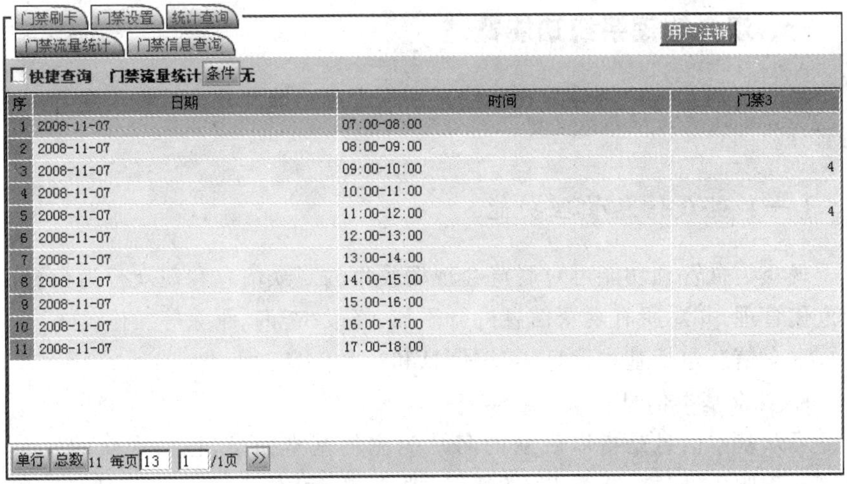

图 5-34　门禁流量统计

门禁信息查询可以显示出门禁的详细信息，列出每位通过门禁的人员卡号、时间、通道、成员姓名、单位名称等信息，如图5-35所示。

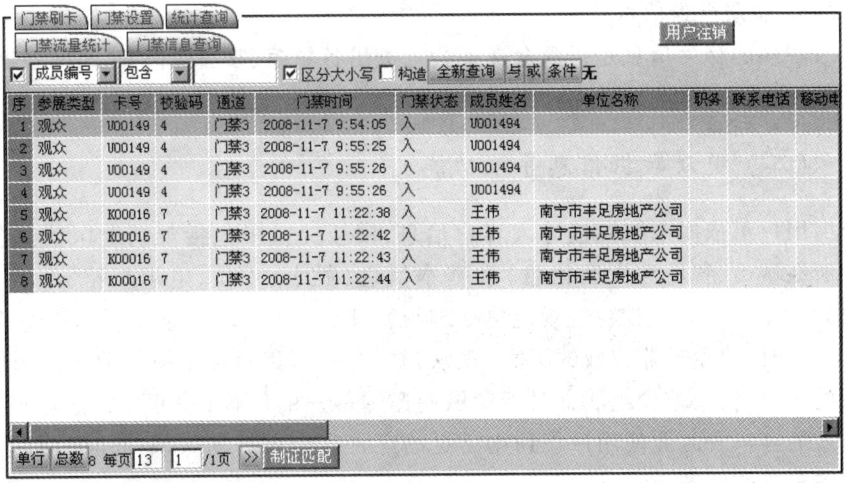

图 5-35　门禁信息查询

第四节 观众管理系统

一、观众管理系统功能概述

观众管理系统功能分为观众信息基本管理功能和观众数据信息导入功能两部分。

（一）观众信息管理功能

观众信息管理功能可对展览会现场收集的观众信息和观众行为数据进行规范化管理，并对所有观众信息进行添加、修改、查询、删除等操作。

观众信息包括基本信息、需求信息和行为信息三大类：

1. 观众基本信息

观众基本信息是指以观众的名片为主的基本信息，包括观众的姓名、单位、部门、职务、职称、联系方式（邮编、地址、电话、传真、E-mail）、城市、省份、国家、区域信息以及观众的重要性级别。

2. 观众需求信息

观众需求信息包括采购意向、了解行业动态、随便逛逛等，观众需求因人而异。同时观众"下届继续观展"的信息也很重要。

3. 观众行为信息

观众的行为信息是指观众在展会上进出各场馆、参加研讨会、访问各展台的数据。

（二）观众数据信息导入功能

用户可依据系统模板导入客户信息，模板提供了包括观众地区信息（观众所在城市、省份和大区信息）和基本信息（姓名、单位、电子邮箱、部门、职位），便于后期观众信息的规范化处理与管理。

同时，建立行业权威的买家（观众）数据库，可以直接掌握行业最新、最活跃的客户资源，减少组展方对于参展商邀请客户的依赖；并可开展直邮服务，有效的客户资源能使用户收到比泛泛的广告宣传更好的效果；同时为行业提供信息查询服务。

二、观众管理系统功能应用实例

(一) 观众基本信息管理

如图 5-36 所示,点击"观众管理"按钮,将显示出参会的所有观众信息。该界面的上半部分可对观众信息进行添加、修改、查询、删除等操作,界面的下半部分为观众的其他相关信息,可对观众的调查表信息进行录入操作(如图 5-37 所示),显示观众的门禁信息(如图 5-38 所示)及进行上传、编辑观众照片操作(如图 5-39 所示)。

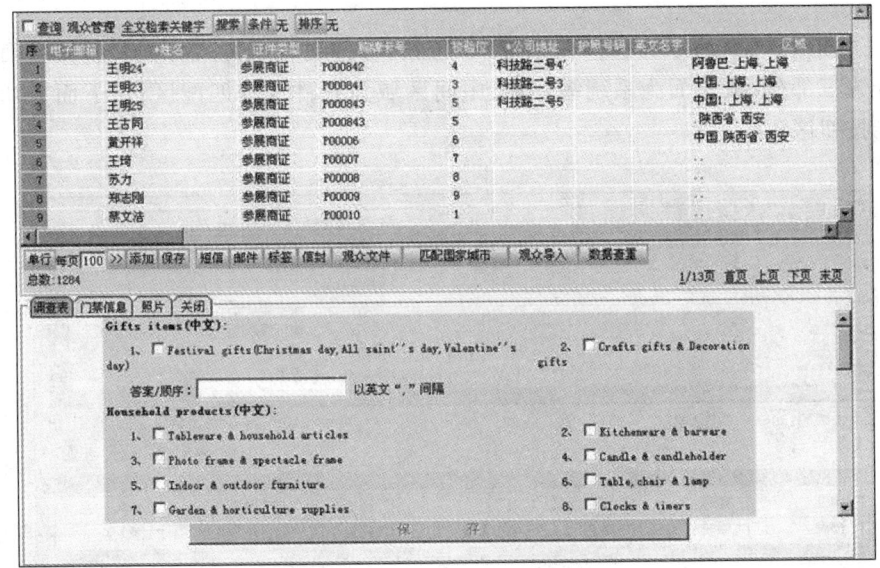

图 5-36 现场观众管理

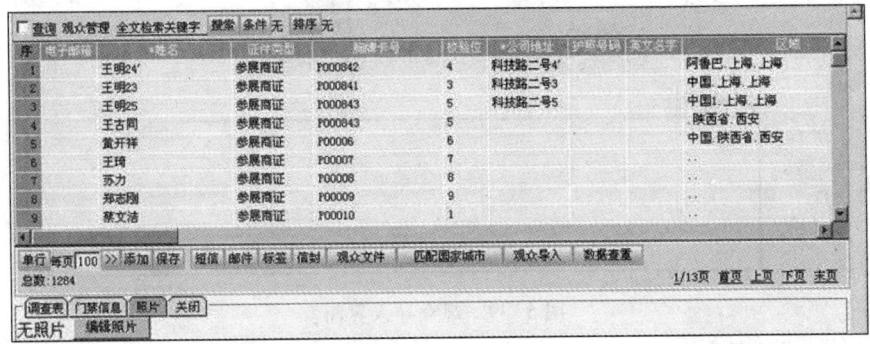

图 5-37 照片管理

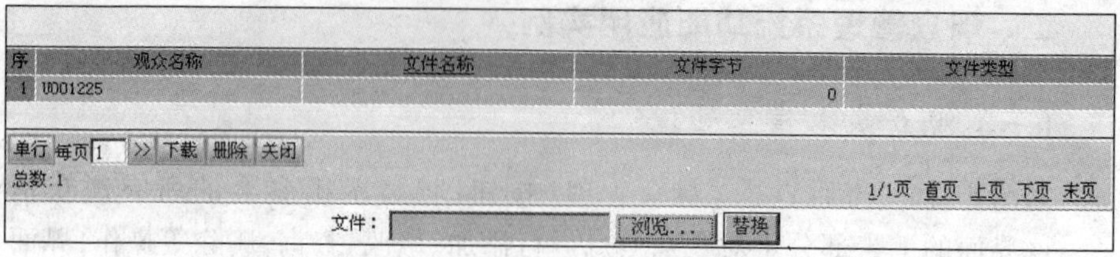

图 5-38 照片上传对话框

（二）观众数据信息导入

如图 5-39 所示，点击"观众导入"按钮，将弹出观众导入界面。整体界面分为三部分，最上面为系统缓存表，中间区域为条件选择匹配区，最下面为功能按钮区。

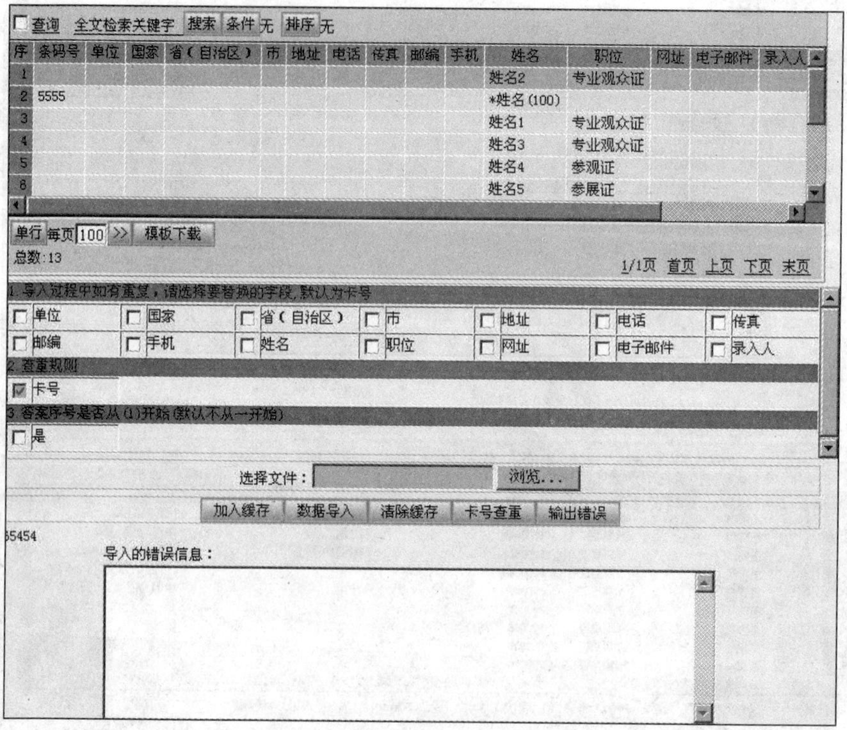

图 5-39 观众导入界面

用户可根据系统提供模板，进行相关数据导入操作，该操作分为五个步骤。

第一步:单击"模板下载"按钮,系统弹出模板下载对话框,如图5-40所示。用户须依照此模板进行数据字段的录入,否则将无法将客户信息导入该系统。

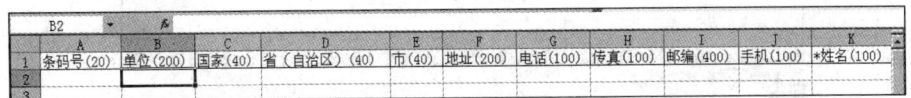

图5-40　Excel模板

第二步:用户在模板中录入自己需要导入的数据,数据如图5-41所示。

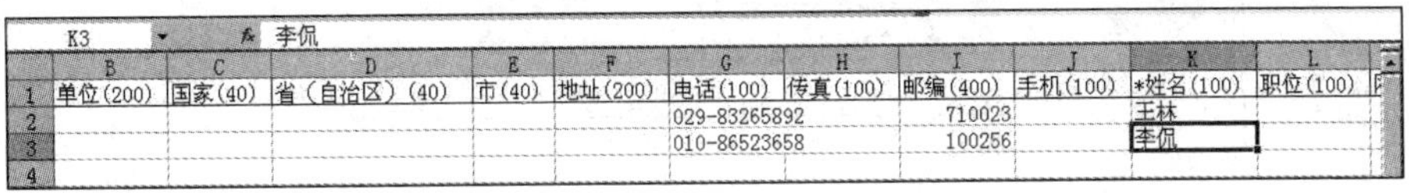

图5-41　例子数据

第三步:在图5-39界面单击"浏览"按钮,进行数据文件的添加操作,如图5-42所示。

图5-42　上传浏览文件

第四步:在图5-39界面单击"加入缓存"按钮,可将数据加入到缓存表中,如图5-43所示。加入后的结果如图5-44所示。

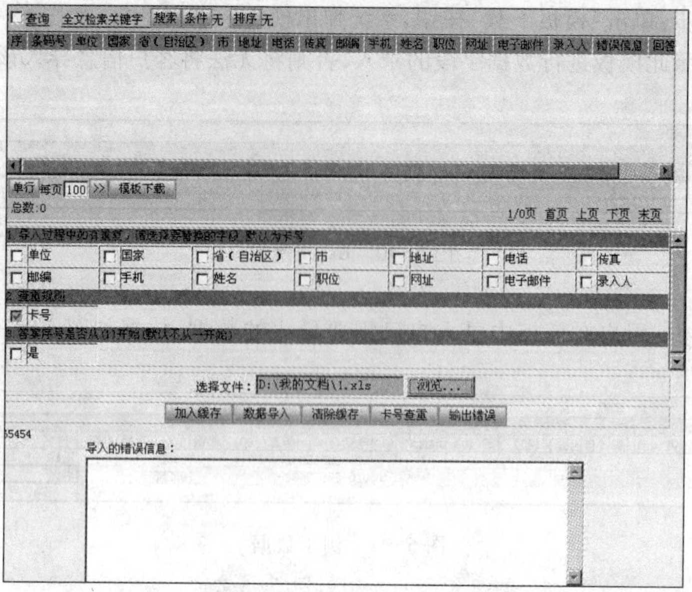

图 5-43 例子数据加入缓存

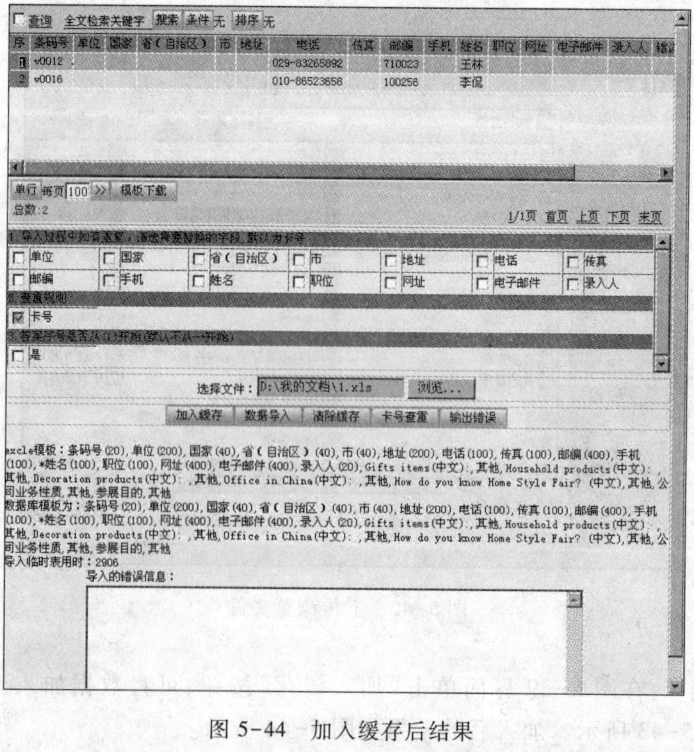

图 5-44 加入缓存后结果

第五步:用户单击"数据导入"按钮,进行数据导入工作,将缓存表中的观众数据导入到观众数据库中,这样就完成了数据导入的工作。在"现场观众管理"里面就可以查到该观众的全部信息,图5-45所示为导入后的信息查询。

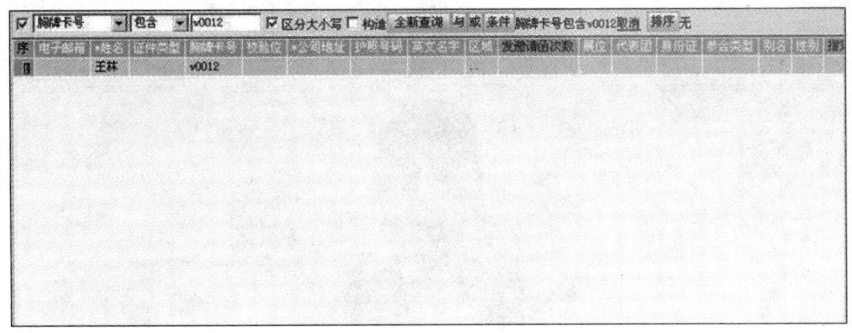

图5-45 观众导入查询

第五节 查询统计系统

一、查询统计系统功能概述

查询统计系统功能包括制证情况查询统计功能、门禁情况查询统计功能、专业观众调查表查询功能和统计报表生成功能四部分。

二、查询统计系统功能应用实例

(一)制证情况查询统计

制证情况查询统计可对所有专业观众的证件信息进行后台查询,如图5-46所示,并可对观众证件情况进行统计分析,如图5-47所示。

(二)门禁情况查询统计

门禁情况查询统计功能可对观众通过不同通道门禁的信息量进行查询,如图5-48所示,还可进行门禁流量信息统计,如图5-49所示。

(三)观众调查表查询

观众调查表查询功能可对观众调查表信息进行查询,如图5-50所示。

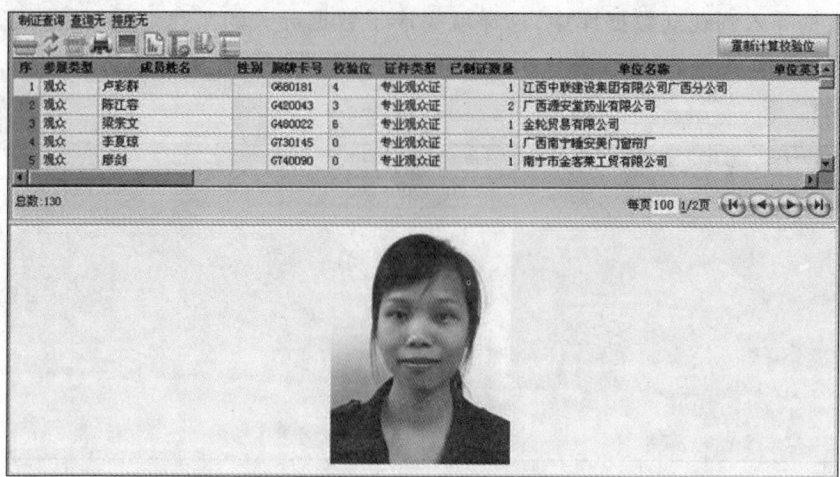

图 5-46 证件信息查询

图 5-47 制证状况

第五节 查询统计系统

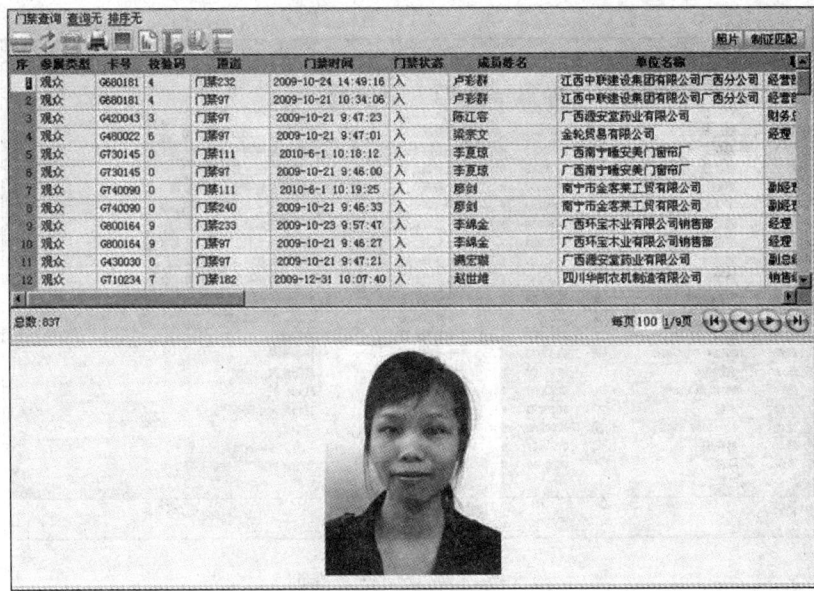

图 5-48 门禁查询

图 5-49 门禁状况

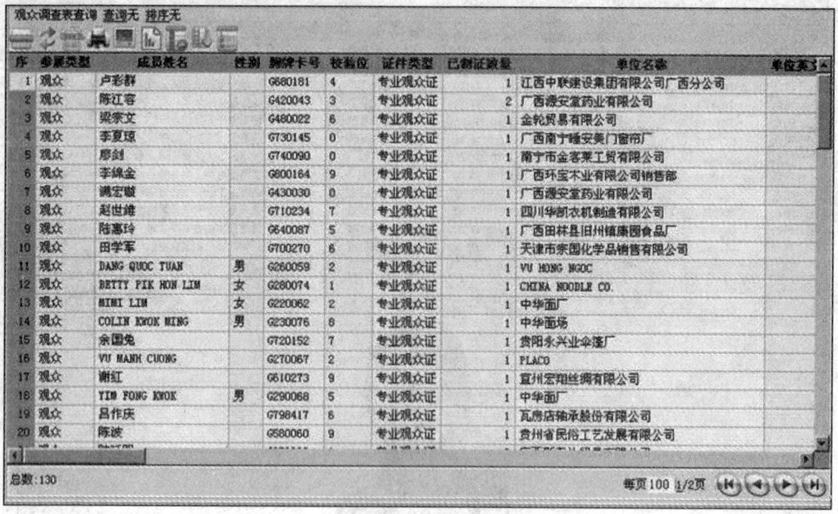

图 5-50 观众调查表查询

（四）统计报表生成

统计报表生成功能可对展会上观众进行不同类别的统计并生成统计报表，包括观众的注册人数、参会人数、证件数量、国内国外观众到会情况等信息进行统计并生成报表，如图 5-51 所示。

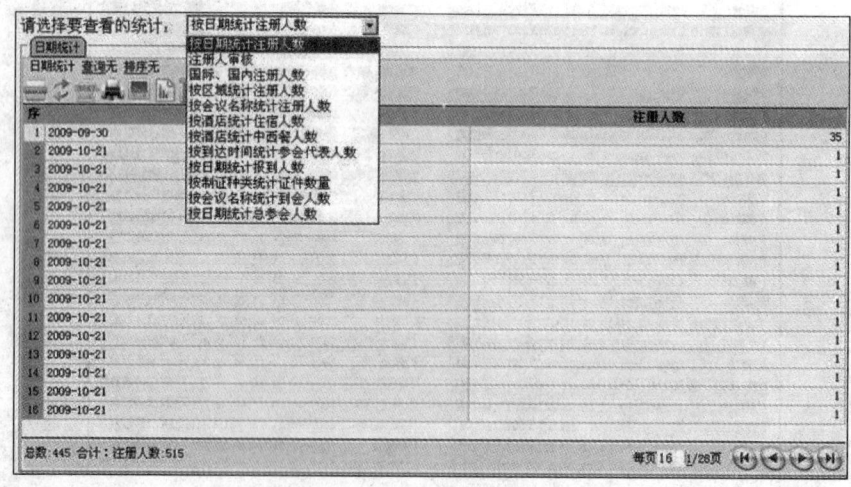

图 5-51 统计报表

本章小结

展览会现场管理信息系统的应用对象为展览会的组织者、主办单位、承办单位和各展览公司。本章详述了展览会现场管理信息系统的用户数据管理、制证管理、门禁管理、观众管理、查询统计五大子系统功能,并结合应用实例对各子系统功能展开介绍,使学生了解运用该系统可全面信息化管理展览会现场主办和承办单位的日常业务,满足展览会现场用户数据、制证、门禁和观众方面的信息化管理需求,展览会组织者通过该系统可以全面、有效、直观地对展览会现场进行过程管理。

实践环节

1. 利用用户数据管理子系统进行观众数据录入。通过录入观众数据使学生尽快熟悉展览会现场管理软件的使用环境、数据录入方式与操作方法。

2. 利用制证管理子系统进行制证操作。将制证数据保存在指定文件夹,并通过查询页面查看所录入的制证数据。

3. 利用门禁管理子系统进行门禁管理。并通过门禁查询功能,查询门禁通过人员信息与流量信息。

4. 利用观众管理子系统进行专业观众注册和审核管理。

5. 利用查询统计子系统输出制证数据、门禁数据、观众数据的统计报表。

复习思考题

1. 展览会现场管理信息系统的主要功能有哪些?
2. 在用户数据管理系统中,系统通过哪些功能实现用户关系的信息管理?
3. 制证管理系统主要功能有哪些,通过哪些功能可以满足观众制证、问卷调查等信息管理需求?
4. 现场观众管理为展览会现场管理的重要内容,管理系统通过哪些功能实现展会观众信息管理?
5. 试述查询统计系统对于展览组织者的决策支持作用。

第6章 展览馆管理信息系统

展览馆的业务重点包括出租展览场馆接展、展馆自办展览和展览相关服务三大块,其中以场馆出租接展为主。本章主要介绍展览场馆出租和来馆办展业务的信息服务,主要包括展馆接展管理系统、展期展馆管理系统和展馆财务与统计管理系统。

第一节 展馆接展管理系统

一、展馆接展管理系统功能概述

展馆接展管理系统功能包括客户关系管理、接展项目管理和项目实施经理工作部署三部分功能。

(一)客户关系管理

客户关系管理是以展会主办商为核心对主办方和客户进行统一管理,一方面提供客户基本信息管理,包括主办单位信息、相关部门信息、联系人信息管理,同时收集主办商信息、展览市场信息,发掘潜在主办商客户;另一方面提供客户历史管理,管理展会主办商办展历史、历届展览租馆情况和展会举办情况。

(二)接展项目管理

接展项目管理是以项目方式对展馆承办的展会进行管理,并提供展会项目的动态业务信息管理。它的重点是管理场馆出租销售情况、合同情况和客户满意度管理。客户合同管理包括合同要素管理、违约情况管理、应收账款、合同执行情况管理以及应收账款动态警告功能;客户满意度管理包括办展投诉情况管理、服务情况调查表管理以及客户回访信息管理。

(三)项目实施经理工作部署

项目实施经理工作部署是对项目实施经理工作进行计划安排,便于其付诸实施,包括确立场馆租赁的办展计划书、展览工作安排、实施工作方案部署以及实施工作方案下发等。

二、展馆接展管理系统功能应用实例

(一)客户关系管理应用实例

客户关系管理功能可对展馆客户进行统一管理。在菜单"系统管理/客户联系"中,可对客户基本信息进行管理。客户基本信息包括联系人、联系日志、参与项目和相关文档信息,如图6-1所示。

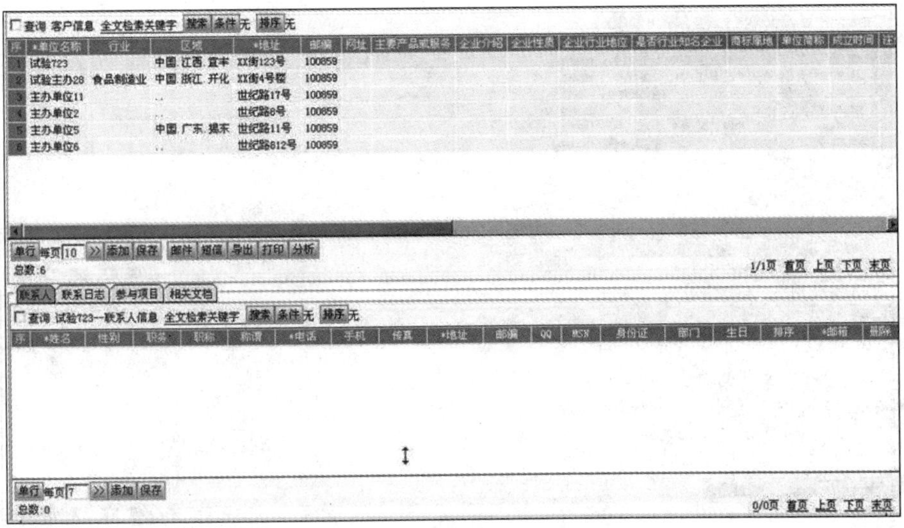

图 6-1 客户基本信息

联系人信息指客户与展馆方对接联系的联系人信息,可供用户进行维护。联系日志信息是客户与展馆方联系的日志信息,同样可供用户进行维护。参与项目信息是客户曾经参与过的所有展会项目信息,由系统根据客户参与展会记录自动整理,以报表形式显示,如图 6-2 所示。相关文档信息是该客户参与项目所有文档的集合,如图 6-3 所示。

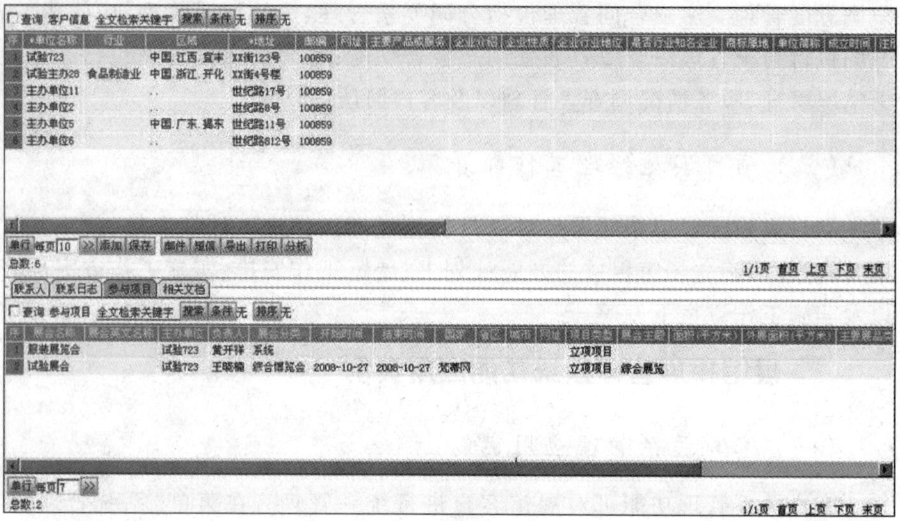

图 6-2　参与项目

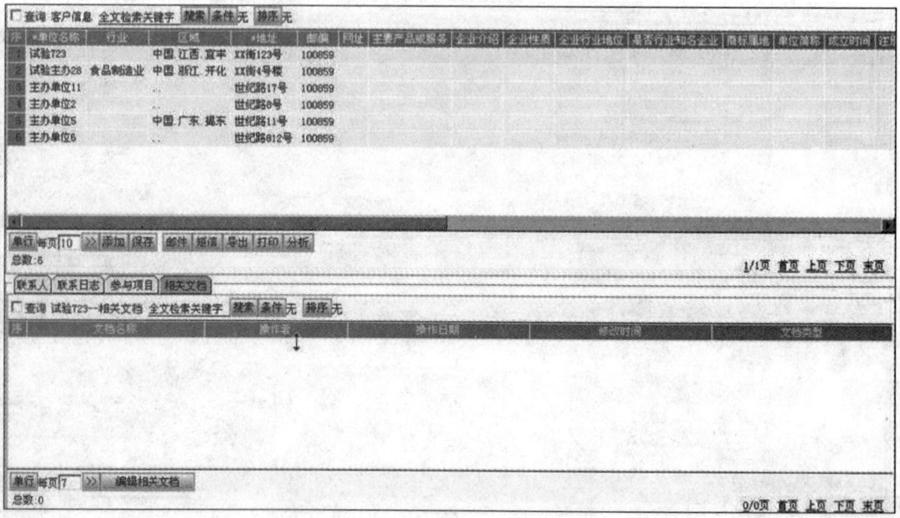

图 6-3　相关文档

（二）接展项目信息管理应用实例

接展项目信息管理功能是以项目方式对展馆承办的会展进行管理，具体操作在菜单"项目管理"中进行，如图6-4所示。该界面分为两部分，上半部分为展会项目信息，下半部分为当前所选展会的项目信息。

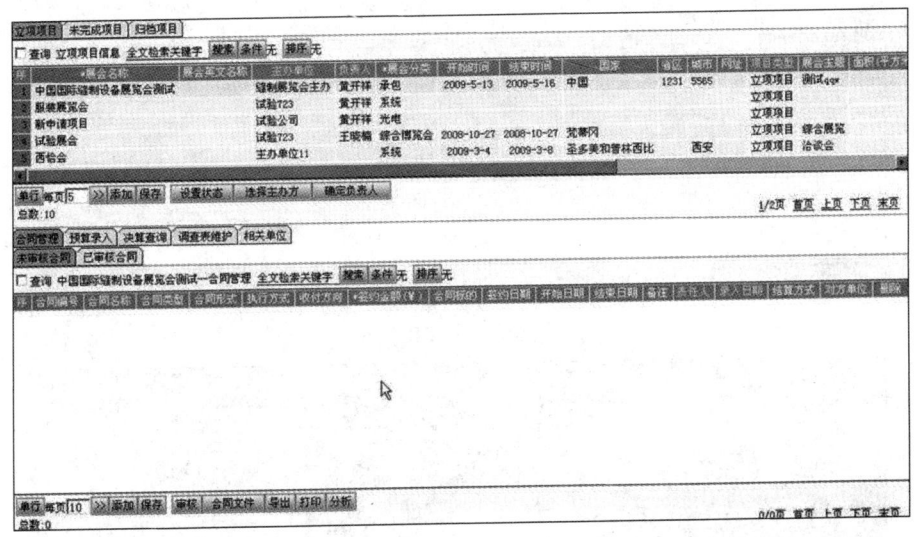

图6-4　项目管理

"项目管理"页面的上半部分有三个页签，分别为"立项项目"、"未完成项目"和"归档项目"。"立项项目"是展馆承办展会时将展会主办方以客户信息形式录入到系统中，如图6-4所示。"未完成项目"显示的是正在进行的会展项目状态，所有信息都以报表的形式展现，如图6-5所示。"归档项目"是指会展项目已经完成，将其做归档化，便于以后查询。

"项目管理"页面的下半部分功能，包括"合同管理"、"预算录入"、"决算查询"、"调查表维护"和"相关单位"功能。

1. 合同管理功能

对展馆方而言，与展会主办方确定展会合同是首要工作。点击"项目管理"按钮，打开页面下的"合同管理"页签，进行场馆租赁合同录入，如图6-6所示。

在"合同管理"页签中点击打开子菜单"审核人设置"页面，可选择合同的审核人，如图6-7所示。审核人登录系统后，在"合同管理"页面中点击子菜单"合同审核"页面，选择需要审核的合同，点击"审核"按钮，便完成了对合同的审核，如图6-8所示。

第 6 章 展览馆管理信息系统

图 6-5 未完成项目

图 6-6 合同录入

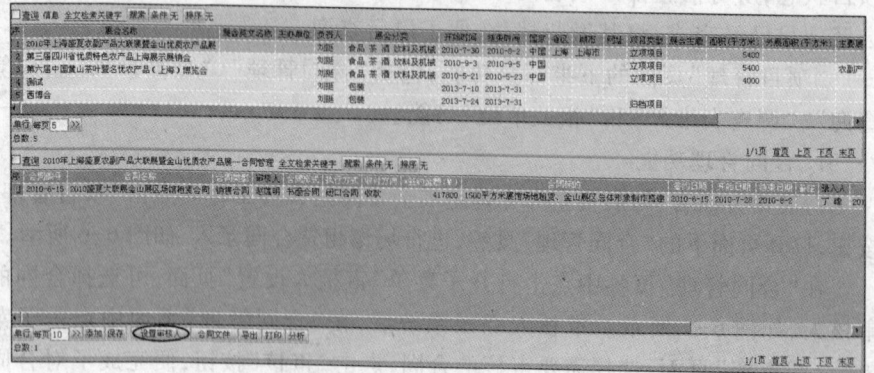

图 6-7 合同审核人选择

第一节 展馆接展管理系统

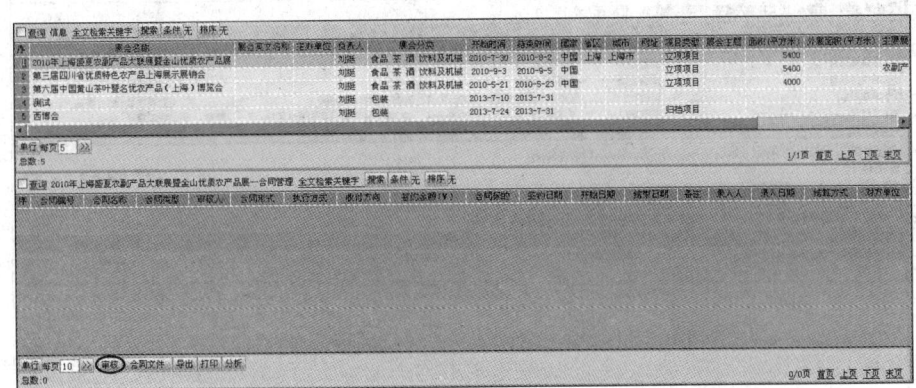

图6-8 合同审核

2. 预算录入功能

预算录入功能主要针对当前展会在展馆方面的前期预算和成本的支出与收入情况，可供用户进行动态维护，如图6-9所示。

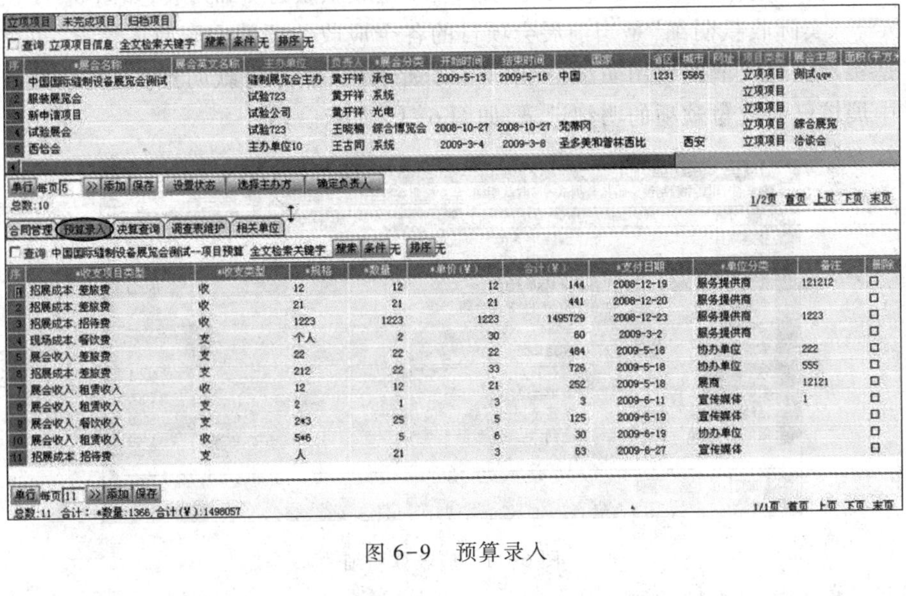

图6-9 预算录入

3. 决算查询功能

决算查询是对当前展会进行项目的实际决算进行查询，系统以报表的形式提供给用户，如图6-10所示。

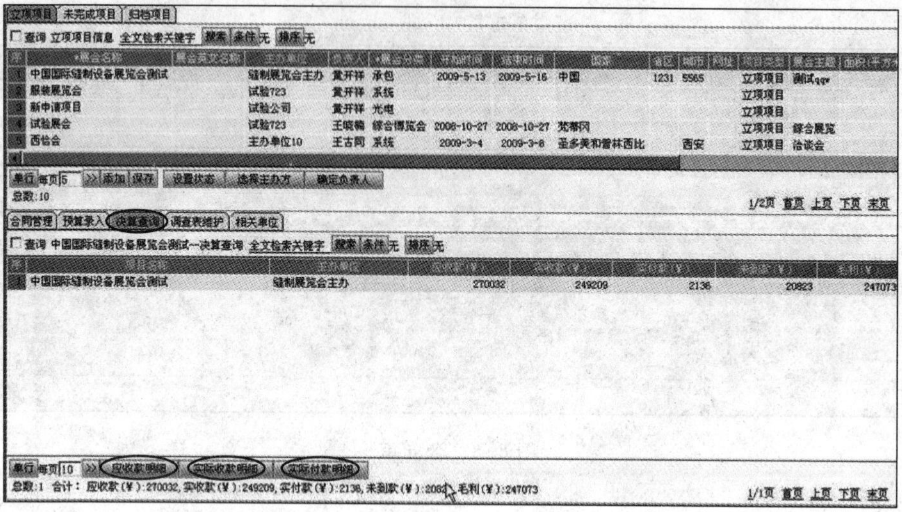

图 6-10 决算查询

该界面包含三个按钮,分别为"应收款明细"、"实际收款明细"、"实际付款明细"。"应收款明细"是当前展会项目各个应收款项的明细列表,如图 6-11 所示。"实际收款明细"是当前展会项目的各个应收款项的实际收入情况,也就是实际已经收取的费用明细,如图 6-12 所示。"实际付款明细"是当前展会中展馆已经支付款项的明细记录,如图 6-13 所示。

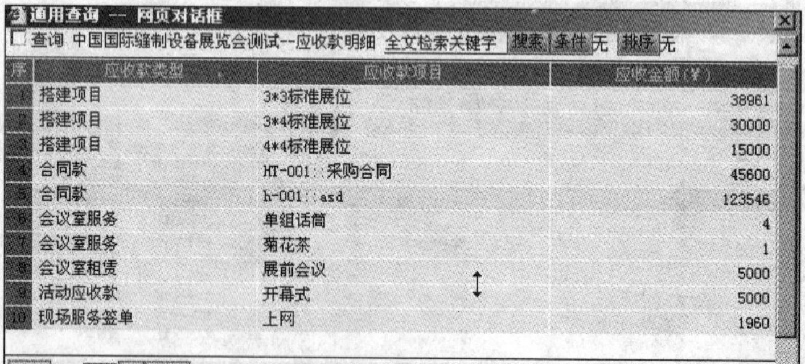

图 6-11 应收款明细

4. 调查表维护功能

调查表维护是指用户可对场馆调查表进行相关维护,如图 6-14 所示,该界面中调查表维护事项分为两部分,上半部分为调查表问题设计,下半部分为调查表答案设计。

第一节　展馆接展管理系统

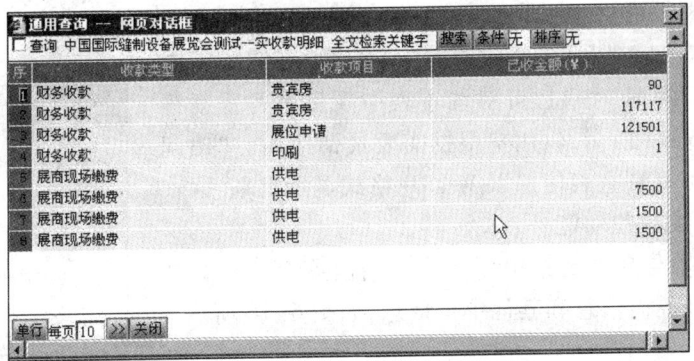

图 6-12　实际收款明细

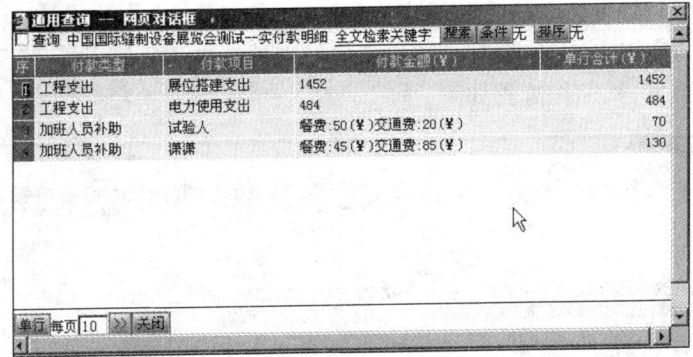

图 6-13　实际付款明细

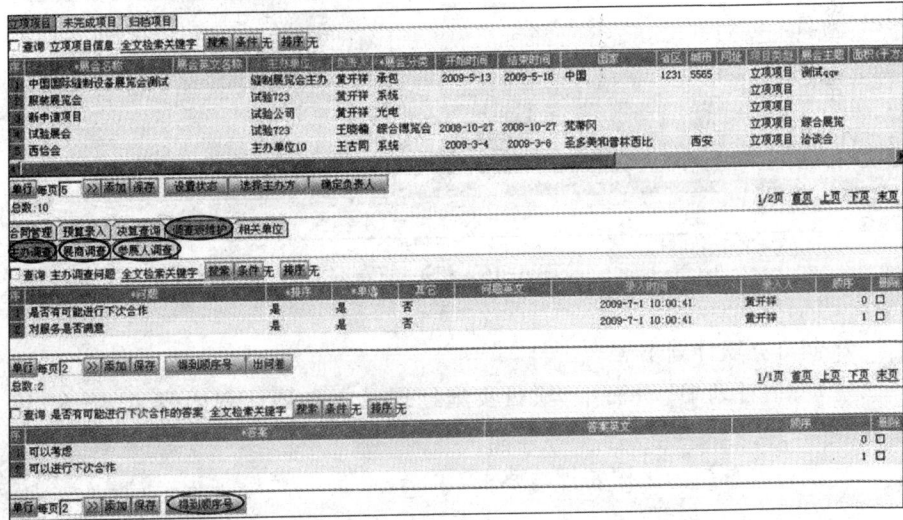

图 6-14　调查表维护

"调查表维护"根据调查对象的不同设置了三个子功能,分别是"主办调查"、"展商调查"和"参展人调查"。在各自子界面下方有"得到顺序号"按钮,可对调查表中项目进行重新排序,如图 6-15 所示,供用户根据需要灵活应用。"出问卷"按钮可将调查表信息以 WORD 格式显示出来。

5. 相关单位功能

相关单位功能是指由用户添加当前展会的相关展商信息、服务商信息和其他单位信息,如图 6-16 所示。

图 6-15 得到顺序号

(三) 项目实施经理工作部署信息管理应用实例

项目实施经理作为展会项目实施负责人,其工作主要是展会的实施,各部门要配合项目实施经理的工作来完成展会项目,其工作流程如下:

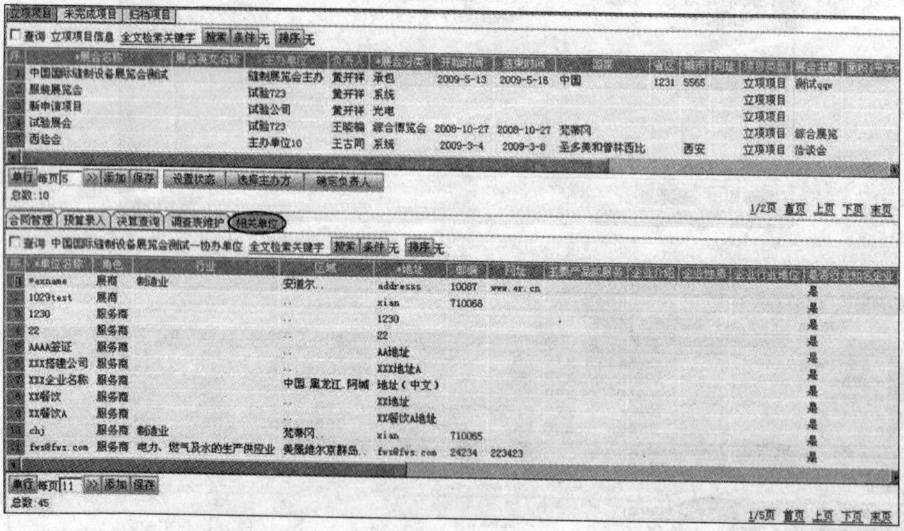

图 6-16 相关单位

1. 制订办展计划书

在"办展计划书"页面中,项目实施经理录入办展计划内容,如图 6-17 所示。

2. 制订各部门的工作安排与要求

在"展览工作安排"页面中,录入各部门工作内容、工作时间与工作要求等内容,如图 6-18 所示。

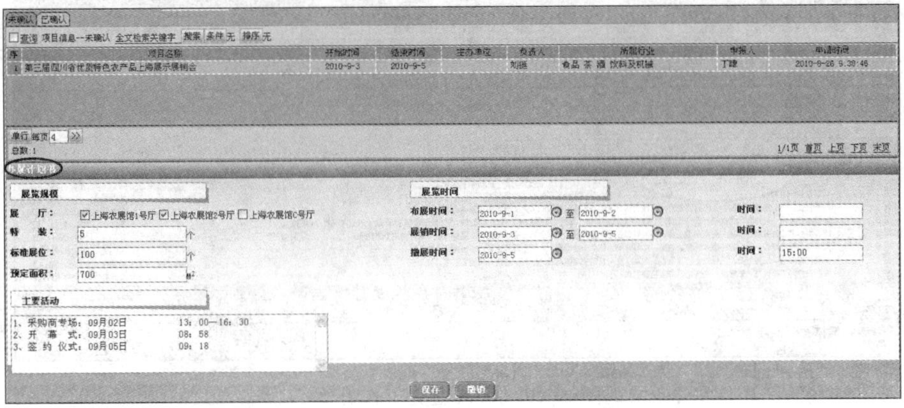

图 6-17　办展计划录入

3. 上报主管领导确定工作实施方案

如图 6-18 中,当项目实施经理将工作中的各个内容设计完成后,需将实施方案提交领导审核,才能下发工作部署安排表。在图 6-19 中,点击"确认"按钮,便完成了对工作方案的提交。

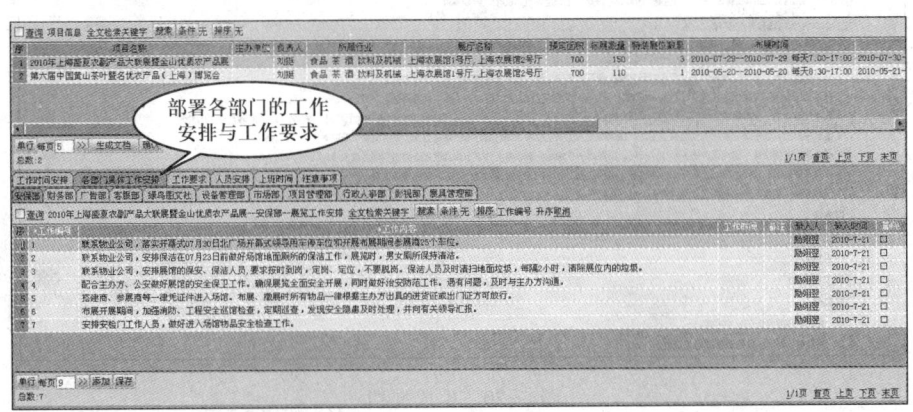

图 6-18　制订各部门的工作安排与要求

4. 工作实施方案的下发

确认后的工作方案需要下发到各个部门进行执行,如图 6-19 中,点击"生成文档"按钮,可完成工作方案的生成与对各个部门的下发,生成后的文档如图 6-20 所示。

第 6 章 展览馆管理信息系统

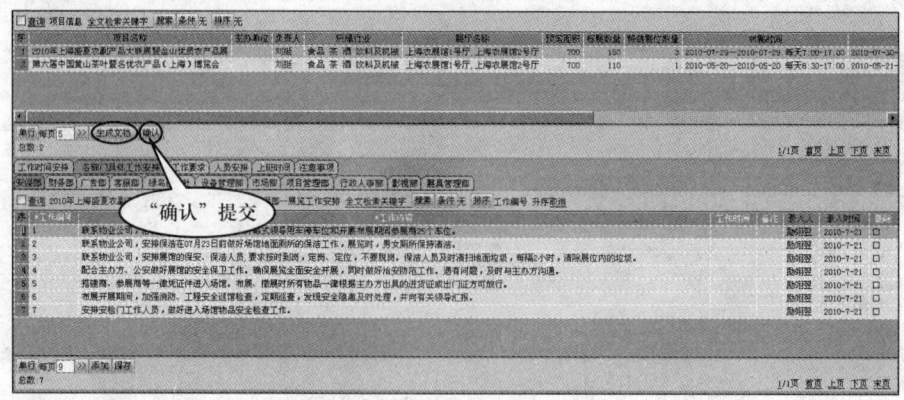

图 6-19 确认提交工作方案

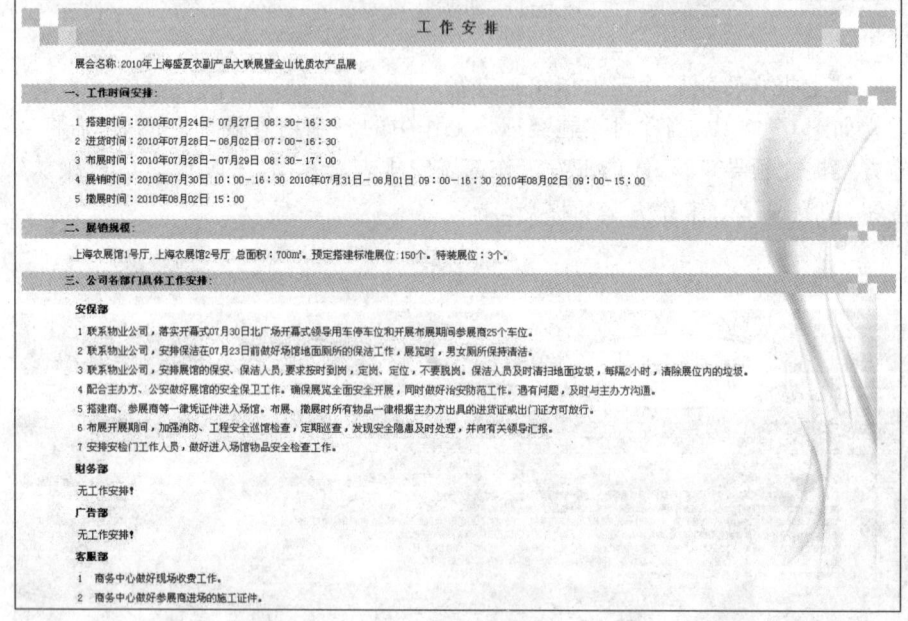

图 6-20 生成文档

第二节 展期展馆管理系统

一、展期展馆管理系统功能概述

展期展馆管理系统包括场馆现场服务管理、场馆安保保洁管理、场馆设备管理和场馆会议室管理四部分功能。

（一）场馆现场服务信息管理

场馆现场服务管理可对展馆提供的各类现场服务进行管理、维护与查询，包括对现场服务类型、现场现金收费、现场服务实施等内容的动态管理、维护与查询。

（二）场馆安保保洁信息管理

场馆安保保洁管理可对展会项目的安保、保洁人员进行配置，并提供相关人员的信息管理。

（三）场馆设备信息管理

场馆设备管理可对场馆的设备信息进行管理维护，同时提供设备类型信息维护、设备保养信息管理、电费计算管理等功能。

（四）场馆会议室信息管理

场馆会议室管理可对场馆的会议室、所提供的会务服务及会议室租赁等信息进行管理与维护。

二、展期展馆管理系统功能应用实例

（一）场馆现场服务信息管理应用实例

1. 现场服务类型管理与维护

在现场服务类型页面中显示各种类的现场服务，如图 6-21 所示。该页面分为两个部分，上半部分为所提供服务的大类，下半部分为大类下所属小类，这些信息都可由用户自行维护，如图 6-22 所示。

2. 现场现金收费

对于展馆现场提供的服务，主办方或是展商可进行申购，如图 6-23 所示。页面分为两个部分，上半部分是场馆提供的现场服务，下半部分为主办方或展商进行申购服务的收费记录，用户在对应的"主办方"或"展商"页面下，单击上半部分的展馆服务，就可添加申购的服务。

3. 现场服务实施

现场服务实施功能主要是对展馆现场服务的具体工作进行实施确认。整个界面分为两个部分，如图 6-24 所示，页面上半部分为所选展会信息，下半部分为展览现场服务的实施确认设置,显示的信息为前面申购过的现场服务信息。

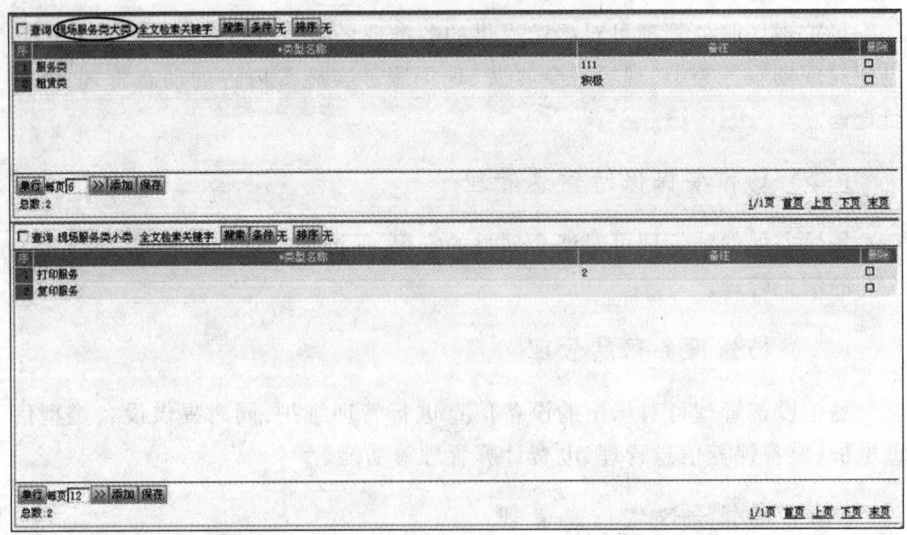

图 6-21　现场服务类型

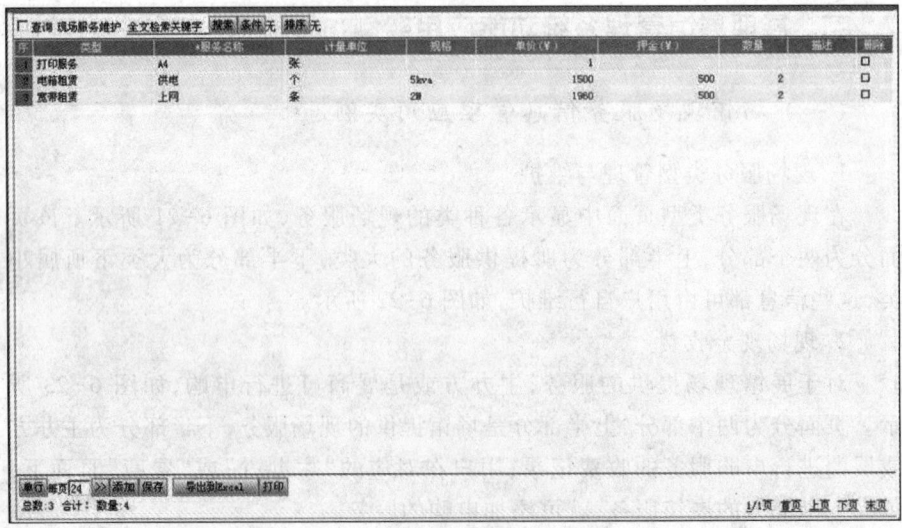

图 6-22　现场服务维护

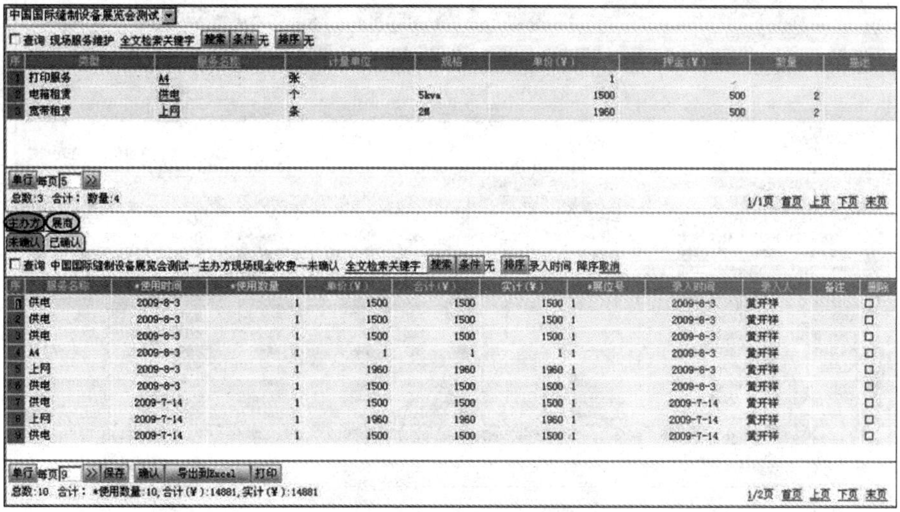

图 6-23　现场现金收费

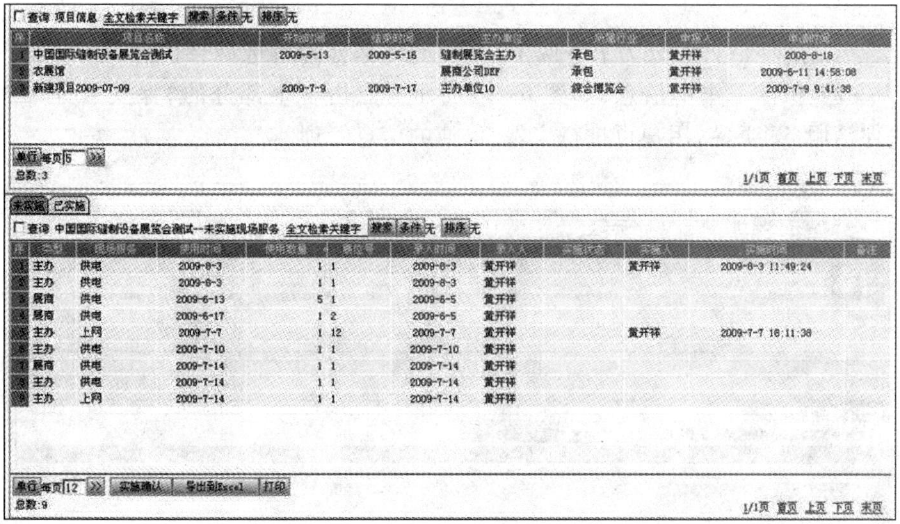

图 6-24　现场服务实施确认

4. 现场服务查询

现场服务查询是用户对展会现场主办方或展商申购的现场服务进行查询，如图 6-25 所示。页面分为两个部分，上半部分为所选展会信息，下半部分为展会现场服务信息列表。

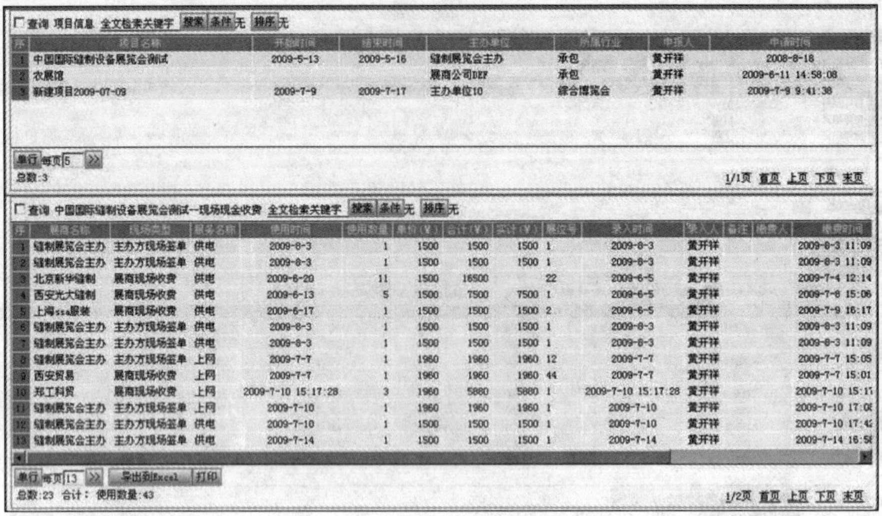

图 6-25 现场服务查询

（二）场馆安保保洁信息管理应用实例

安保、保洁页面分为上下两个部分，上半部分为所选展会信息，下半部分为安保、保洁工作单信息，如图 6-26 所示。点击下半部分的"保安服务"与"保洁服务"页签，用户可进行安保、保洁的信息管理。

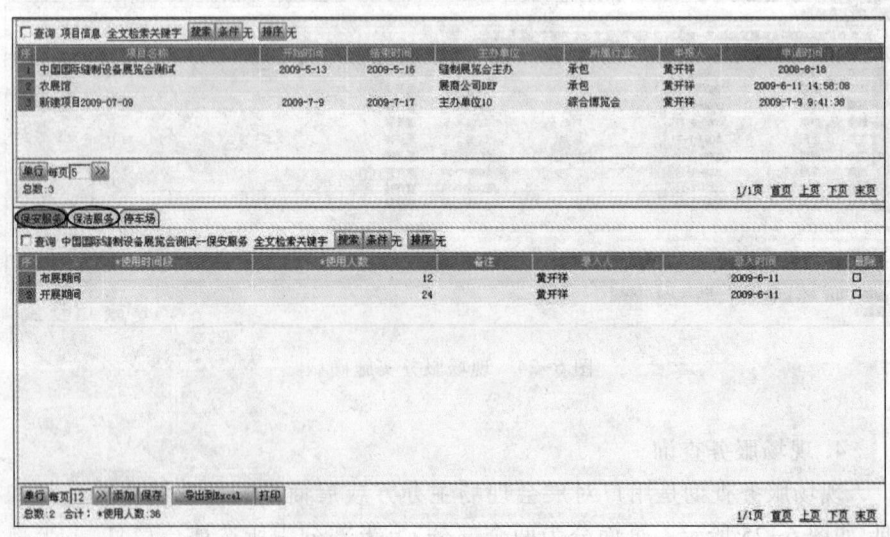

图 6-26 安保、保洁服务

（三）场馆设备信息管理应用实例

1. 设备类型信息维护

设备类型信息维护可按类型对场馆的设备进行信息添加与维护，如图6-27所示。

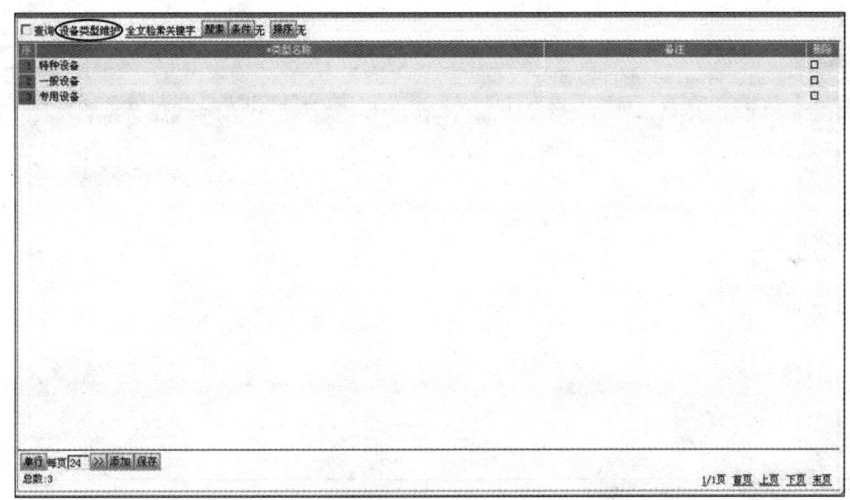

图6-27　设备类型信息维护

2. 设备保养信息管理

设备保养信息管理可对场馆设备的保养信息进行维护，如图6-28所示。

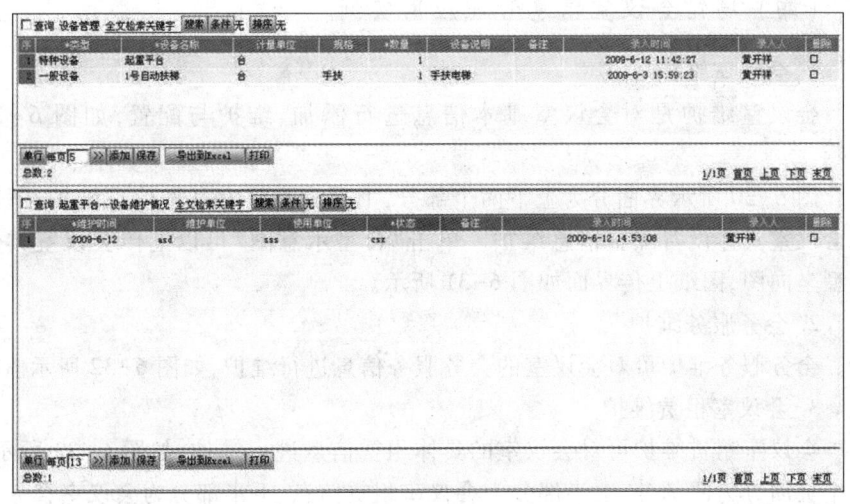

图6-28　设备保养情况信息表

界面分为两个部分,上半部分为设备信息,下半部分为该设备的保养信息。

3. 电费计算

电费计算是对场馆内各种设备的电费计算表信息进行添加、维护与确认,如图 6-29 所示。该页面分为"未确认"与"已确认"两个页签,"未确认"是对各种设备的电表信息进行添加维护,"已确认"是对电表计算信息的确认与核实。

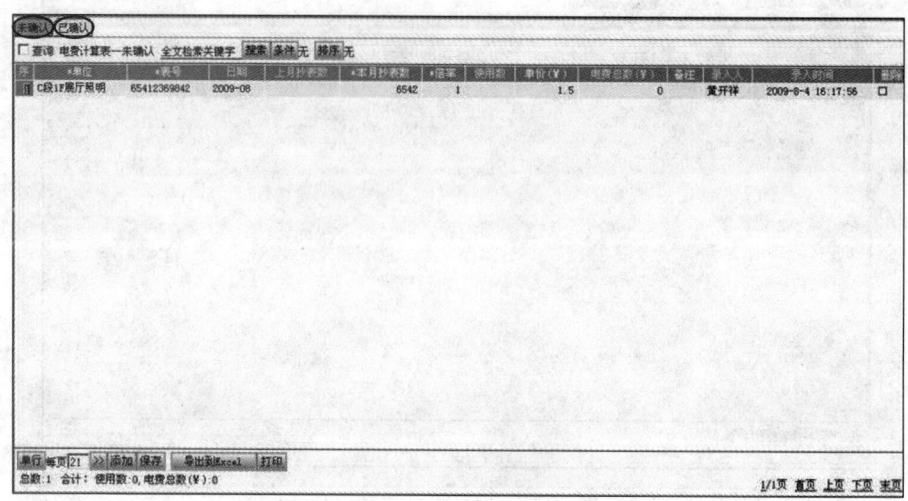

图 6-29 电费计算表

(四) 场馆会议室信息管理应用实例

1. 会议室维护

会议室维护是对会议室基本信息进行添加、维护与配置,如图 6-30 所示。

图 6-30 所示界面分为上下两个部分,上部为会议室基本信息维护,下部为会议室具体设备配置信息维护。单击"台型示意图"可以上传会议室具体台型坐向图,图纸上传界面如图 6-31 所示。

2. 会务服务维护

会务服务维护可对会议室的会务服务信息进行维护,如图 6-32 所示。

3. 会议室租赁维护

会议室租赁维护可对会议室的具体租赁信息进行维护,如图 6-33 所示。整个页面分为两部分,上半部分为会议室租赁信息,下半部分为会议室会务筹备信息。

第二节 展期展馆管理系统

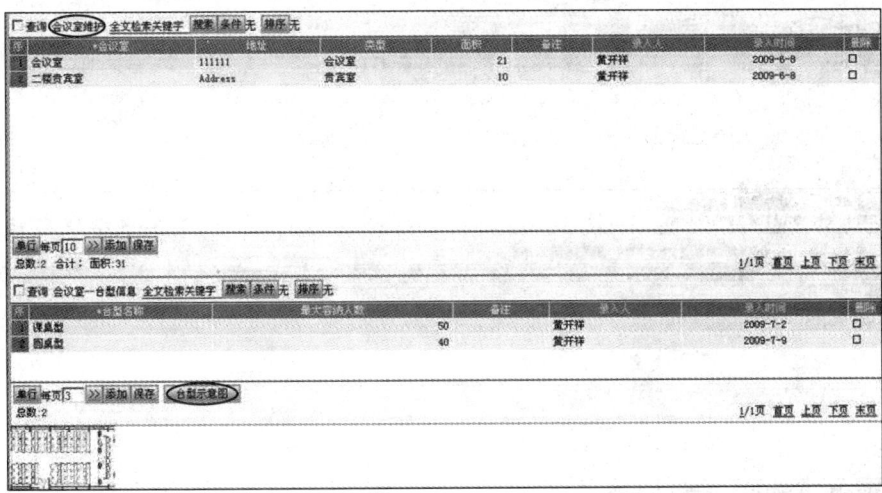

图 6-30 会议室维护

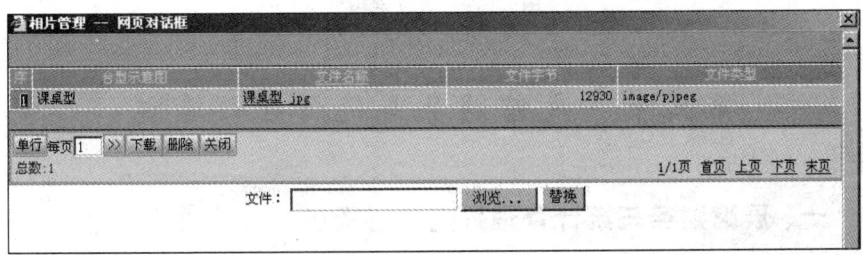

图 6-31 上传台型图

图 6-32 会务服务维护

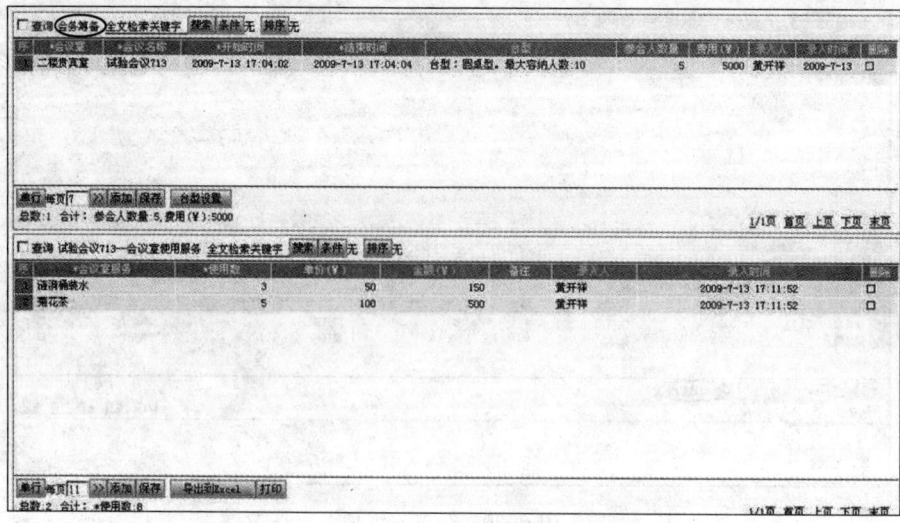

图 6-33　会议室租赁

第三节　展馆财务与统计管理系统

一、展馆财务与统计管理系统功能概述

展馆财务与统计管理系统包括场馆财务管理和场馆租赁项目运营统计分析两部分功能。

（一）场馆财务管理功能

场馆财务管理功能是对展馆承办展会项目所涉及的财务信息进行统一管理，包括财务审核管理、财务收支台账管理和财务项目发票票据管理。

（二）场馆租赁项目运营统计分析功能

场馆租赁项目运营统计分析功能是对项目结算、现场服务、加班人员、服务投诉等方面信息进行统计分析，并生成各类报表。

二、展馆财务与统计管理系统功能应用实例

（一）场馆财务管理应用实例

1. 财务审核管理

财务的审核包括合同审核、项目账款发生收支审核、现场缴费确认等。如

图 6-34 为支付款项审核,图 6-35 为合同审核,图 6-36 为现场缴费确认。

图 6-34 支付款项的审核

图 6-35 合同审核

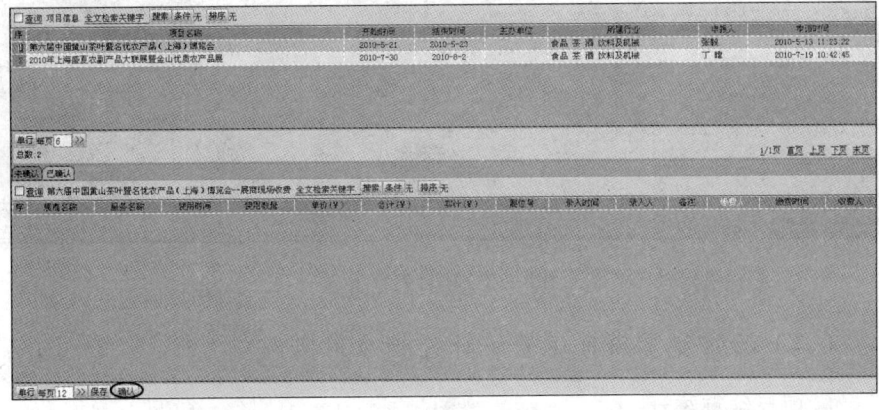

图 6-36 展商现场缴费确认

2. 财务收支台账管理

点击"财务管理"下的"项目收款",可对项目的财务收款情况进行添加录入操作,如图 6-37 所示。

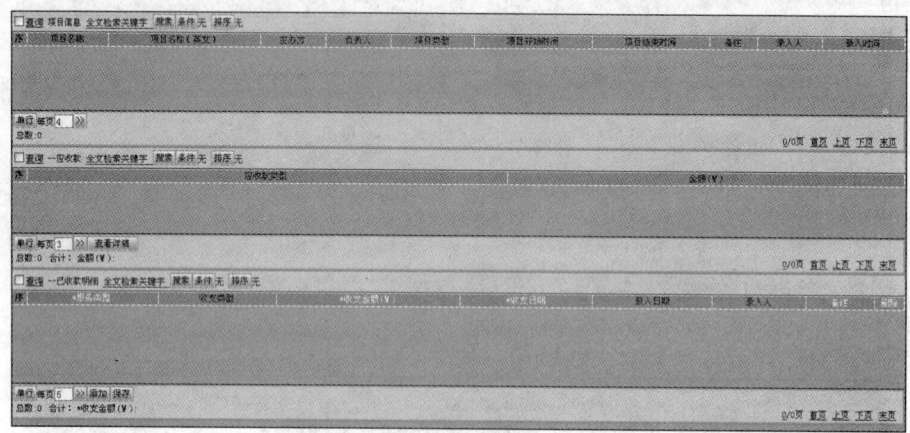

图 6-37　项目收款

3. 财务项目发票票据管理

点击"财务管理"菜单下的"发票录入",可对单位发票或个人发票进行录入,如图 6-38 所示。

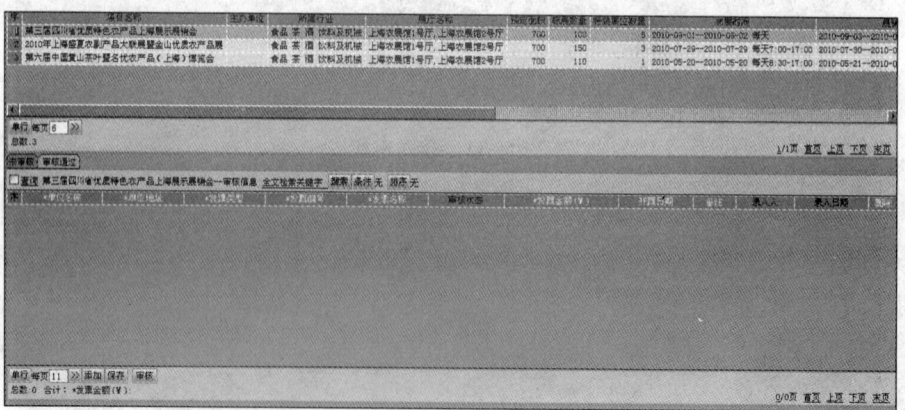

图 6-38　项目发票录入

(二) 场馆租赁项目运营统计分析应用实例

1. 项目结算统计

项目结算包括项目应收、实收和实付三方面的统计,图 6-39 所示为项目结算页面。分别点击"应收款明细"、"实际收款明细"、"实际付款明细"三个按钮,可以看到三个不同统计条目的统计报表。

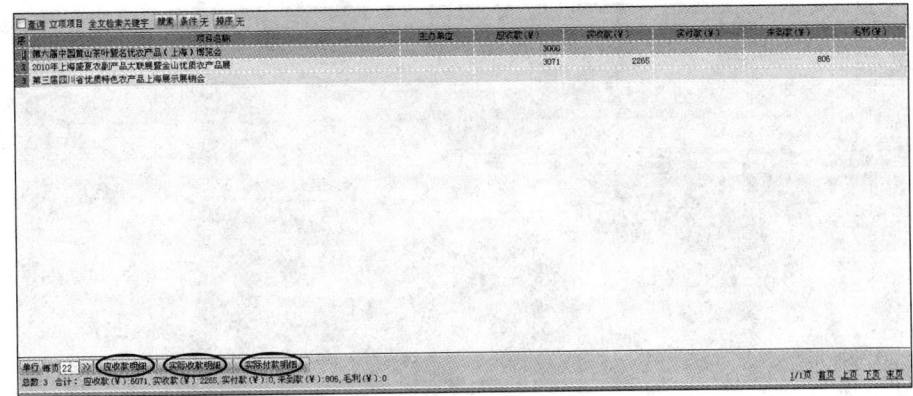

图 6-39　项目结算

2. 现场服务统计

现场服务统计主要是现场服务部门在开展现场服务时相应数据的统计分析,如图 6-40 所示。

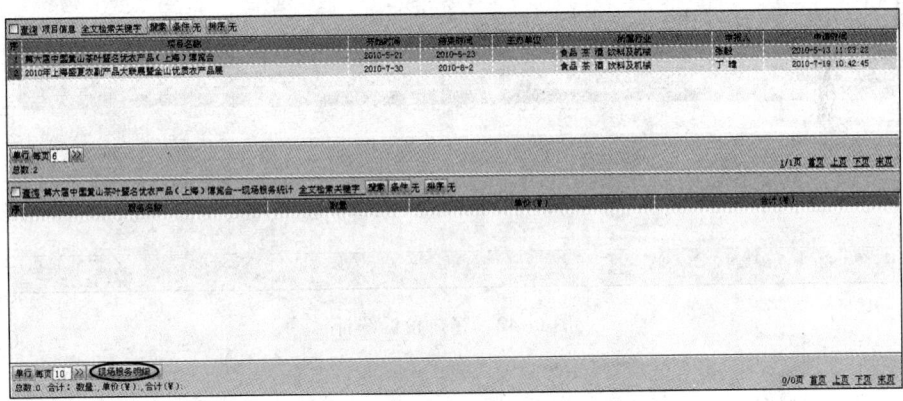

图 6-40　现场服务统计

3. 加班人员统计

系统可对加班人员进行统计,如图 6-41 所示。

4. 客户投诉统计

对于展会项目,统计客户投诉是非常必要的,便于后续的改进完善。在"统计分析"下的"客户投诉统计"中,可查阅到客户投诉的统计分析,如图6-42所示。

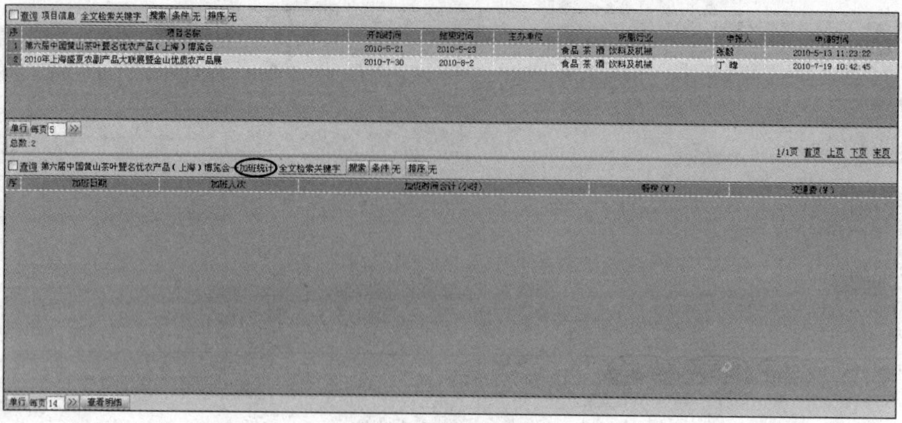

图 6-41 加班人员统计

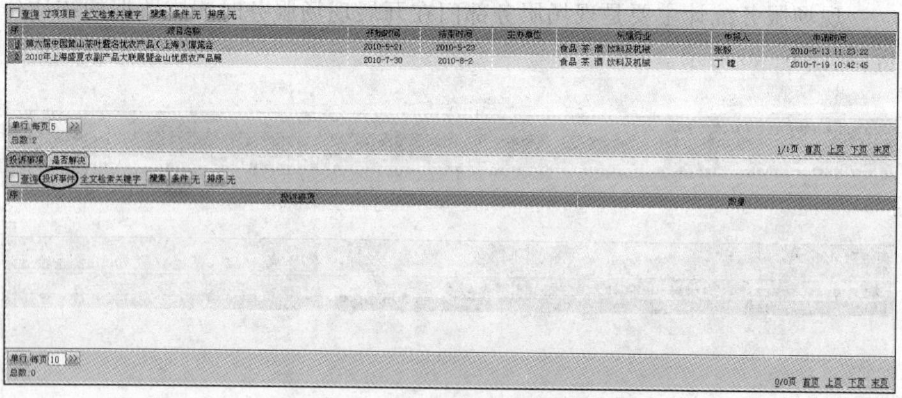

图 6-42 客户投诉统计

本章小结

展览馆管理信息系统的应用对象为不同规模和性质的展览场馆。本章详述了展览馆管理信息系统的展馆接展管理、展期展馆管理、展馆财务与统计管理三大子系统功能,并结合应用实例对各功能展开介绍,使学生了解运用该系统可从展前接展、展期现场管理、展会项目财务与统计管理等方面满足展览馆业务管理的信息需求。

实践环节

1. 模拟作为展会项目实施负责人即项目实施经理,利用展馆接展管理子系统进行项目实施经理的工作部署。
2. 利用展期展馆管理子系统对展馆提供的展会现场服务进行管理。
3. 利用展馆财务与统计管理子系统进行展览项目财务管理,并进行展会项目结算、现场服务、加班人员、服务投诉等方面信息的统计分析。

复习思考题

1. 展览馆管理信息系统的主要功能有哪些?
2. 展馆接展管理系统中,系统通过哪些功能实现项目实施经理工作部署?
3. 展期展馆管理系统主要功能有哪些,可满足展览现场服务、设备与会议室管理的哪些信息管理需求?
4. 简述展馆财务与统计管理系统的决策支持功能。

第7章 会议主办方管理信息系统

会议主办方管理信息系统包括会议项目管理系统、会议策划管理系统、会议参会人接待管理系统和会议财务与统计管理系统。

第一节 会议项目管理系统

一、会议项目管理系统功能概述

会议管理系统以项目管理方式管理会议并开展会议流程,其功能包括会议立项、主办单位业务管理、服务商信息与服务管理、会议项目文档管理、会议网站设定和会议参会人员管理。

(一) 会议立项

会议立项流程依次为主办方信息录入、主办会议项目添加和主办会议项目的提交与会议项目审核。

(二) 主办单位业务管理

针对主办方客户,会议管理信息系统提供了相关业务管理,有客户服务管理和合同管理。客户服务有会议室租赁管理,按照"分散登记,统一管理"的原则设计,为确保会议的正常召开,提供会议室的登记、修改、取消、审批、查询统计以及上载会议名单和记者名单等操作,并经会议室管理部门确认。合同管理包括合同的起草、审批、查询、归档和统计功能。

（三）服务商信息与服务管理

服务商信息及服务的信息管理与主办单位业务管理较为类似,也涉及服务商的基本信息,包括服务商联系人、服务商相关服务项目以及会议室等相关服务信息的录入与管理。

（四）会议项目文档管理

项目文档管理可对项目中的各类文档如服务商标书、立项报告、策划方案等文档进行统一管理。

（五）会议网站设定

会议的外部网站是信息平台在互联网上的表现形式,是和外界协同工作的平台,也是有选择地发布信息和展示主办方形象的平台,更是开展网上服务和电子商务的窗口。会议网站设定提供了网站访问设定、菜单设定、页面设定等功能。

（六）会议参会人员管理

会议通知报名通过在系统内发布会议通知至参会单位,由参会单位会议负责人员进行通知接收与回执发送,完成与会人员的最终确定。确定参会人员后,系统可提供参会人员基本信息、所订购服务、发生账款及票据的信息管理。

二、会议项目管理系统应用实例

（一）会议立项

1. 主办方信息录入

进行主办单位的信息录入。在"客户关系管理"中,点击"新增"按钮,进行客户信息的录入添加,如图7-1所示。在录入主办单位信息的同时,可录入主办单位的联系人信息、联系日志及其他相关信息,如图7-2、图7-3所示。

2. 主办会议项目的添加

在"系统管理"页签下的"项目立项"菜单中,单击该菜单会显示项目立项管理页面,包括"所有审核通过的项目"、"我的新增项目"、"我的提交项目"等页签。

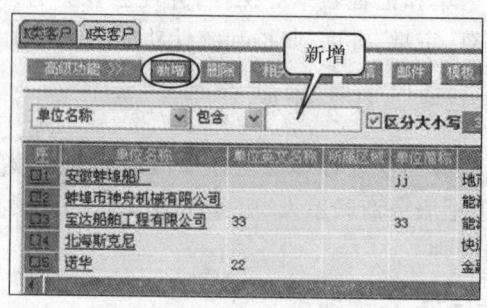

图 7-1 主办信息录入

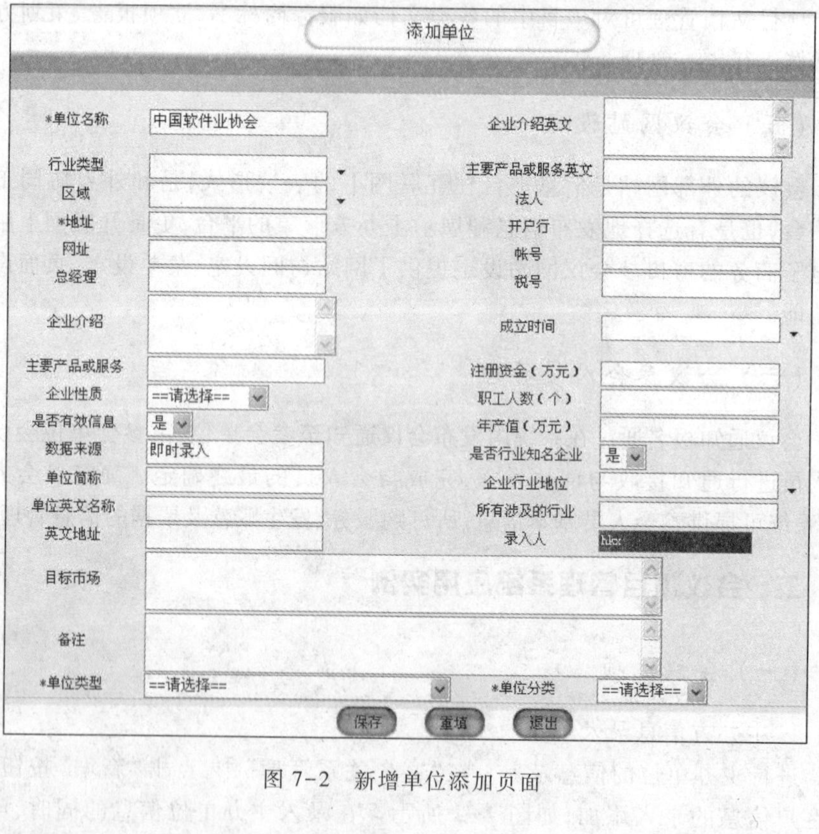

图 7-2 新增单位添加页面

"所有审核通过的项目"是指所有主办单位的会议项目已经审核通过并进行了立项,页面将显示所有已立项会议项目。"我的新增项目"是指业务员录入主办单位的新增会议项目,可进行项目的新增录入,如输入"中国软件业年会",页面如图 7-4 所示。

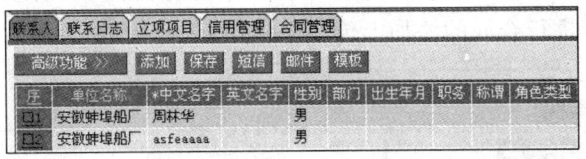

图 7-3　主办单位相关业务信息

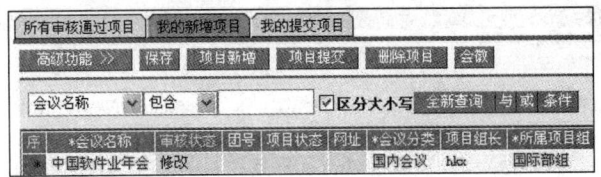

图 7-4　我的新增项目

3. 主办会议项目提交与项目审核

用户录入完"我的新增项目"中主办方会议项目后,点击"项目提交"按钮,将该会议项目提交审核。在"我的提交项目"中可以查看到所提交的会议项目,同时在"审核管理"栏目中"已提交项目"栏目也可以查看到该会议项目信息,如图 7-5 所示。

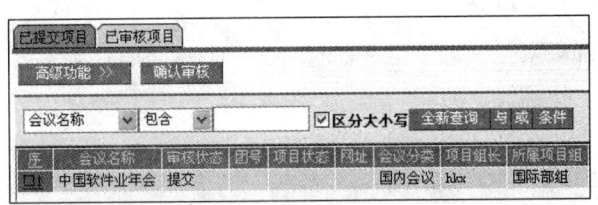

图 7-5　已提交项目

当用户选中该会议项目,点击"确认审核",则完成了对提交项目的审核操作。在"已审核项目"栏目中可以查看到主办方客户的会议项目信息,也就意味着该会议项目已正式立项,如图 7-6 所示。

(二) 主办单位业务管理

针对主办方客户,会议管理信息系统给出了相关业务管理,主要有主办方客户服务管理和合同管理。

主办方客户服务管理涉及面较多,如主办方租赁会议室业务,可通过系统添加会议室租赁信息,如图 7-7 所示;还可对主办方的合同进行统一管理,可添加主办方客户与本单位签署的所有项目合同,如图 7-8 所示。单击"合同管理"按钮,可进行合同的添加上传操作,如图 7-9 所示。

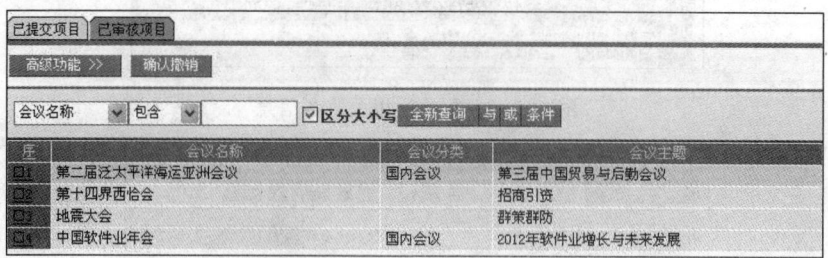

图 7-6 已审核项目

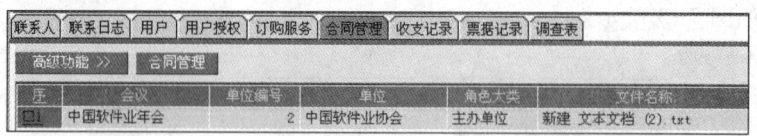

图 7-7 会议室租赁

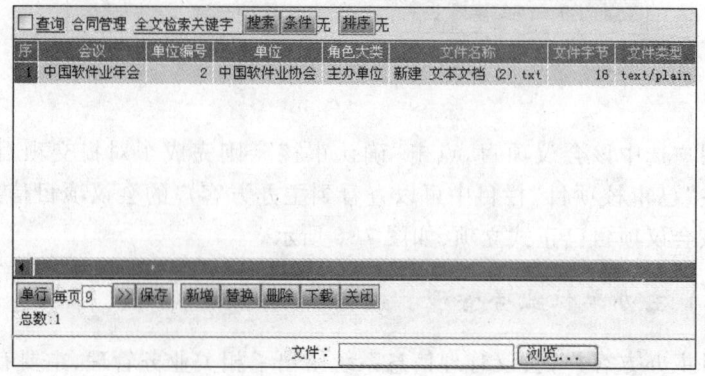

图 7-8 合同管理

图 7-9 合同上传添加

（三）服务商信息与服务管理

服务商信息及服务的信息管理与主办单位业务管理较为类似，涉及服务商的基本信息，包括服务商联系人、服务商相关服务项目如机票、酒店、餐厅的预订会议室等相关服务信息的录入，如图7-10所示。

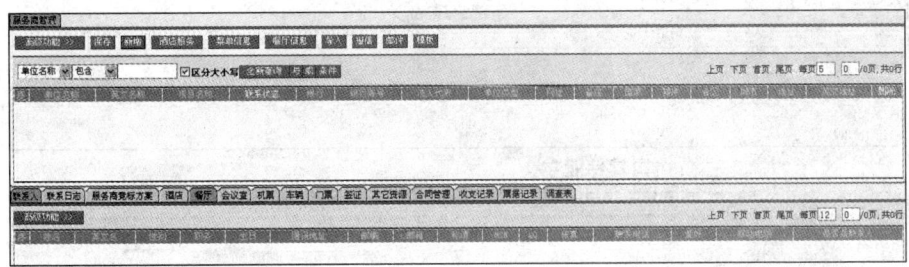

图7-10　设置服务商相关信息与服务

（四）会议项目文档管理

项目文档管理可对项目中发生的各类文档进行统一管理，如图7-11所示。

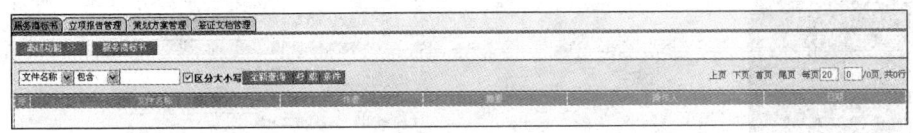

图7-11　会议项目文档管理

（五）会议网站设定

会议项目网站是会议主办方形象的展现，对于会议项目网站的设定涉及很多方面。点击"项目管理"栏目中"项目策划"下的"网站维护菜单"，通过单击"网站维护"按钮，开启网站维护界面，如图7-12所示。在页面左侧菜单栏目中包含了网站设定的各项参数。

1. 网站访问设定

主办方可以设定包括会议项目网站对外开放时间段、访问网站时间段、人数、论文及摘要、旅游及酒店的订购时间段、付款方式等信息，如图7-13所示。

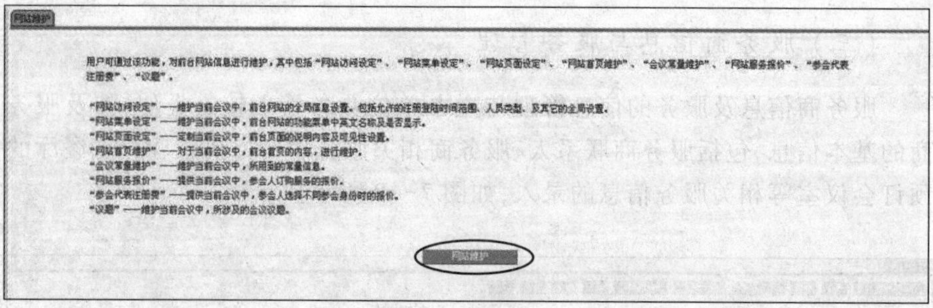

图 7-12 网站维护

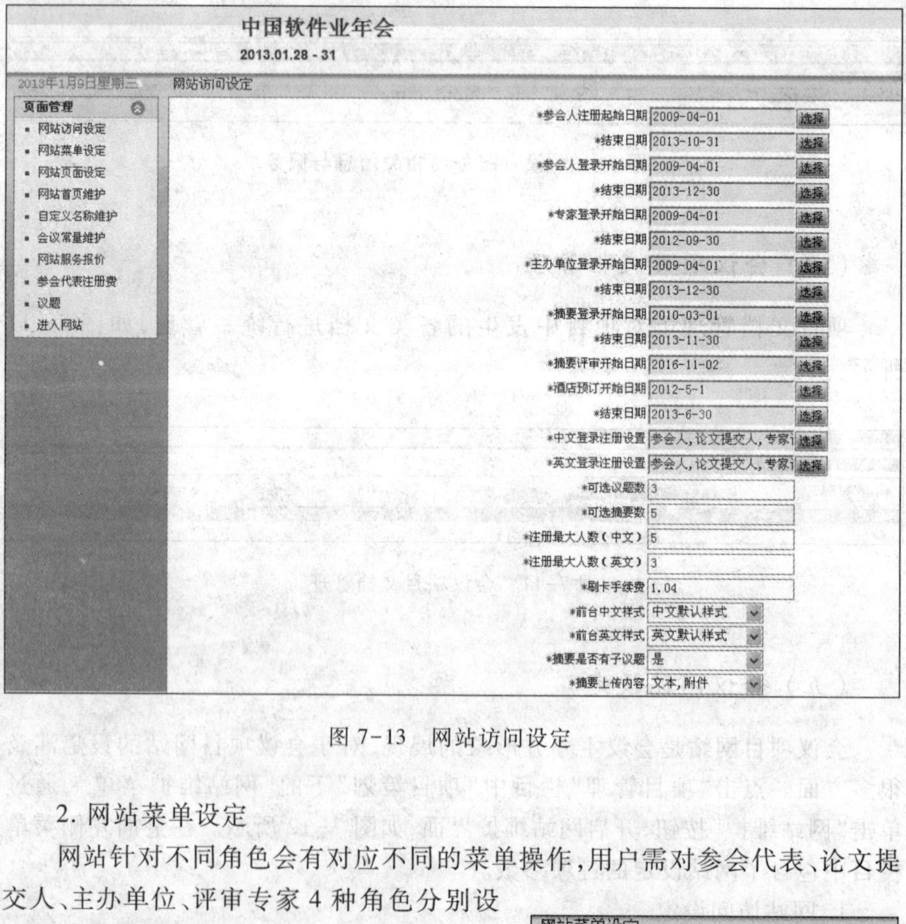

图 7-13 网站访问设定

2. 网站菜单设定

网站针对不同角色会有对应不同的菜单操作,用户需对参会代表、论文提交人、主办单位、评审专家 4 种角色分别设置菜单参数,如图 7-14。

3. 网站使用页面设定

网站使用页面是指网站前台的各个页

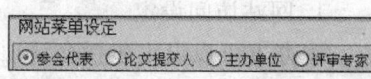

图 7-14 四种角色设定

面,用户可根据每个会议的要求,录入需要的文字,如图7-15所示。

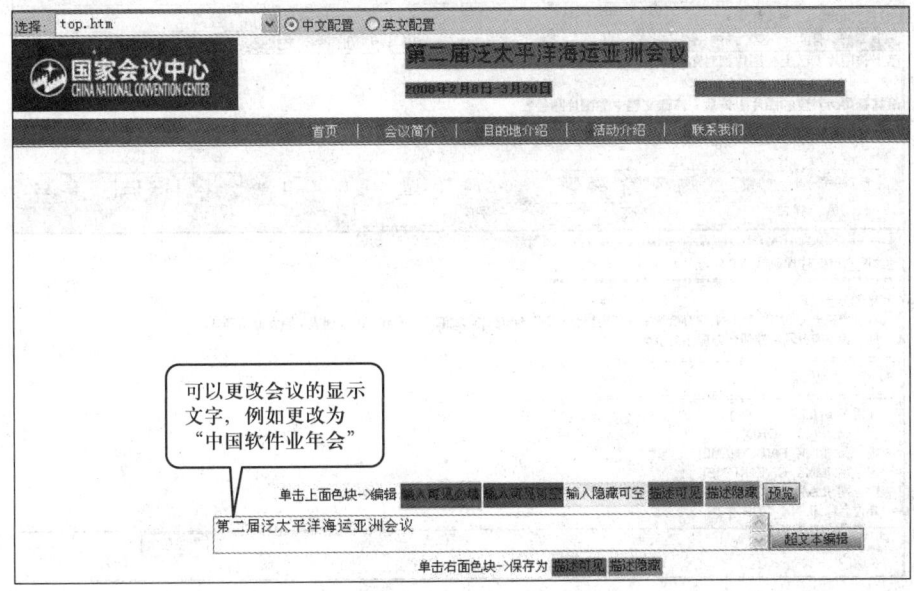

图7-15　更改网站显示文字

4. 网站首页维护

在后台维护页面中,主要是对网站前台的相关内容进行"所见即所得"的页面维护。前台网站的主页如图7-16所示。图7-17显示后台对网站首页所显示内容进行设置。

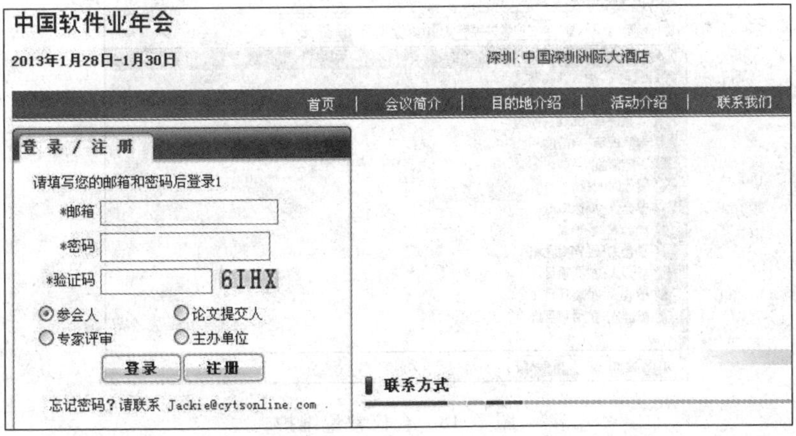

图7-16　网站前台首页

第 7 章 会议主办方管理信息系统

图 7-17 网站首页维护

5. 会议常量维护

会议常量包括专家评审、评定级别、参会人等，如图 7-18 所示，用户可以根据当前会议的需要进行常量设定。

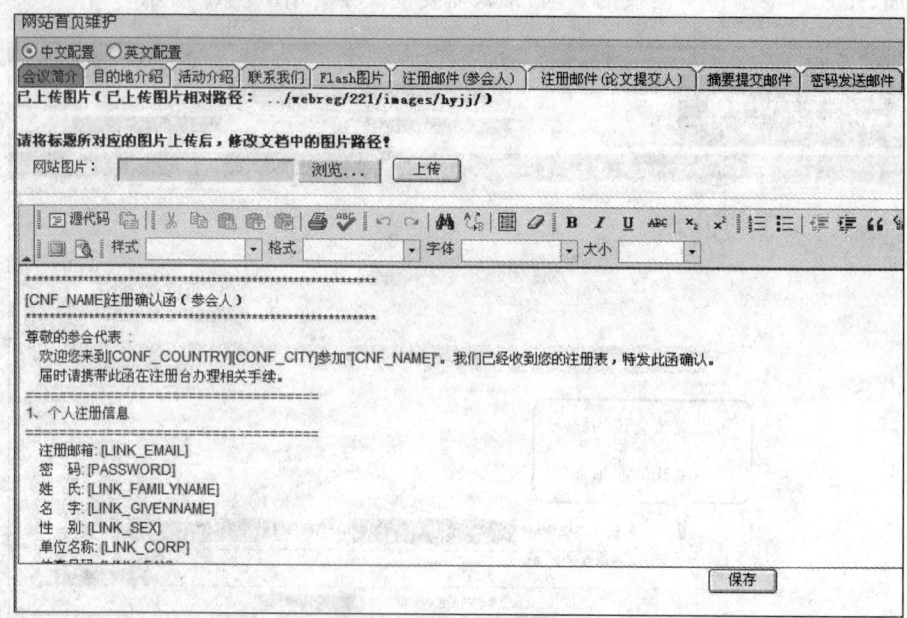

图 7-18 会议常量维护

6. 网站服务报价

在会议网站上可针对不同角色设定网上服务的报价，设定包括参会主服务、酒店服务、旅游服务等服务的报价，还可设定服务预定最大数、预定报价、收取押金、收取费用等信息，如图 7-19 所示。

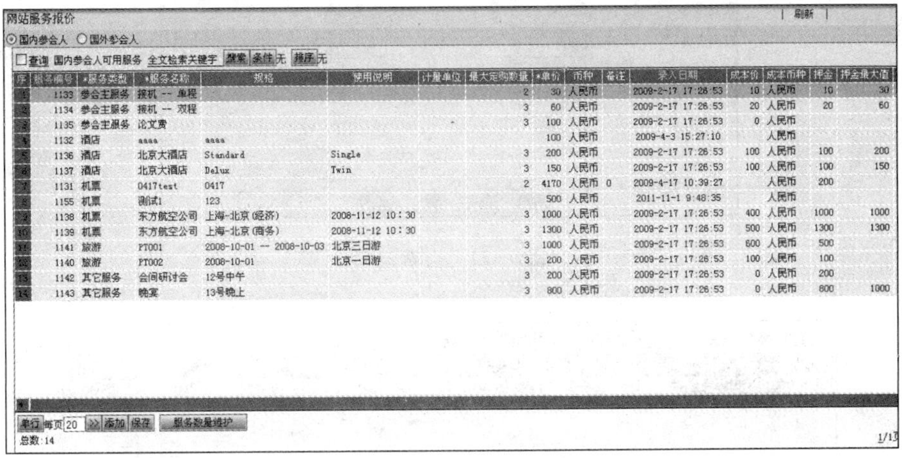

图 7-19　网站服务报价

7. 参会代表注册费

参会代表在网站前台注册时，网站将显示参会代表注册费用。用户在图 7-20 中单击"会费设置"按钮，可对当前会议的会费进行设定，如图 7-21 所示。

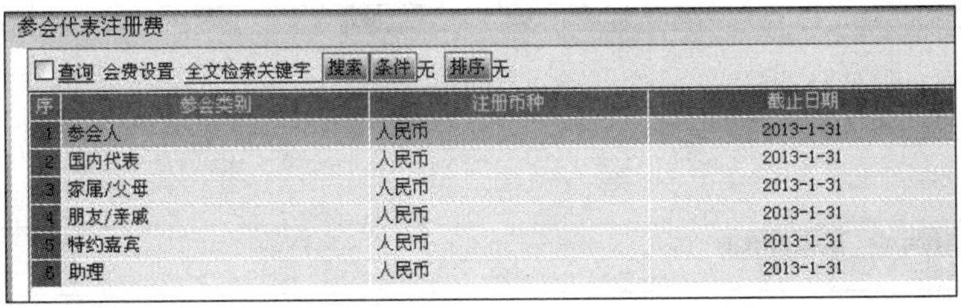

图 7-20　参会代表注册

8. 议题

议题设定可以设定网站前台所显示的议题，如图 7-22，并可进行议题与子议题的添加与修改。

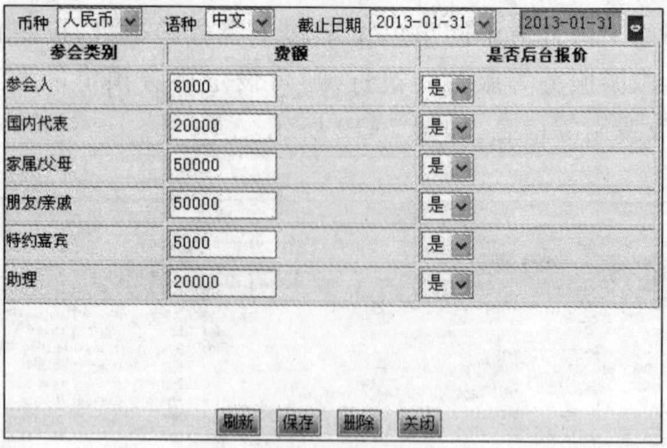

图 7-21 会费设置

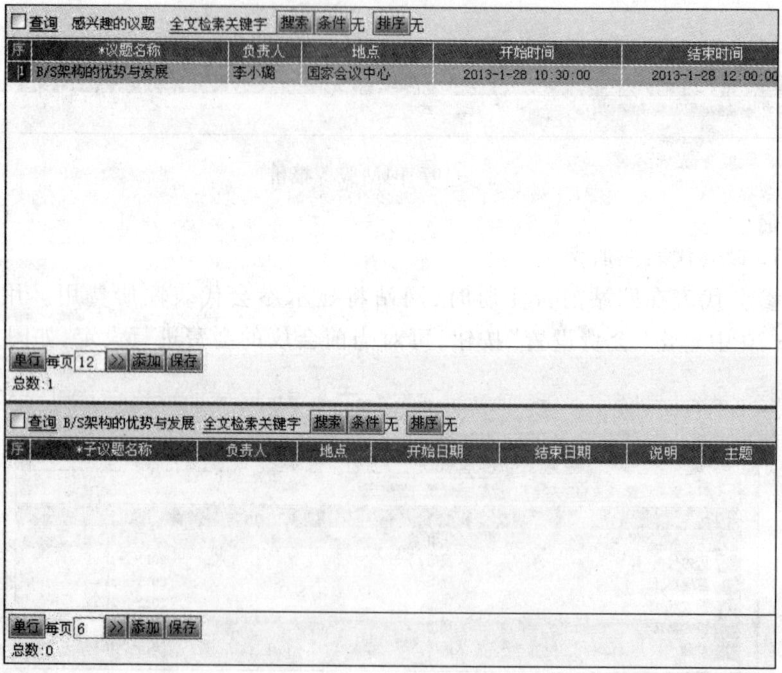

图 7-22 议题与子议题的添加修改

（六）会议参会人员管理

1. 会议参会人管理

会议参会人管理分为中宾管理与外宾管理，包括对人员基本信息的管理、订购服务管理以及发生账款、票据管理等，如图7-23所示。

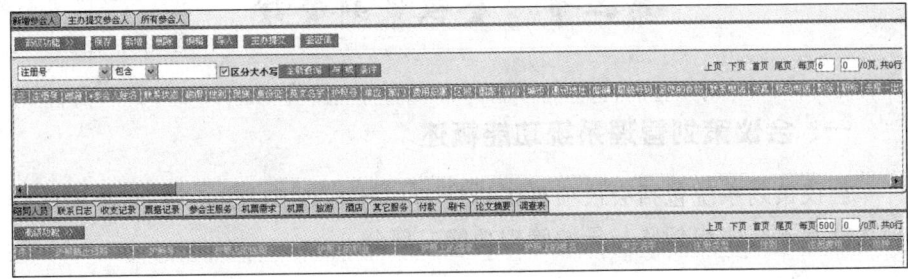

图7-23　参会人管理

2. 参会人确认

对于新增参会人须进行参会人的主办提交，点击"主办提交"按钮，提交后参会人信息将在参会人界面中出现，如图7-24所示。再点击"确认提交"按钮，就完成了参会人确认的操作流程，如图7-25所示。

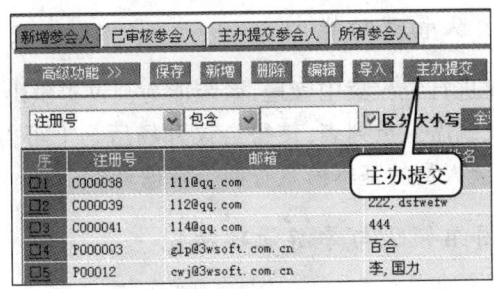

图7-24　新增参会人主办提交

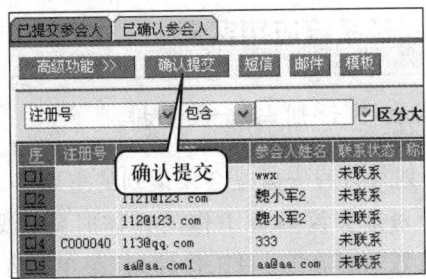

图7-25　参会人确认提交

第二节　会议策划管理

一、会议策划管理系统功能概述

会议策划系统包括会议项目工作计划与行程安排设定功能、参会团队管理功能和参会团组领队与导游管理功能三部分。

（一）会议项目工作计划与行程安排设定功能

为确保会议的顺利召开，可对会议筹备工作的具体时间计划与行程进行设定与管理。会议策划管理系统提供对个人日程安排的录入、编辑和查询功能。当用户录入自己的日程安排计划之后，可在本部分清晰地查看自己的日程，同时系统还能够将个人日程中不同状态事件以不同的颜色和图标进行表示，便于用户对个人日程进行查询和管理。

（二）参会团队管理功能

可对参会团组进行统一集中管理，系统能为会议提供出席情况统计数据、出席人员列表以及缺席人员列表，使得会议开场后马上可得到出席情况统计数据，并可进行参会人员的基本信息查询与管理。

（三）参会团组领队与导游管理功能

系统可对参会团组领队与导游信息进行管理，提供领队与导游个人信息登记、修改、审批、查询以及统计等功能。

二、会议策划管理系统应用实例

（一）会议项目工作计划与行程安排

会议项目工作计划与行程安排是会议策划的重要组成部分。

会议项目工作计划是会议筹备工作的具体时间计划。点击在"项目管理"菜单下的"项目策划"，可在"项目工作计划"菜单录入会议项目工作计划，如图7-26所示。

行程安排则是根据会议项目工作计划的要求给出具体的会议行程安排表。点击"项目管理"菜单下的"项目策划"，在"行程安排"录入会议行程安

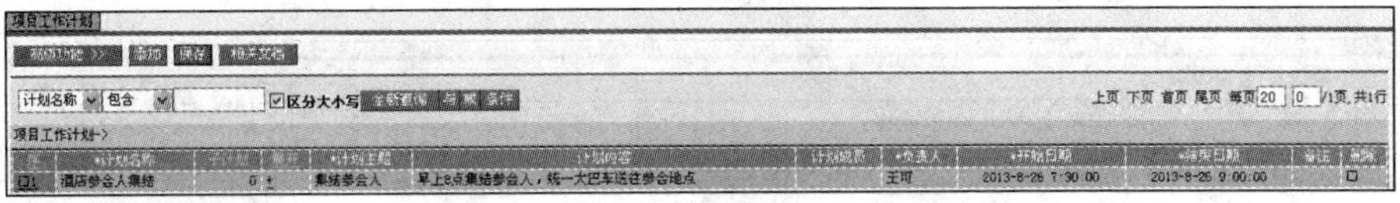

第二节 会议策划管理

图 7-26 项目工作计划录入

排,如图 7-27 所示。

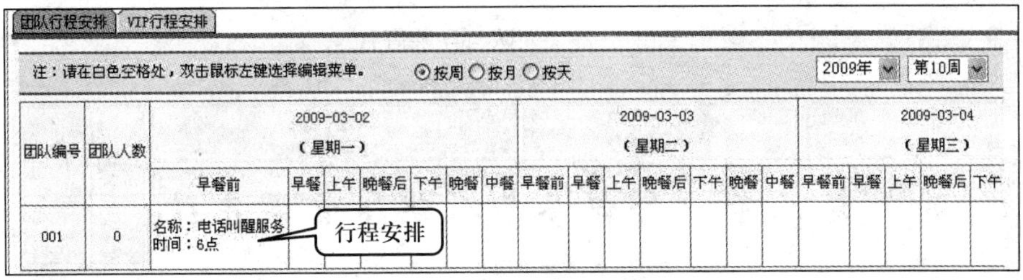

图 7-27 行程安排录入

(二)参会团队管理

参会团队管理是对参会人进行统一集中管理,点击"项目管理"菜单下的"项目策划",在"团队管理"菜单中点击"添加"按钮可以增加参会团队信息,如图 7-28 所示。

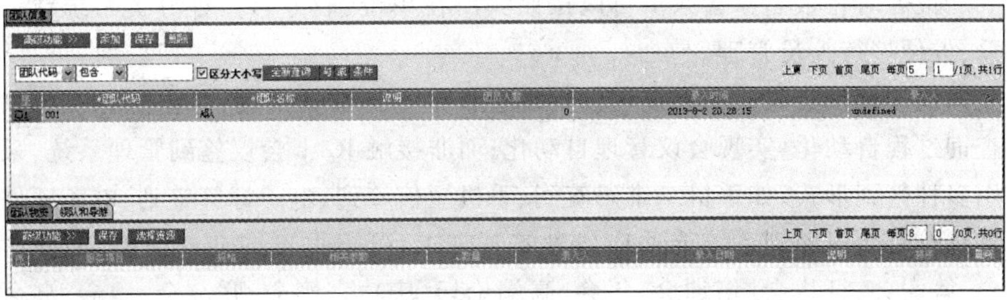

图 7-28 团队管理

(三)参会团组领队与导游管理

点击"领队与导游"页签,打开参会团组领队与导游管理界面,可对参会团组领队与导游信息进行添加操作,如图 7-29 所示。

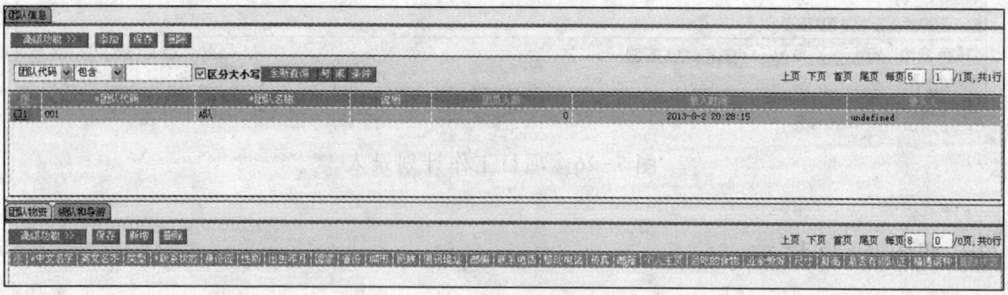

图 7-29　领队与导游信息

第三节　会议参与人接待管理系统

一、会议参与人接待管理系统功能概述

会议参与人接待管理系统是对会议参与人的吃、住、行及其他服务接待进行管理，包括会议报名管理、住宿餐饮管理、参观路线管理、会议人员类别管理、接待人员管理和手机客户端应用程序。

（一）报名签到管理功能

报名时将报名参会人员可以按照其所在单位、职务等多种分类来统计汇总，方便接待人员管理。

例如移动会议签到系统可以实现会议的签到数据采集、数据统计和信息查询过程自动化，实现会议管理自动化；而非接触 IC 卡会议签到管理系统，采用多种签到形式，如手机二维码签到、手机短信签到、电子标签签到、电子证件签到等。会议签到系统能适应各种签到需求，可根据不同会议类型，如研讨会、答谢会、订货会、培训会、年会、高端论坛、庆功表彰会、联谊会、酒会、宴会等各种庆典活动，个性化定制该系统。

（二）住宿和餐饮管理功能

用户可通过系统来填写入住的酒店、房间类型及餐饮信息，方便操作人员管理，减少人工投入。参会人员入住后方便接待管理人员对参会人员住宿进行统一管理，同时对人员的餐饮管理实现总体的分配和调度。

（三）参观路线管理功能

参观路线管理是对会议设置的参观路线进行综合管理，它对会议安排车辆，控制人数有积极的作用，同时能更好地安排嘉宾行程。

（四）用车管理功能

用户可进行会议用车的数据管理，包括司机、车型、座位等信息的管理，为会议派车提供数据支撑。可根据用车管理后自动生成接送参会人员航班（火车站）信息，导出打印给相关接送人员，并提供信息推送服务，相关信息通过手机短信发送到参会人、接机人和司机。

（五）参会人员类别管理功能

系统能快速查询参会嘉宾的身份、行业、职务等详细信息，使接待人员更好地把握接待方式。

（六）接待人员管理功能

系统通过多级分类对参会团组及具体参会人进行管理，并且能对具体参会人员发送短信，使管理人员对参会人员的情况一目了然。

（七）手机客户端应用功能

手机客户端提供会务指南、电子地图、会议议程、会场指引、微博互动等功能，并与网站同步进行更新信息。

二、会议参与人接待管理系统功能应用实例

（一）吃、住、行及其他服务接待管理

1. 就餐管理应用实例

首先录入餐厅基本信息。点击"项目管理"下的"单位人员管理"，出现"集结前服务商管理"菜单，打开页面点击"新增"按钮，录入餐厅基本信息，如图7-30所示。

其次进行餐厅信息维护。点击"项目管理"菜单下的"项目策划"，出现"集结前服务商维护"菜单，打开界面，如图7-31所示。点击图示的餐厅信息可打开业务菜单，如图7-32所示。点击"餐厅信息"可以维护、录入餐厅信息，如图7-33所示。点击"菜单信息"则可以新增菜单信息，如图7-34所示。

图 7-30 餐厅基本信息录入

图 7-31 餐厅业务维护

图 7-32 业务菜单

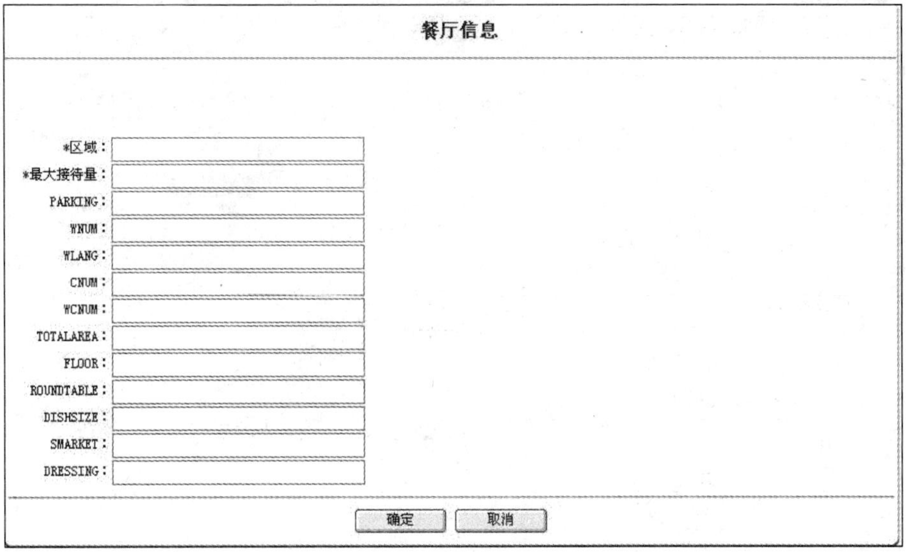

图 7-33 餐厅信息

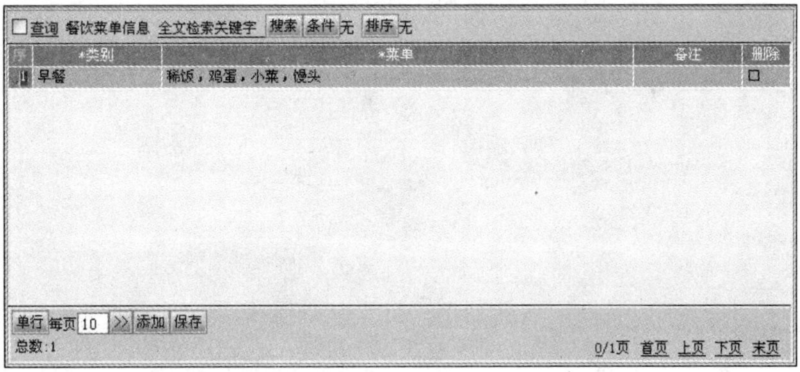

图 7-34 菜单信息

最后进行参会人的就餐管理。在"接待安排"菜单下的"集结前资源分派"中可进行就餐人员的分派，如图 7-35 所示。点击"人员分派"下的"新增个人"按钮，打开参会人界面，如图 7-36 所示。选择参会人，点击"导入"按钮，就可导入一名参会人。导入之后餐厅的订购信息随之发生变化，订购人数增加 1 人，如图 7-37 所示。重复上述操作便可进行多名参会人的订餐。

图 7-35　集结前资源分派

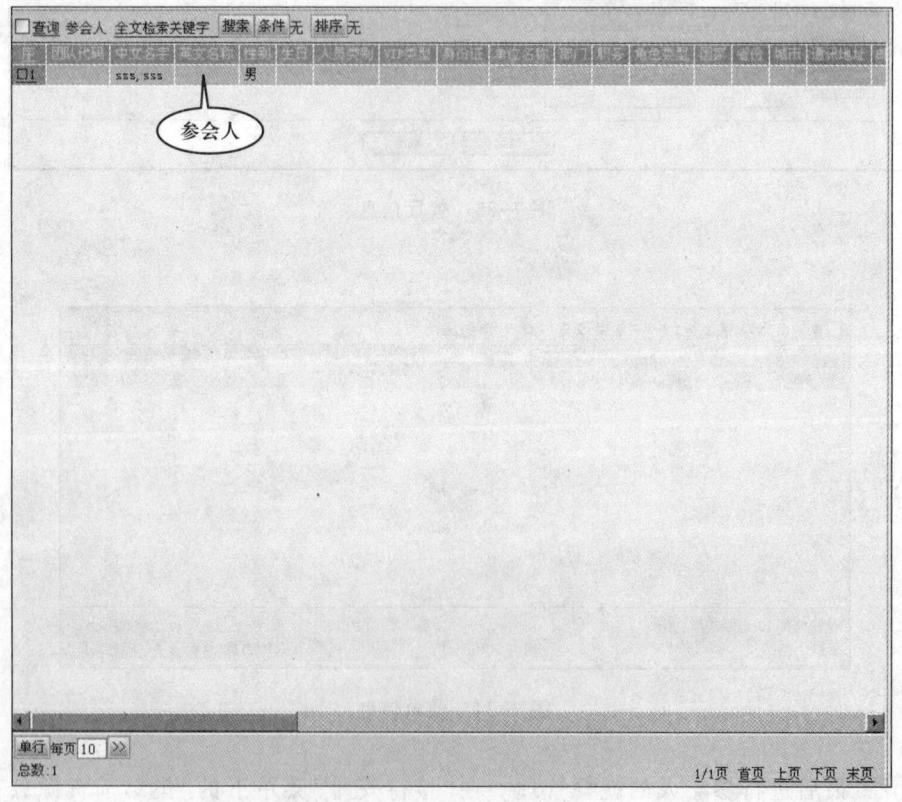

图 7-36　参会人界面

2. 其他服务与接待管理

会议参与人其他的住、行服务与接待如门票、车辆预订流程与订餐管理流程类似,通过会议参与人接待管理系统执行类似操作便可完成。

图 7-37　订购人数

（二）服务接待信息导出

会议参与人接待管理系统可以导出接待信息。以订餐管理为例，点击"接待安排"下的"资源分派结果导出"，如图 7-38 所示。点击"集结前餐厅表"，就可以清晰地查阅饭店服务商订餐的详细信息表，如图 7-39 所示。点击"导出 Excel"按钮，就可将此信息表导出到 excel 电子表格，打印输出即可。

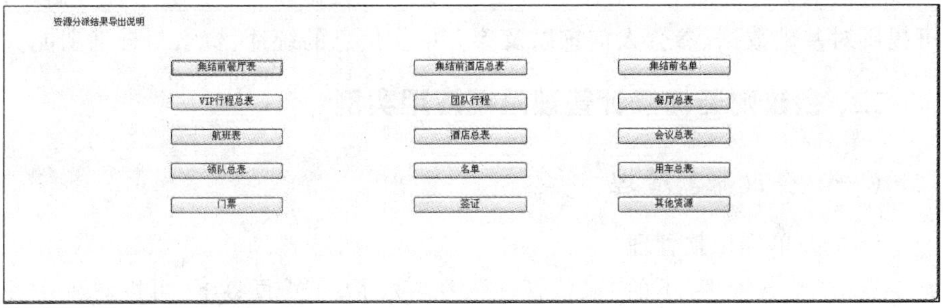

图 7-38　资源分派结果导出

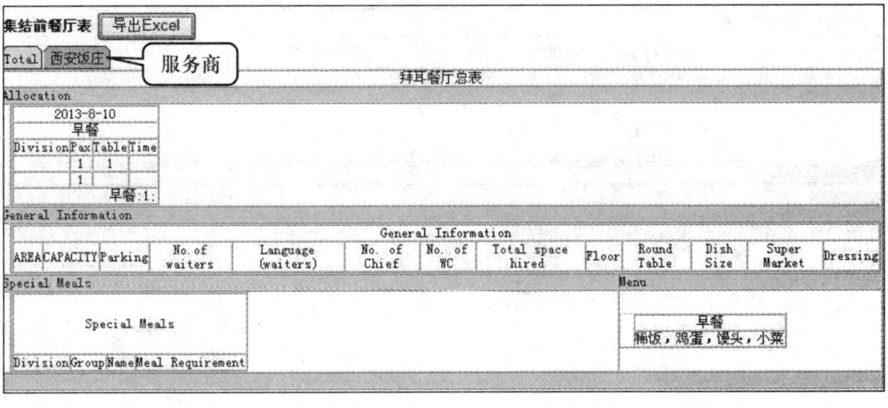

图 7-39　西安饭庄订餐信息表

第四节　会议财务与统计管理

一、会议财务与统计管理系统功能概述

会议财务与统计管理系统包括会议账款管理和统计分析两部分功能。

（一）会议账款管理功能

账款管理功能可对主办单位、参会人、服务商账款进行管理，应收账款根据合同付款计划自动生成，每种费用可以独立地计算费用。系统记录每一笔付款，并提供已收账款明细管理。

（二）会议统计分析功能

会议数据库主要有基础信息数据库、参会人数据库以及参会单位数据库，可提供对基础数据、参会人信息以及参会单位信息的统计、检索与查询功能。

二、会议财务与统计管理系统应用实例

（一）会议账款管理

1. 主办单位账款管理

点击"财务管理"下的"账款管理"，在"主办单位"页签下，可以看到主办单位的应收款明细和已收款明细，如图 7-40 所示。

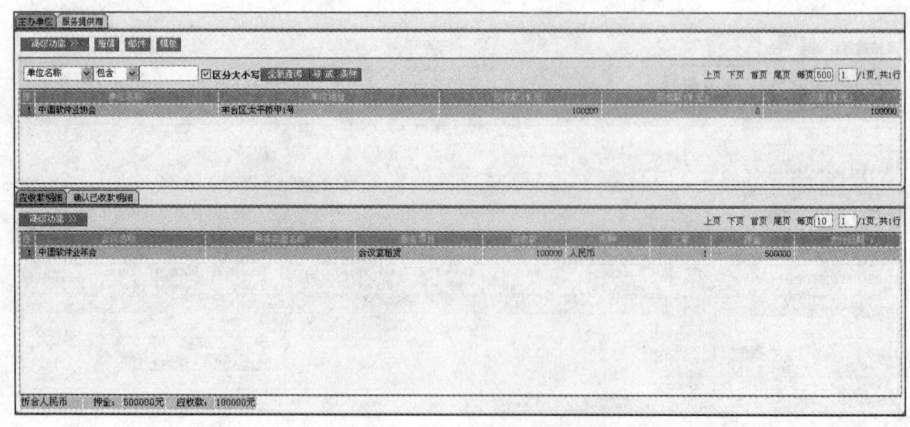

图 7-40　主办单位账款管理

2. 参会人账款管理

点击"财务管理"下的"项目结算",在"参会人"页签下,可以看到参会人的账款情况,如图7-41所示。点击"应收款明细"与"已收款明细"按钮可以分别查看参会人的应收账款与已收账款明细。

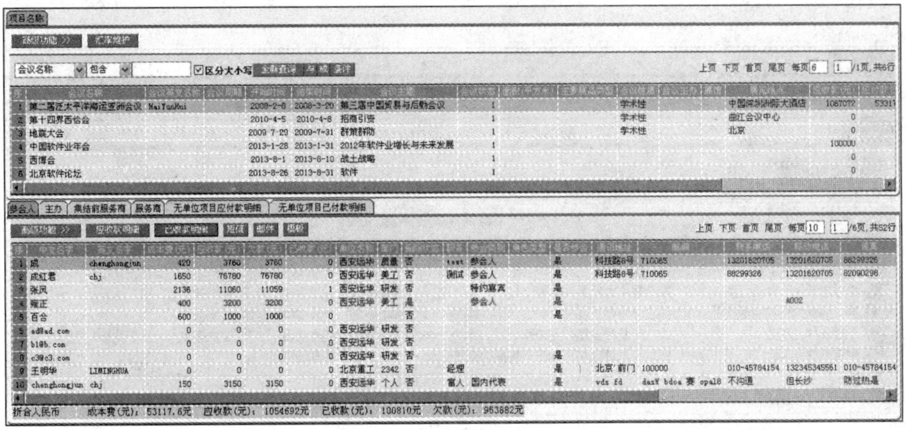

图 7-41 参会人账款管理

3. 服务商账款管理

点击"财务管理"下的"账款管理",在"服务商管理"页签下,可以看到服务商的应收款明细和已收账款明细,如图7-42所示。

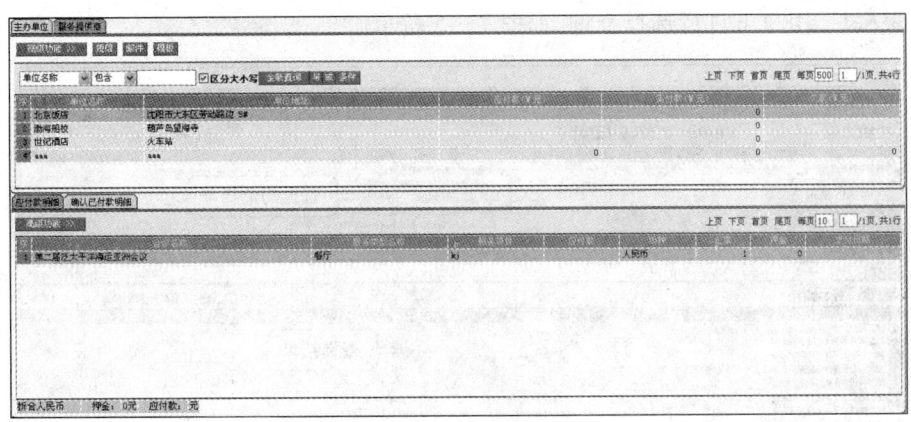

图 7-42 服务商账款管理

（二）统计分析

点击系统的"全文检索"按钮，可对基础库信息、参会人信息、参会单位信息进行统计、检索与查询，如图7-43所示，为参会单位的统计查询界面，检索功能还提供关键字检索查询，如图7-44所示。

图7-43　参会单位统计查询

图7-44　全文检索

点击系统的"综合查询"按钮，在综合查询界面中显示出了多个可查询列表栏目，用户可自行选择查询，如图7-45所示。

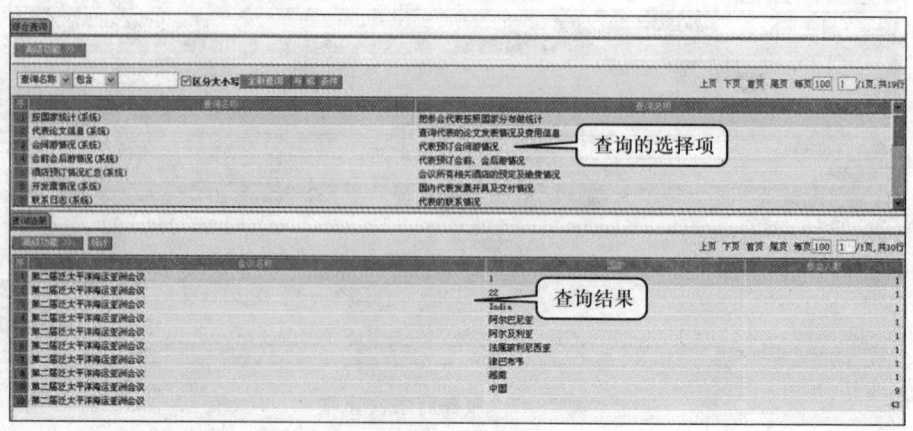

图7-45　综合查询

本章小结

会议管理信息系统的应用对象为各种会议的主办者、承办者及相关机构,适用于会议前期的会议策划、信息发布、注册,会议中期的资源调度、参与人管理、财务管理、吃住行安排以及会后的统计分析。本章详述了会议项目管理、会议策划管理、会议参与人接待管理、会议财务与统计管理四大子系统功能,并结合应用实例对各功能展开介绍,使学生了解该系统。该系统采用统一的数据库记录所有会议参与人的详细信息,使得数据随时、随地为主办者和参会人员所使用,满足会议的信息管理需求,具有全面、有效的会议信息化管理功能。

实践环节

1. 利用会议项目管理子系统进行会议立项管理,操作会议主办方进行信息录入、会议项目添加、会议项目的提交与项目审核。
2. 利用会议策划管理子系统操作会议项目工作计划与行程安排。
3. 利用会议参与人管理子系统操作会议参与人就餐服务接待信息管理。
4. 利用会议财务与统计管理子系统操作会议主办单位账款、参会人账款和服务商账款管理,并对参会单位信息与参会人信息进行统计、检索与查询。

复习思考题

1. 会议管理信息系统的主要功能有哪些?
2. 会议项目管理系统中,系统通过哪些功能实现会议立项?
3. 会议策划管理系统主要功能有哪些?
4. 会议参与人接待管理系统主要功能有哪些?
5. 简述会议财务与统计管理系统的决策支持功能。

第8章 会展信息化发展趋势

第一节 会展信息化的基本内涵

一、会展信息化的含义

会展信息化包含四种含义:会展人员观念信息化、会展工作手段现代化、会展信息系统中信息贡献的社会化和会展中信息覆盖范围的全球化。

(一)会展人员观念信息化

会展行业从业人员的信息观念的提高是会展业信息化的关键。必须把会展行业从业人员对会展信息化的认识提高到"四个现代化,哪一化也离不开信息化"的重要意义上,才能加快会展信息化进程,并利用信息化的功能开发信息资源。

(二)会展工作手段现代化

会展工作手段现代化是指要做到组织管理科学化,建立完善的信息管理制度和法规,采用现代化的信息技术,做到决策信息化,保证会展中信息传递过程的效率,做到信息收集不遗漏、信息处理不混乱、信息反馈不耽误,保证及时、准确、全面、掌握市场信息和竞争情报,在瞬息万变的市场中抢抓会展业发展的机遇。

1. 会展工作中信息处理的计算机化

计算机化是指计算机处理信息量大、种类多,信息载体多种多样,信息处理方式的智能程度高,信息加工处理深度化,信息处理过程速度快,信息处理结果的准确性高。在会展工作中,计算机在会展策划、会展设计、会展服务、展馆管理、会展宣传、会展物流、会展统计等方面发挥越来越重要的作用。

2. 会展工作中信息传输的网络化

网络化是指以网络的方式在第一时间将正确的信息传递给正确的对象,实现信息资源的共享。会展中,需要传送的信息并不仅仅是文字,往往还包括声音、图像、图形、影视信息等。会展企业必须充分运用互联网,力争以最快的速度实时地在全世界范围内传送各种信息,以满足社会对会展工作中信息传输的高标准要求。

3. 会展信息资源管理的数据库化

数据库化是指会展中的信息除了被处理和被传输外,还应该被以适当的方式管理和存储于数据库中。对数据库技术的要求是:大容量、多媒体数据的管理、数据库的可视化管理、获取数据方便以及数据管理的安全性好。

4. 会展中信息应用的大众化

大众化是指互联网、手机通信网逐步渗透到会展工作的各个环节,应用软件日益智能化、可视化、多媒体化和实用化,让即使不懂计算机的人也可以通过手机方便地获取自己所需信息。会展信息大众化意味着信息的应用对象并不仅限于会展管理人员、信息技术人员,而是所有的会展工作人员和会展参加者均可成为会展信息化的对象。

(三) 会展信息系统中信息贡献的社会化

信息贡献的社会化是指会展管理信息系统的信息资源中相当大的一部分依靠该系统的全社会信息使用者不断充实提供。会展信息系统中,信息的使用者是与会展相关的各种社会人员,他同时也是信息的提供者,不断地向会展网络资源库提供与他有关或无关的各种信息。作为一个会展企业,要想被别人选中成为合作伙伴,必须宣传自己,让别人了解本企业,必须向网络资源库提供本企业相关信息,从而及时地向公众提供大量的、真实可靠的信息。观众在参展时填写观众信息登记表,从而形成展会的观众信息,成为展会有用信息的有机组成部分,这样观众既是会展信息系统的社会使用者,也向信息系统提供自己的观众信息,成为会展信息系统中信息的组成部分。

（四）会展中信息覆盖范围的全球化

全球化是指会展企业的信息覆盖全球,会展信息共享将是 21 世纪会展信息化的主要特征。由于全球竞争的需要,会展国际化趋势越来越明显,国际会展越来越多,会展参加者构成和展品构成的国际化越来越明显,因此会展的信息覆盖范围越来越广,最终将实现会展信息覆盖范围的全球化。

二、会展信息化的社会基础

信息化是充分利用信息技术,开发利用信息资源,促进信息交流和知识共享,提高经济增长质量,推动社会经济发展转型的历史进程。进入 21 世纪,信息化对社会经济发展的影响更加深刻。互联网加剧了各种思想文化的碰撞,成为信息传播和知识扩散的新载体。全球信息化正在引发当今世界的深刻变革,重塑世界政治、经济、社会、文化和军事发展的新格局,加快信息化发展,已经成为世界各国的共同选择。

国家信息化、区域信息化是会展信息化的社会基础。会展信息化的实现,得益于国家信息化政策的推动,得益于国家信息化、区域信息化的扎实推进。

国家信息化是一个国家信息技术和信息资源的开发和利用达到一定水平的产物。根据《2006——2020 年国家信息化发展战略》,中国信息化发展战略为:以信息化促进工业化,以工业化带动信息化,走出中国特色的信息化道路。到 2020 年,我国信息化发展的战略目标是:综合信息基础设施基本普及,信息技术自主创新能力显著增强,信息产业结构全面优化,国家信息安全保障水平大幅提高,国民经济和社会信息化取得明显成效,新型工业化发展模式初步确立,国家信息化发展的制度环境和政策体系基本完善,国民信息技术应用能力显著提高,为迈向信息社会奠定坚实基础。

国家信息化包括的内容很多,但其重点是推进国民经济信息化,其中包括"加快服务业信息化。优化政策法规环境,依托信息网络,改造和提升传统服务业。加快发展网络增值服务、电子金融、现代物流、连锁经营、专业信息服务、咨询中介等新型服务业。大力发展电子商务,降低物流成本和交易成本。"会展业作为服务业范畴,会展信息化也是国民经济信息化的重要方面。

区域信息化是指以地区的中心城市为依托,以众多卫星城市为支撑,以地区所属的企事业单位和政府部门等为基础和应用对象,实现该地区信息化。区域信息化在城市表现为智慧城市和数字城市的建设。2008 年以来,智慧地球理念在世界范围内悄然兴起,许多发达国家积极开展智慧城市建设,将城市中的水、电、油、气、交通等公共服务资源信息通过互联网连接起来,作出智能化响应,更好地满足市民学习、生活、工作、医疗等方面的需求,进而改善政府对交通的管理、环境的控制等。在我国,一些地区在数字城市建设基础上,开始探索智慧城市的建设。可以说,建设智慧城市已经成为历史的必然趋势,成为信息领域的战略制高点。

会展举办地多在城市,会展企业目前也多位于城市,因此会展企业信息化的发展在很大程度上取决于城市信息化的发展水平,取决于区域信息化的发展和支持。

小案例:解读世博会信息化保障

"走进世博"全景扫描世博通信,推荐通信看点,详解运营商和设备商如何建设世博、保障世博,力求在世博会开幕之前,为读者打开一扇通向世博的大门。

通信,让城市更美好

世博会就像一个窗口,用有限的空间和时间浓缩了通信。中国通信业已经顺利通过奥运会的大考,又将在世博会的舞台上接受检阅。

尽管上海世博会还未开幕,但围绕着世博会的通信规划、通信设施建设、通信保障、信息应用展示等新闻报道早已不时见诸报端,并成为业界和百姓饭后茶余的谈资。

上海世博局相关负责人表示,本届世博会在世博历史上第一次以城市为主题,意在探讨当代城市与现代化建设中人类面临的机遇与挑战。而通信产业的战略性、基础性、先导性特征,也自然使通信成为这一主题下的关键词。

"世博会就像一个窗口,用有限的空间和时间浓缩了通信。中国通信业刚刚结束奥运会的大考,又将在世博会的舞台上接受检阅。"一位参与世博建设的女孩在博客里写道。

网络:城市中枢

固定有线网和移动通信网构成了一个城市的通信中枢神经系统。因为世博会的到来,上海这套系统的更新换代开始加速,并在园区内外形成呼应。

据悉,上海世博会信息化总体框架分为园内和园外两大部分。园内部分包含有世博会建设运营管理信息系统、世博园区信息基础设施、世博信息服务及其他应用、世博信息化保障体系。园外部分包含有世博园区周边地区信息化、世博会相关的市级信息化应用。

2009年6月,中国电信宣布正式启动上海"城市光网"(MONET)行动计划,预计到2012年,上海市将实现"百兆到户、千兆进楼、T级出口"的网络覆盖。为此,中国电信将投巨资建设亚洲新海缆(APG)、新中美海底光缆系统(TPE)二期,2009年达到3T出口容量,2010年达到4T出口容量。同时,国内出口长途传输能力在2009年达到10T,2010年提升到13T。

据介绍,中国电信将世博园信息通信基础网络规划和建设纳入了"城市光网"的整体建设规划中。上海电信已率先在"世博最佳城市实践区"和"世博村"实现光纤到户。

而在5.4平方千米的世博园内,公众数据网、公众语音、数字电视等有线网络、2G/3G移动通信、WiFi/WiMax无线宽带接入、数字集群通信等无线网络,以及卫星、无线传感等其他网络均已覆盖。

"世博园是一个展示高科技和现代信息技术的地方,各种通信技术都应该在这里得到使用。"上海世博局相关人员表示。

本届世博会网络覆盖一大亮点是中国移动准4G网络TD-LTE的亮相。记者获悉,中国移动TD-LTE实验网将实现世博园区室外全覆盖和重点场馆的室内覆盖。据透露,世博会TD-LTE演示网建设者有华为、上海贝尔、大唐移动、中兴通讯和诺基亚西门子通信,这些厂商将分别负责室外基站、室内场馆、新闻中心等。

通信保障慎之又慎

通信保障是一项艰巨而复杂的工作,并且随着接入手段和业务种类的多样化,保障的难度也在不断增大。"这是一项注定得不到更多鲜花与掌声的工作。"上海电信某参与世博通信保障的工程师告诉记者,"但是缺少了通信保障,世博会将寸步难行。"

该工程师举例告诉记者,中国电信作为网上世博会互联网带宽和CDN服务提供商,为确保网上世博会上线启动仪式成功举办,并保证网上世博会开通运营后的通信顺畅,多次进行应急演练。"像世博网站遭受DDOS攻击、DNS缓存污染域名劫持的应急处理都必须确保万无一失。"

此外,上海世博会的召开牵一发而动全身,尤其是长三角地区。据悉,4月9日江浙沪三地将举行上海世博会通信保障联合演练。为此江苏省上海世博会通信保障领导小组办公室日前特意召开工作会议,江苏省通信管理局以及江苏电信、江苏移动、江苏联通等均明确了上海世博会通信的保障职责任务。

2月21日,中国电信集团总经理王晓初在上海检查世博通信保障工作时指出,运营商服务世博的核心是要保障世博会通信的畅通和通信设施的安全。

世博会的通信需求有自身特点,各类信息的聚散点很多,要全面保障各项组织工作和来访游客的通信信息需求。

随着世博会的开幕和人流量的加大,通信保障也将整装待发。

实践城市信息化

世博会是一个新成果展示的舞台,科技、文化、艺术等相互碰撞,推动着人类文明的进步,这其中,通信技术是重要驱动力;本届世博会的主题着重探讨城市,而在城市走向现代化的过程中,信息化将伴随始终。

本届世博会,由中国电信和中国移动联合建设的通信信息馆将集中呈现通信与信息技术的发展主题,并与游览者一起体验未来通信。"可以说,通信信息馆是整个世博会通信的精华所在。"上海世博局相关人员表示,"因此充分运用最新的信息技术来办好本届世博会,是未来城市信息化的重要实践。"

据介绍,世博园内的信息化应用包括视频监控、GIS 平台、票务管理系统、交通管理和游客引导系统、数据交换平台、能源与环境监测系统等。

同时,针对游客提供了手机支付、智能 RFID 服务、世博游戏、WAP 网站、世博热线、短信平台等应用。

相关人员表示,把信息化技术全面应用于园区建设,将指导城市发展过程步入可视、可控、可持续发展。"信息化融入世博会的运营,为未来城市的行政、管理、安全、经营、交通提供了模型。展示最新信息技术的应用,也让游览者近距离体验未来信息化城市的美好生活。"

资料来源:http://it.sohu.com/20100413/n271481636.shtml

案例讨论题:

试分析展会举办地城市信息化基础与展会信息化的关系。

三、会展信息化的行业促进作用

会展信息化管理的行业促进作用主要体现在提高客户关系管理能力、优化企业各类资源、提高会展服务质量和效率以及拓展会展业务领域四个方面。

(一)提高会展客户关系管理能力

客户的认可和参与程度直接决定会展的成败,因此客户关系管理成为会展管理的头等大事。

会展业作为一个特殊的服务行业,面向商品生产领域和流通领域的大量客户,需要有强大的客户关系管理能力。中国进出口商品交易会、中国东盟博览会、纽伦堡国际玩具博览会、中国西部国际博览会，每一届都接待参展商数千家，专业观众数十万人。中国国际展览中心之类的大型展馆年接待观众人数达百万人次以上。开发和保持如此大规模的客户群体通常需要巨大的精力，不是少数几个人能够完成的。客户群体规模越大，信息量越大，控制和分析客户信息、掌握客户关系的难度就越大。计算机和互联网的应用为展览会的海量客户信息的高效管理提供了帮助。

客户关系管理系统(customer relationship management，简称 CRM)正是商业活动从以产品为中心转向以客户为中心的必然产物。典型的 CRM 系统主要功能包括市场营销管理、销售管理、客户服务支持管理以及客户分析。CRM 强调从整体上全面改进企业与客户有关的业务流程，对于过去难以量化管理的市场部门、客户服务部门、后勤服务部门，均可以按照客户的满意度、客户保持量以及其他与客户有关的指标进行量化管理。

（二）优化会展企业各类资源

会展企业计算机和互联网技术的使用，为会展企业管理者提供了一个企业资源规划和整理的平台，提高了会展决策的效率和水平。会展企业的资源可分为有形资源和无形资源两种，在会展行业，最主要的有形资源是展览场馆和资金，最重要的无形资源是客户信息和智力资源。信息化管理对这些资源的优化发挥着越来越重要的作用。

展馆管理信息系统能够帮助会展场馆管理者选择会展场馆使用和出租的最优方案，以实现利润最大化，同时能改进场馆日常管理，使其维持良好状态。会展信息技术还有助于正确预测场馆需求，对场馆进行必要的更新、改造或扩建。会展客户资源管理软件通过收集整理客户资源，建立客户数据库，分析客户偏好，与客户进行双向交流，实现以客户为中心的管理模式。通过对客户资源的分析，为会展项目的立项、宣传、配套服务提供参考和依据。

会务管理信息系统功能包括网上通知报名、名单管理、会议分组、智能排座、住房管理、出列席管理、宴会管理、坐车管理、证卡标签管理、报到签到管理、须知制作、会场管理、行程管理、接送管理和数据汇总分析，它将会议活动在线一体化解决方案应用到会议管理中，将场地供应商、参会管理、会议营销、客户管理有机整合到一起，通过在线平台最有效地解决会议管理过程中发生的各种问题，控制成本，提高工作效率，更增加了会议的参会率。

例如，好视通"云会议"是基于云计算技术的"高效、便捷、低成本"的网络视频会议系统软件。使用者只需通过互联网界面,进行简单的操作,便可快速高效地与全球各地团队及客户同步分享语音、视频及数据文件,而会议中视音频数据的传输、处理等复杂技术,由好视通"云会议"网络视频会议系统平台为使用者提供全程保障。针对目前网络视频会议普遍存在的视频清晰度低、沟通效果不好的问题,好视通高清"云会议"网络视频会议系统平台率先采用国际最领先的 H.264+视频编码,视频清晰度可达 1080P 标准,为用户提供身临其境的视频沟通效果。

(三) 提高会展服务的质量和效率

我国各地会展行业的各个市场主体如组委会、参展商、展馆等,正在利用各种信息化手段提高工作效率,提高整个行业的运作水平。

对于展览会组织者来说,从客户服务的角度看,需要应用信息技术提高效率。传统的展览会现场使用手工登记观众信息的方法常常造成注册现场拥挤,延迟观众的入场参观,容易引起观众和参展商的不满。利用信息技术,快速制作和发放个性化胸卡,设立现场上网、触摸屏等现场导览系统,可极大地方便观众参观。快速及时的信息收集与处理,可以向参展商提供符合其需求的分析报告、观众数据等信息反馈服务。

展览组织者为了给参展商和观众提供全面配套的服务,常常会联系服务商提供展台搭建、展品运输和清关、展具出租、交通、宾馆预订、餐饮、广告宣传、服务人员(翻译、保安等)等业务。而会议组织者需要完成包含策划、会议公司、酒店、会务用品、翻译、速记、票务摄影摄像、公关传播等 18 个环节的业务。这些相关业务往往由多个企业联合完成,它们之间的规范性、协调性和互动性直接关系到会展的服务质量。会展管理信息系统的强大功能使得展览机构有更多精力专注于提高服务的质量,增加服务的内容,因而必然使展览配套服务行业的规范与控制成为展览机构的关注重点。实现信息化管理后,原先复杂的操作变得简单、程序化了,成熟的大型展览会更是驾轻就熟了。通过会展信息化管理,会展组织者可以充分满足客户的需求,切实提高会展服务质量,从而提高客户参展的满意度,自然也就保证了会展项目的成功和可持续发展。

(四) 拓展会展业务领域

会展业务领域拓展的典型是网络会展。随着电子商务日益成为一种重要的经济运行形式,电信运营商提供了种类繁多、日益便利的上网手段。如果说过去品牌会展主要通过建立网站以宣传自身,如今网络会展已经具备了一些传统实体会展所不具备的功能和手段,不再仅仅是传统实体会展的宣传手段,而是渐渐成为一个相对独立的新的会展形式。一些大型实体展览会纷纷开设网上展览会,有的干脆撤销实体展,全部搬到网上展览。网络展览也增加了许多实用性功能。如网上签约、下单、链接贸易伙伴等。

与传统实体会展相比,网络会展具有参会者不受地域限制、交易成本低、组织工作简单等优点,日益受到会展主办方的青睐。网络会展以其低投入、高效益的特点必将成为传统实体会展的有效补充和延伸。

第二节 网络会展发展现状与趋势

网络技术作为全新的信息技术手段正越来越多地被应用于会展工作中。

网络技术应用于商务即电子商务,电子商务具有广告宣传电子化、网上预定、电子账户、交易管理电子化等功能,节约企业参展成本、交易成本,可使展会达成的贸易合同通过电子手段实现最终交易,使交易变得更加简捷迅速。互联网对展览的开拓、招商、管理和服务将起到越来越重要的作用。电子邮件、网页、电子支付手段、网络身份安全认证技术、数据自动化处理、网上商品交易系统等网络技术手段已全面引入会展业。电子商务在会展中的应用重点是网络会展,网络会展将促进展览活动走向规范化,使展览业的协调管理机构管理有据,为展览业进行科学化管理奠定基础。

网络会展是会展业应对突发危机的最佳选择。网络会展与传统实体会展模式优势互补,支撑传统会展业抵御风险、渡过危机难关,网络会展在我国正成为一种新兴会展经营方式。

一、网络会展概念

网络会展,也称网络虚拟会展(Virtual Convention & Exhibition),即利用网络技术手段举行会议或展览会。国际上习惯将网上展览会称为虚拟展览会,我国会展实业界习惯称为网络会展。网络会展突破实体会展时间、空间的局限性,被誉为"永不落幕的会展"。网络会展包括网上展览会、网上会议、视频会议等。

(一) 网上展览(会)

网上展览就是通过最新的互联网技术、通信技术、多媒体技术,建立让展会的参展商、参观者、主办方实现在线展示、互动交流、和谐统一的平台,为客户提供各种服务,并能够促进商务合作。

网上展览是对现实展览的虚拟,是将展览工作的组织、展出及展览活动的各个环节实现电子化,使组展者、参展商和观众之间的交流通过计算机和互联网络进行。网上展览属于电子商务的范畴。

(二) 网上会议

网上会议即通过互联网或电信网举办的会议。

网上会议需要网络实时交互式多媒体通信平台技术的支持,它提供语音、视频、数据共享等实时通讯服务,任何地点的单位和客户只需通过浏览器,就可足不出户、安全快捷地共享远在千里之外的文件、程序、网页、话音、图像、视频,甚至操作远端的计算机,还可以将声音和视频传递给对方,实现实时、交互的在线会议,可以更加节约、高效地与客户、同事或合作伙伴进行交流沟通。网上会议无需在用户端添置设备,也不需要昂贵的启动费用,用户只需拥有电信服务账号,上网访问网上会议站点,即可获得网上会议服务。网上会议在销售、市场、技术、客服等各部门得到广泛的应用,从而增加销售、节约开支,提高工作效率及客户服务的满意度。

(三) 视频会议

视频会议即通过网络召开的可视化会议。

视频会议是以宽带为主,兼容窄带接入的一种交互型视频多媒体业务,能实现点对点、多点间的视频传输,将不同地点的图像信息和语音信息安全可靠地、实时地相互传递,达到"即使远隔千山万水,仍能够面对面实时沟通"的效果。用户足不出户即可享受视频服务,只需购置视频终端设备,通过通信线路接入,即可获得远程视频服务。视频会议优点是节省会议时间,提高工作效率;节约差旅费,免受舟车之劳;24小时全天候服务,可随时召开紧急会议、跨国跨区会议;多组会议可并行召开,彼此不干扰。

二、网络会展发展现状

伴随着互联网的普及,网络会展在世界很多国家方兴未艾。

互联网技术飞速发展,网民数量迅速上升,视频会议系统实现视频、语音、数据远程实时互动通信,并支持多地点同时召开会议,多媒体视频系统的综合远程、多点、实时、互动等功能,使越来越多的企业进行网络会展实践。中国互联网络信息中心《第33次中国互联网络发展状况统计报告》显示,截至2013年12月,我国网民规模达6.18亿,全年共计新增网民5 358万人。互联网普及率为 45.8%，较 2012 年年底提升了 3.7 个百分点，普及率增长幅度与 2012 年情况基本一致，整体网民规模增速持续放缓。与此同时，手机网民继续保持良好的增长态势，规模达到 5 亿，年增长率为 19.1%，手机继续保持第一大上网终端的地位。

目前，我国大型企业都已建立网站或设有主页，其中不少网站更新及时，且设有英文版、繁体字版，许多业务可在网上直接办理。这些构筑了网络会展异军突起的基础。

2013 年 12 月 4 日，工信部向中国联通、中国电信、中国移动正式发放了第四代移动通信业务牌照，标志着中国电信产业正式进入了 4G 时代。4G 网络将以更快的通信速度、更低的资费及对大数据量传输的承载力，在移动办公（如移动视频会议、移动 OA 系统）、移动电子商务（如移动仓储物流管理、供应链管理、移动客户关系管理）等方面具有广阔的应用前景，将会极大地促进会展信息化建设。

近年来世界上一些展览发达国家如德国的现实会展的总数有所下降，特别是 IT 行业的参展商锐减，这是因为他们更多的利用网络技术在网上进行展示产品、交流信息、洽谈业务，网络会展正蓬勃发展。

三、网络技术在现代会展中的应用

网络技术在现代会展中应用十分广泛，可以服务于展馆、展会组织者、参展企业和观众。

（一）服务于展馆

网络技术服务于展馆，可以向参展商、观众提供在展会中涉及展馆的相关服务。

展馆内部采用局域网，统一接入互联网，运行统一的办公系统、项目管理、流程管理软件；采用客户机/服务器数据库管理方式，进行展商与观众的管理与营销；建立网站开展客户关系管理的销售自动化，实行网上报名、网上服务订单、网上支付、观众登记和报价系统等；建立网络展商应答中心，开展网上营销；建立网站为参展商提供个性化服务，如展出信息自行维护、展览顾问系统等。

网络技术在展馆中的应用如下：展会前，网络会展门票远程预定、展会观众胸卡制作；展会中，观众现场登记、个人信息显示、智能卡身份识别、现场人像制作、现场观众信息统计传输；展会后，会展观众数据整理、会展观众详细统计分析、展会远程参观访问、展会实况录播等系列产品应用。网络技术服务于展馆具体体现在以下五方面：

1. 电子商务

展馆电子商务平台建设包括展馆展示、服务介绍、展馆服务预定、展会发布、展会报道、展会统计分析、展览论坛、新闻中心。

2. 系统集成

展馆内部系统集成建设包括上网接入、服务器运行、展馆信息数据服务器建立、展览会的网站建设、上网接入。

3. 系统管理

展馆内部信息化管理系统包括展馆信息管理系统、展馆网络商务管理系统、展馆展会服务管理系统。

4. 科技服务

科技服务包括网上观众登记、展会现场观众登记统计分析。

5. 信息统计

展馆信息资源统计包括商务活动运作安排、数据库建立。

作为基础设施的网络平台的搭建自然是相当重要的，各种信息的快速传递均离不开高速的信息网络平台，现代会展中心在建设初期就必须将计算机网络工程规划在内。可靠、先进的信息网络系统是会展中心不可缺少的重要组成部分。根据会展中心网络的功能和用途，可以划分为管理者计算机网络、参展商计算机网络、公众计算机网络、数据中心以及高速接入网五大网络。

2003年，深圳市新建成的IP宽带城域网单独分配给高交会展馆100兆带宽，将信息高速公路铺到了每个展台，使高交会馆上网速度比上年提升近50倍，使各种高新信息网络展示成为可能，广大参展商和参观者通过IP城域网真正体验了高速网上冲浪的乐趣。

（二）服务于展会组织者

网络技术可以服务于会展组织者的内部办公信息化和会展的运作、营销和功能拓展中。

会展组织者首先利用网络技术实现办公和管理上的信息化，实现企业办公和经营管理的各种信息、数据、指令的发布、传送、查询、控制、保存的计算机网络化；其次将网络技术运用于会展的运作、营销和功能拓展，展馆信息、展会信息、参展商信息、采购商信息、招展过程和围绕展会各企业相互间的信息沟通都可以通过网络实现。

网络技术在展会组织者中的应用如下：展会前，包括建设展会的互联网商务平台,发布展会信息,有效利用网络优势进行展会推广、展会招商、展位预定、服务合作、服务预定、参展商信息发布、网上观众预定、网上调研等,建立包含多种功能的大型数据库,展会后台以简单的操作页面进行管理维护。展会中,包括展会现场新闻报道、信息发布,展会现场图片直播、摄像直播,展会现场观众登记统计分析、观众条码识别胸卡制作、观众信息识别管理,参展商、观众统计信息发布。例如在2005年1月西班牙第三届国际组展公司CEO论坛中,会议组织者利用网络技术与报名参会的代表及时沟通,在论坛网站上不断更新参会者名单、会议日程,介绍与会人员代表的公司、演讲人的简历等。展会后,包括对数据库展会信息资源整理、展会信息资源数据库提交、展会信息资源详细统计分析、展会成效成本统计分析、网上展会系统管理。

值得一提的是电子名片可在展会前由展会组织者制作,供参展商、观众使用,展会后用于进行展会统计。电子名片即会展组织者为参展商和参观者特制电子参展证,通常用磁卡或带条形码的材料制作,在签发该证前,会展组织者要求参展商或参观者输入个人资料,包括公司名称、联络方式、本人职衔、公司性质和业务范围等,然后把这些资料存入卡中。有了电子名片,展览会甚至不用花人力来看守大门,可以像地铁入口那样实行电子化管理,从而准确记录入场人数,供展会后对参展、参观人员进行统计。

(三) 服务于参展企业

网络技术在展会的各个阶段都可以为参展企业服务。

展会前,网络技术有助于展会查询、展会比较、展位预定、服务查询预订等;展会中,网络技术支持现场报道、展台摄像、网上展示、网上企业路演等;展会后,网络技术支持网络会展中展台展示、展品特效、在线交易等。具体体现在以下7方面。

1. 网上报名

网上报名可以让出席者直接在网上填写申请表,在网上浏览展会详情,自动统计出席者人数,自动监控财务交易。运用网上报名数据库的一个最大的优点是能将所有报名资料都汇总在一起,使会展组织者拥有一个不断更新而准确的展会参加者资料。

2. 网上住宿安排

展会组织者还应该引导参展者在网上预定旅店,可以把免费团体住宿安排应用软件、网上预定工具和报名数据库结合起来使用,把所有住宿信息都储存在一个数据库中,及时监控住宿情况,并可以提前几个月或几个星期根据订房情况的变化及时调整住房安排。

3. 网上旅行安排

让会展参加者在网上做旅行安排、网上预订机票等。

4. 电子名片使用

参展商可以自由选择租用组委会提供的电子名片读取设备，将设备连接到自己的电脑上就可以开始使用。观众买家只需要把存有自己资料的电子名片入场证在读取设备上划过，信息即被传输到参展商的电脑里。参展商还可以把双方谈话的要点记录在相应备注栏里，做到有条理地管理观众买家资料。

5. 网上会议服务范围

网上会议可以在任何地点、给任何人作讲演；在线软件、产品演示说明；可以让会议中任何人观看、编辑发言人的各种电子文档；向所有与会者播放发言人计算机里的多种媒体文件；发言人带领其他与会者共同浏览网页；发言人计算机里的应用程序都可共享；使用桌面控制功能进行远程技术支持；视频功能使会议更人性化；以上所有功能都是实时、交互的，网上会议中的任何人都可以实现。

6. 网络营销

企业可以通过网络会展进行网上营销。网络会展的网络营销必须考虑企业的外部环境和内部情况。外部环境包括网民人数、在线交易额、互联网技术状况、互联网法律的完善程度、政府对待互联网的态度等。企业内部情况包括产品、资金、人才等，其中产品是最重要的考虑因素。

7. 网上预约

网上预约是国际高端展会采用的一种网络信息技术手段，参展商申请参展报名后，将自身相关信息在该展会的专门网站上发布，供需双方通过用户名和密码在网上浏览信息，选择目标客户，运用专门软件提前预约，由组委会安排展商之间、展商与买家观众之间在展会期间进行接洽。这极大地方便了参展商之间、参展商与买家之间的联系，使每一位参展商和专业观众做到有备而来，有的放矢，减少了盲目性，从而提高参展商、专业观众在展会期间的工作成效。

四、网络会展与实体会展的辩证关系

网络会展与实体会展差异互补，两者具有对立统一的辩证关系。

（一）网络会展与实体会展差异互补

网络展览和实体展览二者的差异见表8-1。

表 8-1 网上展览与实体展览差异一览表

	项　目	网上展览	现实展览
1	组展手段	网上发布信息为主,辅以在其他媒介上宣传,广泛招展	以文件、传真、电话等为主,辅以电子邮件和互联网络宣传,针对性招展
2	展出场所	网络虚拟空间	展馆实地
3	展出手段、内容	展示文字、图片、声音、动画等,通过逻辑说理对外宣传	展示实物展品,以直观形象对外宣传
4	参展费用	网上参展费,费用相对很低	展位费、展品运输费、场馆租金、施工费用、人员费用,费用较高且逐年上升
5	展期	可以固定展期,也可无限期展示	一般固定展期
6	观众范围	世界各地网民	一定区域或专业的人士
7	观众搜寻目标展商方式	网络检索	现场观摩
8	交流方式	电子邮件、网上聊天室磋商	提供面对面交流空间和机会
9	契约方式	依电子文件、电子签章订约	凭书证材料订契

网络会展相对于实体会展的优势:成本低、效率高,展出空间无限,经营规模不受场地限制,展出时间长,观众面广泛,贸易机会多,反馈及时,统计和评估电子化。例如,用传统的现实参展方式,国内参展人均费用 6 000 元,如果有 5 个人参展就是 3 万元,加上场地,运输宣传等费用,一次现实展览下来,参展费用少则十几万元,多则几百万元;网上展览也会根据位置优劣不同而有不同的收费,平均每个参展企业花费 1 000 元左右,显然网上展览具有低成本的优势。

网络会展相对于实体会展的劣势:电脑视窗有限、展出信息的不完整、观众的不确定性以及信息统计偏差。人们参加和参观网络会展时,面对冷冰冰的计算机屏幕,交流有时需要等待一段时间才能获得对方反应,感觉上总是不如现实会展面对面进行情感交流,感受对方的喜怒哀乐来得痛快直接。消费者或商家"眼见为实"的心理需求由于人们长期形成的思维定势不会轻易改变,而且人际交流、实物触摸、面对面地讨论这些实体会展的魅力令网络会展无法企及。网络会展还存在技术不过关、客户信用难以证实、相关政策法规滞后等问题。

(二) 网络会展与实体会展的相辅相成关系

网络会展与实体会展具有辩证关系:网络会展对实体会展有一定影响,但网络会展不能替代实体会展成主角;网络技术支撑实体会展,形成现实会展的有益补充。

1. 网络会展对实体会展市场形成一定冲击

在信息化的时代,电子商务正以随需应变的态势,将触角伸展到社会生活的方方面面。2012年,我国网络零售交易额达1.31万亿元,同比增长67.5%,相当于社会消费品零售总额的6.3%。近年随着互联网和电子商务的普及,网络零售呈现出快速增长的态势,其主要有以下两个特点:一是网购群体和网络零售规模进一步扩大;二是企业更加重视网上业务,电子商务应用更为普及。电子商务和"网络会展"的发展必将对传统现实会展构成巨大冲击。

20世纪90年代以来,网络技术不断完善,网上营销日渐推广,电子商务日益普及,相比之下,实体会展的方式传统,成本高昂,作用弱化。网络的开放连通性,决定了网络会展明显的经济性、市场的广域性、资源的广域性、地域价格的差异性、交易双方的最短连接性、市场开拓费用的锐减性以及无形资产在网络中的延伸增值性。网络营销的经济性使企业大大降低交易成本,提高经济利益。与传统现实会展相比,网络会展具有参会者不受地域和天气限制、交易成本低、组织工作简单等优点,日益受到会展主办方的青睐。网络会展模式打破了时空的界限,不仅能够使客户双方建立一对一、一对多或多对多的垂直接触,而且还能建立长久联系,以利于更深刻更细致地了解对方,这无疑是许多企业所渴望的,随着时间的推移也会被更多客商接纳,肯定会在今后的会展经济中占有越来越多的份额。网络会展特有的市场穿透能力给实体会展市场带来一定冲击。这些冲击体现在以下3方面。

(1) 一些传统实体展会从辉煌走向困境。随着会展产业的不断成熟,实体展览会在推动技术进步、促进产业发展方面的作用逐渐变弱。展会数量越来越多,参展的成本越来越大,效果却越来越不明显。昂贵的展厅租金、旅差费用、拥挤的会场、盲目的市场,再加上相对购买力已经下降的产业态势,使越来越多的企业面对多如牛毛的展会邀请函、参展表,低头沉思成本与收益之间的差距,已经不太热衷于参加专业会展公司组织的会展,即使迫于官方压力、碍于情面或出于公众形象的考虑,还会参加一些大型实体展会,但已经不再派高层压阵、不再耗巨资摆摊。例如,2013年台湾美食展览会(以下简称台湾美食展)与以往23届不同的是,本届展会除了将展期从4天延长至31天之外,取消了实体展,用在线展取而代之,这是自互联网普及以来,台湾首个完全以网络展取代实体展的展会。随着互联网的日益普及,包括中国进出口商品交易会、中国国际日用消费品博览会、中国国际高新技术成果交易会等在内的各大展会都开始"E化"。它们在举办实体展会的同时,以永不落幕的网上展会形式,架起专业观众、买家与参展商之间信息交流的平台。事实上,德国、美国、中国等国家都不乏举办了几十届的实体展会停办的例子,其原因或者是失去存在的价值,或者是定位发生变化,或者是不可抗拒的外力。

（2）一些知识密集型行业的传统现实会展日趋滑坡。出版、教育等行业属于知识密集型行业,这些行业的部分会展如图书展可以在网上举行。在各类网络会展的销售中,卖得最好的是网上书展中的书,因为在网上看到的书和书店买到的书几乎没有差别。而时装、机械属于传统的劳动密集型行业,服装需要试穿,机械需要操作演示,适宜于实体会展现场展示,这类工业产品主题的会展不宜单纯进行网上展示。

例如,教育界的高校招生咨询会主要是各高校向广大考生宣传、介绍自身的办学方向、校园文化、学术水平、专业设置、往年录取考生录取情况,帮助考生正确填报志愿,选择适合自己的高校。因此,高校招生咨询会完全可以放在网上,大可不必让高校老师向全国各城市奔波,进行实地咨询。2003年 SARS 爆发期间,我国一些地方的网上高咨会效果非常好。2005 年 4 月,搜狐网站为了贯彻教育部"阳光工程"的精神,特别组织了"2005 年度全国高校网上招生咨询会",邀请了全国六百余所高校的招办老师参加,考生与家长可以方便地进行提问,点击学校名称,即可快速进入该校咨询专区,各类有关高考的问题都将获得快速解答。网上招生咨询会成功搭建考生与学校之间的桥梁,免除了考生及家长奔波于实地咨询会之苦,使全国数百万考生及家长受益。

（3）网上画展渐成新时尚。网上办画展正在国内美术界形成"新时尚",目前国内开设画展网页的网站数以千计。一些艺术院校和美术馆在网站设置常设性的画展网页,另有众多画廊在其网站上开画展。例如,2011 年第 13 届北京国际艺术博览会专门建立 3D 数码展览体验馆供观众参观体验,并将 3D 虚拟现实、虚拟仿真和多媒体等技术运用于博览会展品展示上,打破传统平面图片缺乏层次感和立体感的缺陷,将艺术品完美逼真地呈现给观众,同时构建了国内首个艺术品网络展示交易平台,以拓展艺术品展示和交易途径,打造"永不落幕的艺术博览会"。

从举办网上画展的主体看,虽然不乏画家个人,但更多的还是艺术品经营公司和收藏家。从网上画展的种类来看,比较多的是商业性画展,以及一些先锋前卫派画展和无名画家的个人作品展。一些画廊业主和艺术品公司的主管直言,网上开画展的目的并不在于全面展示美术作品本身,而在于扩大画廊的影响,为美术爱好者提供一个到实地看展览的线索。而一些在网上开画展的画家认为:网上画展传播面广,不仅吸引美术爱好者,还能吸引一批原本对美术并不熟悉的新成员。从一定程度上说,网上画展的优越性甚至超过传统现实画展。2004年7月一位赵姓画家在某网站开设一个网上画展,开展4天,便收获3 000多人次的访问量,赵先生对这一结果颇为满意,坦陈以往像他这样的无名画家在美术馆开画展,费用高且不论,参观者未见得这么多。

2. 网络会展难以替代实体会展成主角

网络会展的劣势很难用技术手段加以弥补,注定了网络会展不可替代实体会展在展览业中唱主角。

正如同网上销售兴起之后,以商场、批发市场为媒介的传统销售仍然存在一样,网上虚拟展览会不可能完全代替实体展览会。在展览业高度发达的德国和网络技术高度发达的美国,其会展业目前的发展情况都充分说明了这一点。在德国,网上销售和网上展览会等互联网业务发展很快,但德国会展业的发展规模和势头并未因此受到影响。据德国贸易展协会(AUMA)提供的统计数字,德国参展企业2001—2002年度参展费用总预算约为270亿马克,平均每个企业为43.9万马克,比上年度增加了14%,年平均增长率为7%。81%的参展企业计划保持或增加实体展览会参展费用,继续使用或扩大使用实体贸易展览会来扩大自己的业务。面对网络会展的发展,50%以上的参展企业认为实体展览会的作用和意义不会降低,甚至1/4的参展企业认为实体展览会存在的意义和发挥的作用会变得更大、更重要。另外,对网络会展的介绍、应用环境的分析和相关技术的研讨、展示和培训,也可以成为实体会展的有机组成部分。

在美国,网络技术的发展水平和应用范围大大超过其他国家,但会展业发展在新经济时代呈现的特征和趋势则与德国基本相同。据美国展览研究中心(CEIR)的调查,美国企业目前仍然把参加实体贸易展览会作为最有效的市场营销和对外联系交流途径,并认为如果把实体展览会方式与其他方式如电子商务和商业广告等联合起来使用,则成功的可能性更大。

就我国而言,实体会展仍是国内会展业的主流,仍然大有发展前途,网络会展不可能完全替代传统的实体会展览方式。实体会展以现场看样洽谈成交为主,客商在一次行程中,可以直观地了解多种被展示的商品。看样成交的展览方式便于展购双方交流商品信息,了解市场趋势,同时,也为供需双方联络感情、增强互信提供了机会,符合现代商业社会日益人性化的发展方向。而大量个性化强、附加值高的商品,如轻工类、纺织服装类等,强调的是独特的外观设计、整体的视觉效果或特有的手感,对这些商品而言,看样成交更是必不可少的。

3. 网络技术支撑实体会展

网络技术支撑实体会展主要体现在以下四个方面。

(1) 网络技术与实体会展具有互补的前提。首先,展览的首要功能是传播信息,而网络技术为信息和数据的传递、交换和处理提供极大方便。其次,经贸展览会在展览会中占据重要地位,这些展览本身就是商务活动,而网络会展属于电子商务,即商务活动的电子化,展览组织者在运作过程中采用网络技术,具有节约、高效、快捷、方便等优点,有助于实现利润最大化。因此,网络会展对实体会展具有正向影响。网络会展的突出特点是快捷,这对传统实体会展业产生促进影响:展览会营销人员必须处处留意业界变化,时时保持与客户的联系。

(2) 实体会展大量应用网络技术拓展发展空间。展览会上大量应用网络信息技术,将进一步完善展览会的媒介功能。这种数字化、信息化建设最终将促使服务内涵的拓展,当然对于展览管理等硬件设施的信息化建设也显得越发重要,进而为展览商和观众提供更多的方便。

网络技术应用于实体展览活动的各个环节。在展览项目宣传、展出项目的选择、参展商与组展者之间的多种契约和业务往来中,互联网络承担了大量数据和信息的传递功能。可以说,展览活动中凡是涉及展出活动、展品和展览参加者等信息和数据的收集、传递、处理的环节都是网络技术的用武之地。

网络技术提高实体展览活动工作效率。组织、参加展览的各个环节上的信息收集、传递、处理的电子化和自动化都使展览业务处理效率空前提高。一些展出项目的网上发布,使得组展者与参展商的联系更为直接,从而避免由于中间环节产生的错误和费用。

网络技术提高实体展览活动经济效益。网络会展可以解决传统的实体会展的时空限制问题。组展者、参展商、观众之间的联络手段从传统的电话、传真、信件中解放出来,使得业务费用降低;网络应用使得展览项目宣传更为广泛,组展者、参展商和观众可获得比以往更为丰富、深入的信息资料,从而避免选择展览项目时的盲目性以及由此带来的经济损失。

网络技术促进实体展览工作规范化。网络中信息资源的可存储、可再生等特性是实体展览事务处理程序化和业务流程标准化的技术基础。

网络技术促进展览业的科学化管理。展览业的协调管理机构是在掌握大量信息和数据、在多个组展单位及展览项目中选优汰劣的基础上开展工作的,展览业流程的标准化和展览运作规范化都将使展览协调管理机构的管理有据可依,从而为展览业科学化管理奠定基础。

网络技术促进展览业的全球化、国际化发展。网络使得展览项目、组织机构的对外宣传面向全世界进行,展览信息从定向发布向非定向发布转变,对展览会的宣传挣脱了地理位置的束缚。网络会展使得展览业在国际范围内竞争成为现实。

建立和管理网站目前显然不是传统展览会组织者的强项,但展览会组织者可以与专业网络公司合作创办网站,或直接与网络公司现有网站合作,利用他们成熟的网络技术发展自己的展览会网上业务,这既能彼此共享资源和经验,又能节省时间和资金。未来的现代展览会组织者应该高度信息化,可以独立举办网络会展,使实体会展与网络会展比翼双飞。

(3) 实体会展可将网络会展作为有益补充。实体会展可以同时辅以网络会展,作为有益补充。网络展览是对实体展览会的虚拟,网上展览组织运营的各个环节与传统实体展览会基本相似。网络会展可以解决传统的实体会展的时空限制问题,提升传统实体会展的层次。可以将现场参展和网上虚拟展示两者完美结合,通过互联网更好地展示产品和企业形象,拓展会展影响力。

(4) 网络会展有助于实体会展应对突发危机。不论是"9·11"事件,还是2003年的SARS疫情,都明确地显示突发事件对传统实体会展的巨大冲击,而网络会展与传统实体会展模式优势互补,支撑传统会展业抵御风险、渡过危机难关,网络会展成为会展业应对突发事件的恰当、有效的措施。

会展组织者以展会为媒介,为参展商与贸易商提供有效的交流平台,客观上是以集群与时空结合的方式,为行业主体创造交流的环境。在突发危机的情况下,难以及时疏散人群,传统实体会展方式面临严峻挑战。此时,"网络会展"以高效、灵敏的特点,表现出特殊的应用价值,让人们在彼此之间不碰面的情况下,照常进行信息交流与经济贸易活动。在2003年SARS疫情爆发期间,实体会展遭受重创,网络会展迅速补位,高效运转,对传统实体展览密集人群的集合传染源途径予以有效阻断,显示出强大的生命力,成为我国会展业应对突发危机的最佳选择。2003年3月,广东首次发现SARS(非典型性肺炎)疫情。4、5月间,SARS波及全国。自4月份世界卫生组织对北京、山西发出旅游警告后,我国会展业的招商招展工作遭到灭顶之灾,全国范围内从4月下旬起至7月份的展览会和大型会议几乎全部停办。据有关部门统计,SARS

带来的展会损失约 40 亿元人民币,占会展业全年收入的 50%,其中北京、广州是受影响最严重的地区。在 SARS 流行期间,以"非接触经济"形态出现的"网络会展"高效运转,国内越来越多的地方政府和行业组织把工作重心进行调整,选择网上招商、网上展览会、网上会议作为重要的工作方式,促使"网络会展"走出概念模式,凸显了重大应用价值:保持展商和参展专业人士的畅通商贸渠道、维护客户关系、延伸会展业的电子商务增值服务等。我国在 SARS 爆发之前也有网络会展,不过只限于小型化、专业化的展会,网上展览的浏览人数不多,交易额不大,网页设计水平也不高。SARS 期间,一些大型实体展会纷纷开设展会网站,有的展会干脆停止实地办展,办成网络会展,如"网上房展"、"网上车展"、"网上书展"、"网上招商洽谈大会"等,网络会展异军突起。

例如,在 2003 年广州春季交易会上,网络洽谈平台成为本届广交会的一大亮点。本届广交会为中外客商提供了一站式的全程贸易服务电子商务交易平台,开幕两天内,广交会官方网站日浏览量就达到了 266 万次,大大超过上届交易会网站 164.4 万次的日浏览量,有 487 位参展商、339 位客商参与了网上洽谈,并达成不少成交意向。参展商与客商相互发出洽谈预约信息 3 658 宗,一位美国客商还通过网上洽谈与惠州某企业签下一笔 600 万美元的合同。网络会展平台功能强大,在本届广交会全部 44.2 亿美元出口成交额中,网上成交额达 13 亿美元。

五、网络会展迅速发展是未来必然趋势

(一)网络会展生命力日益旺盛

电子商务向来被认为是推进国民经济和社会信息化发展的必然途径,是增强综合国力、实现社会生产力跨越式发展的重要手段,电子商务甚至是将来实现买卖交易活动的主要渠道。会展的网络应用是电子商务的一种表现形式,它能使更多的人能用更低廉的成本,将自己的产品通过互联网传递给社会大众。

网络会展打破了时间与空间的局限,不仅使客户双方建立起一对一、一对多和多对多的垂直接触,而且还可以长时间为双方建立往来服务,利于双方更快捷、更深刻、更细致地了解,提高贸易效率,增加贸易机会。网络会展除提供传统实体会展会所具备的服务外,还提供"智能化"增值服务:利用网络系统和电子技术,对展览的流程管理和资源管理实现程序化、电子化、智能化、规范化、自动化。展前、展中、展后的全过程管理,以互联网为基础,

集成在一套互动性极强、与传统实体展会流程完全匹配的系统上运作,完全符合国际展览协会制订的标准,彻底改变传统的人工管理流程,形成筹展、参展、观展低成本的特质,体现自由方便、快速准确、经济有效,从而建立网络会展信心保障体系。

网络会展在我国正成为一种新兴的会展经营方式,网络会展具有强大的生命力,其迅速发展是未来必然趋势。当前,传统会展业需要利用网络和电子商务技术来改造传统实体展览会的办展方式和办展技术,这是当前展览业应着力应对的挑战。2012年12月中央《关于改进工作作风、密切联系群众的八项规定》,明确要求:"要精简会议活动,切实改进会风,严格控制以中央名义召开的各类全国性会议和举行的重大活动,不开泛泛部署工作和提要求的会,未经中央批准一律不出席各类剪彩、奠基活动和庆祝会、纪念会、表彰会、博览会、研讨会及各类论坛;提高会议实效,开短会、讲短话,力戒空话、套话。"《2013年中国会议蓝皮书》的一份分析报告显示,中央八项规定的出台,进一步约束了公款消费市场,在我国四大主要会议市场中,使用公款举办的政府会议和事业单位会议的比例不断减少,其中千人以上的会议两年中同比下降75%。实体会议的减少,给网上会议增加了契机。

近年来网络会展生命力日益旺盛,网络展会开始表现出越来越强的独立性,特别是一些实体展会开始热衷于网上开展。例如在2010年举办的第六届中国国际日用消费品博览会上,主办方推出了常年在线的"网上消博会"。目前,展会来自世界各地的注册会员已达到60多万。

再比如,为全面展示打击侵犯知识产权和制售假冒伪劣商品专项行动成果,加强知识产权普及教育,全国专项行动领导小组成员单位于2011年7月11日联合举办专项行动成果网络展览。该成果网络展在央视网上线,通过互联网平台及数字化表现手段,打造虚拟的网上展览空间,以高清视频、高清图集、Flash、三维动画等生动的表现形式,充分展现专项行动的丰硕成果。展览主体结构包括工作部署、保护知识产权、打击制假售假、软件正版化及保护知识产权前景展望五部分。此外,成果展还设置了"观众留言"、"举报投诉"、"识假辨假"、"信息服务"、"在线访谈"和"相关视频"六大服务板块。为便于海外网民观展,此次展览设置中文、英文两个版本,并将展览内容分发至各大海外镜像站点,覆盖北美、欧洲、东南亚、中东、非洲等190个国家和地区的互联网用户。之后,央视网陆续举办了多个网络展,如"中国林业"、"中国信用企业网络展"和"网上放心药店展"。实践证明,随着互联网的日益普及和受众的不断扩大,举办网络展成本低,传播面广泛的优势越来越明显,如果再探索实体展与网络展相结合的形式,将能有效延长实体展的功能,发挥更大的社会作用和效益。

小案例：随时重游世博场馆——网上世博会将永不落幕

中国 2010 年上海世博会已经闭幕，但上海世博会将"永不落幕"。采用三维虚拟现实技术、全面再现世博会盛况的网上世博会还将继续开放，全球网民通过网址 www.expo.cn 可随时重游世博场馆。

据透露，网上世博会今后的展示内容包括三维网站（BS 平台）和未来之城（CS 平台）两个部分，在维持现有状态的同时，对部分动态功能作适当调整，使其作为网上世博会纪念版永久留存。

网上世博会是上海世博会的重要组成部分，是其两大创新亮点之一。网上世博会于 2009 年 11 月 12 日正式上线，2010 年 5 月 1 日向公众全面开放。所有参展上海世博会的参展方均以不同网上展馆形式参与网上世博会。据统计，截止至 2010 年 10 月 31 日，网上世博会"入园"人次累计超过 8234 万，浏览累计访问量超过 8.73 亿，其中，国内来访客占总入园人次的 84.4%，港澳台及海外访客占总入园人次的 15.6%。

网上世博会得到了各方积极评价。国际展览局秘书长洛塞泰斯（V. G. Los Cert-ales）说："网上世博会是创新性的展示手段，是世博会历史上革命性的里程碑"。全国政协副主席、国家科技部部长万钢表示，网上世博会使上海世博会成为跨越国界、永不落幕的世博会，人们在电脑前可以乘着鼠标飞翔，俯瞰整个世博园区的三维全景图，在 200 多个国家、地区的展馆中穿梭漫游。挪威总代表毕立新说："网上世博会是让全中国乃至全世界所有人了解世博会的一种独特方式。"芬兰副总代表溥明睿说："网上世博会是一个杰出的创新之举，让全中国乃至全世界数以百万计的人都能同样感受世博会。"上海市徐汇区凌云街道一位 85 岁的独居老人因行动不便而无法亲临世博会现场，他在浏览了网上世博会之后说："没想到在我有生之年还能感受到世博的风采，真是莫大的欣慰！"

网上世博会上线后获得多个奖项和荣誉，其中包括 2009 年中国国际工业博览会"创新奖"；2010 年 5 月被美国福布斯杂志评为"世博十大科技之一"；2010 年先后获得"2010 年度互联网应用杰出贡献奖"、"2010 中国互联网最具价值和潜力"特别奖和"上海市 2010 年度优秀应用成果奖"。

资料来源：http://www.expo2010.cn/a/20101108/000001.htm

（二）3D 网络展览方兴未艾

2013 年以来，3D 网络展览开始在我国兴起。3D 网络展览平台，根据传统实体展会的行业特性，利用互联网信息技术，打造网上行业展会品牌，最终实现网络展览 3D 全景数字化。

相对于传统的平面展览及实体展，3D 网络展览采用 360 度全景 Flash 形式在网络展示，用户可以看到全方位的现场场景，体验上更加真实全面，使人产生身临其境的感觉。同时用 360 度全景来展示参展企业在博览会上出众的设计、装修、企业形象、产品给经销商或终端用户观看。比起传统网络展览单纯的文字和图片，3D 网络展览全景会带来更加生动直观的效果，使用户觉得更有真实感；也能延长展览时间，扩大展览效果。

基于 3D 技术的网络展能使实体展如虎添翼。实体展会的特装展位，参展商花了很多的设计费和装修费，希望特装展位效果在展后可以留存影响。3D 网络展览通过 360 度全实景动态，可把投入大的特装展保留下来，为展商提供增值服务。3D 网络展览是展览业 O2O 的具体体现。好的实体展览，参展商想把更多企业信息内容传递给观众，不仅希望目标观众看到展品，还希望这些观众了解展品所含技术及生产展品的流水线的情况，通过 3D 网络展览，可为实体展会增加更多具有生动性的内容，帮助展商动态展出展品。有些实体展览会上的展品、设计，是不可再生的资源。3D 网络展览高效、低碳、环保，让展台现场展示的短暂时段成为永恒。运用高技术的 3D 网络展览展，能帮助展商用最少的投入获得最大的展示效果。插上 3D 网络展览新技术的"翅膀"，传统实体会展业能更快实现跨越式发展。

3D 网络展览具有以下优点：

（1）真实性强，实际场景的逼真摄影表现。

（2）高清晰度的全屏场景，令细节表现更完美。

（3）实景漫游系统支持雷达式地图，更专业的网上用户体验。

（4）数据量小，硬件要求低，用户只需上网打开网页便可观看。

（5）可导览性强，可以根据用户需求来编排展示场景的顺序。

（6）互动性强。观众用户可以自由控制全景场景，可以自由播放、暂停、全屏观看，可以与朋友微信微博分享，可以与展商直接在线联系，洽谈产品购销。参展商可以看到"观众某某今天进入展厅，有多少人进入您的展位，哪些人是您的目标客户"。观众与参展商可以直接视频互动交流，可以一对一或多方交流互动。

（7）在线商务系统十分高效。访客无需安装或者下载任何软件，只需点击 3D 展览中的对话图标或链接,就能直接与客服人员进行即时交流。实时在线商务系统可以为企业发掘更多的潜在客户,捕捉转瞬即逝的商机。

截止至 2014 年 5 月,我国已经有展会、场馆、会议型酒店、房地产、旅游、快销、IT 数码等行业开设了 3D 虚拟网络展览,供观众网上体验,见表 8-2。

表 8-2 3D 虚拟网络展览案例网址

类别	名称	网址
展览	上海世博会网上展览	http://www.expo.cn
	西博会	http://www.vrpie.com/vrpie/public/xbh/vrpie/xbh.htm
	中国虚拟博物馆	http://www.museumcn.com/files/1in/1in-001-c1.htm
	中国国际门业网上展览	http://cide2010.edoorweb.com/
房地产	新浪乐居网上看房	http://sale.house.sina.com.cn/bdsj/map.html
旅游	山东旅游体验网	http://www.shandong.travel/
	密云游网	http://www.mylvyou.com.cn/
	走进钟山虚拟游	http://xny.zschina.org.cn/
会议型酒店	国家会议中心	http://www.cnccchina.com/cncc/index.htm
	官渡大酒店	http://www.guanduhotel.cn/main.jsp
场馆类	北京城市展览馆	http://www.bjghzl.com.cn
	北京天文馆	http://www.bjp.org.cn/galileo/default.asp
	国家图书馆	http://202.106.125.13/gjtz/5dproject/install.aspx
	中国美术馆	http://www.namoc.org/jj/xnzt/
快销	澳洲风情——红酒网	http://www.luxewine.cn
	蒙牛 360	http://www.mengniu360.com
	青岛啤酒博物馆数字体验中心	http://www.tsingtaomuseum.com/

续表

类别	名称	网址
IT数码	海尔家电终端生动化营销演示系统	http://www.haiersqd.com/flash/flash/main.swf
	青岛德隆多媒体数字展厅	http://www.qddelong.com/CH/index.html
	松下体验展厅	http://file.3dworldonline.cn/panasonic/demo/
	爱国者网上展厅	http://www.best-adv.com/aigo3d/Main.html

例如，商务部国际贸易经济合作研究院主办的世界展览中心网（www.globexpo.com）将实体展览会制作成3D网络会展，成为永不落幕的展会；网站自办网络展览。网站致力于网络展览与实体展览相结合、线上线下结合、展览展示与电子商务结合、科技与文化融合，目标成为中国网络展览的门户网站。

网络会展缔结崭新的价值链，致力于推动区域会展经济的多元化发展，为现实会展提供更加人性化的增值服务内容，让人们多方位地参与现实会展。网络会展嫁接传统现实会展并作为现实会展重要补充，依托传统现实会展对传统企业形成强大影响力，在提供网络会展服务的同时将带来诸多发展电信数据业务的机会。随着网络会展业务的不断成熟，网络会展的春天即将来临。

网络会展是信息时代的产物，是对传统现实展览的创新与突破，给传统现实展览模式带来了新的生机和活力。网络会展目前只是现实会展的补充和配角，"小荷才露尖尖角"，但从长远来看，网络会展前景不可限量，随着信息技术和电子商务的进一步发展，必将成为现代展览业的有机组成部分。我国内地的展览业可以借助互联网赢得后发优势。一些规模较小但信誉较好、富有管理经验的展览馆或展览公司，完全可以凭借网络会展开拓发展空间，聚集新的竞争力。

第三节 展览会大数据应用方兴未艾

一、大数据时代已然到来

（一）互联网时代数据爆炸性增长

移动互联时代，数以百亿计的机器、企业、个人随时随地都会获取和产生新的数据。随着传统互联网向移动互联发展,全球范围内,除了个人电脑、平板电脑、智能手机、游戏主机等常见的计算终端之外,更多的智能设备,比如智能汽车、智能电视、工业设备和手持设备等都连接到网络之中。

英特尔公司的创始人之一戈登·摩尔(Gordon Moore)在 1965 年发明了"摩尔定律":集成电路芯片上所集成的电路的数目每隔 18 个月就翻一番,后来也有被描述为微处理器的性能每隔 18 个月提高一倍,或价格下降一半。即便是在"摩尔定律"——每 18 个月芯片性能将提高 1 倍——的支撑下,硬件性能进化的速度也早已赶不上数据增长的速度,并且差距越来越巨大。例如,1 分钟之内,新浪微博可以发送数万条微博,苹果应用商店软件下载次数以万计,淘宝卖出几万件商品,百度进行了百万次搜索查询……所有这些行为都由海量的数据来呈现。2013 年 12 月 12 日电商的促销期,淘宝网推出"时光机"——一个根据淘宝买家几年来的购买商品记录、浏览点击次数、收货地址等数据编辑制作的"个人网购志",从而记录和勾勒出让人感怀的生活记忆。这背后,是基于对 4.7 亿淘宝注册用户网购数据的分析处理,这正是大数据的典型应用。

而到 2012 年为止,人类生产的所有印刷材料的数据量是 200 PB[①],全人类历史上说过的所有话的数据量大约是 5 EB[②]。2014 年 IBM 的研究称,整个人类文明所获得的全部数据中,有 90% 是过去两年内产生的。预计 2020 年,全世界所产生的数据规模将达到今天的 44 倍。正如《纽约时报》2012 年 2 月的一篇专栏中所称,"大数据"时代已经降临,在商业、经济及其他领域中,决策将日益基于数据和分析而作出,而并非基于经验和直觉。

随着社交网络的逐渐成熟、移动带宽迅速提升,更多的传感设备、移动终端接入网络,产生的数据及其增长速度比历史上任何时期都要多。在云计算、物联网等技术的带动下,中国的移动互联网已经步入"大数据"时代。

(二)大数据战略成为政府和企业核心战略

最早提出"大数据"时代到来的是全球知名咨询公司麦肯锡,麦肯锡称:"数据,已经渗透到当今每一个行业和业务职能领域,成为重要的生产因素。人们对于海量数据的挖掘和运用,预示着新一波生产率增长和消费者盈余浪潮的到来。"

当前,大数据(big data)变成一个 IT 行业中最时髦的词汇。大数据定义:

---

① 1PB=1 024TB
② 1EB=1 024PB

大数据（big data），或称巨量资料，指的是所涉及的资料量规模巨大到无法通过目前主流软件工具，在合理时间内达到撷取、管理、处理、并整理成为帮助企业经营决策更积极目的的资讯。

大数据不是什么新生事物。Google的搜索服务就是一个典型的大数据运用。根据客户的需求，Google实时从全球海量的数字资产（或数字垃圾）中快速找出最可能的答案，呈现给你，就是一个最典型的大数据服务。只不过过去这样规模的数据量处理和有商业价值的应用太少，在IT行业没有形成成型的概念。现在随着全球数字化、网络宽带化、互联网应用于各行各业，累积的数据量越来越大，越来越多企业、行业和国家发现，可以利用类似的技术更好地服务客户、发现新商业机会、扩大新市场以及提升效率，才逐步形成大数据这个概念。

有一个有趣的故事是关于奢侈品营销的。PRADA在纽约的旗舰店中每件衣服上都有RFID码。每当一个顾客拿起一件PRADA进试衣间，RFID会被自动识别。同时，数据会传至PRADA总部。每一件衣服在哪个城市哪个旗舰店什么时间被拿进试衣间停留多长时间，数据都被存储起来加以分析。如果有一件衣服销量很低，以往的做法是直接淘汰。但如果RFID传回的数据显示这件衣服虽然销量低，但进试衣间的次数多。那就能另外说明一些问题。这件衣服的未来就会截然不同，也许在某个细节的微小改变就会重新创造出一件非常流行的产品。

大数据可细分成大数据技术、大数据工程、大数据科学和大数据应用四个领域。目前人们谈论最多的是大数据技术和大数据应用，工程和科学问题尚未被重视。大数据工程指大数据的规划建设运营管理的系统工程；大数据科学关注大数据网络发展和运营过程中发现和验证大数据的规律及其与自然和社会活动之间的关系。

大数据在物理学、生物学、环境生态学等领域以及军事、金融、通讯等行业存在已有时日，却因为近年来互联网和信息行业的发展而引起人们关注。在IT业界，将大数据产业定义为："建立在对互联网、物联网等渠道广泛大量数据资源收集基础上的数据存储、价值提炼、智能处理和分发的信息服务业"；大数据战略定义为："致力于让所有用户能够从几乎任何数据中获得可转换为业务执行的洞察力，包括之前隐藏在非结构化数据中的洞察力"。

大数据时代正催生着更多新的经济增长点，也成为政府和企业竞争的全新焦点。数据已经成为一种新的经济资产类别，就像货币或黄金一样。已有西方政府将大数据上升到国家战略层面。而对于企业来说，数据正在取代人才成为企业的核心竞争力。

1. 大数据战略成为国家战略

2013年3月22日,奥巴马政府宣布投资2亿美元拉动大数据相关产业发展,将"大数据战略"上升为国家战略。奥巴马政府将数据定义为"未来的新石油",并表示一个国家拥有数据的规模、活性及解释运用的能力将成为综合国力的重要组成部分,未来,对数据的占有和控制甚至将成为陆权、海权、空权之外的另一种国家核心资产。

联合国在2012年发布了大数据政务白皮书,指出大数据对于联合国和各国政府来说是一个历史性的机遇,人们如今可以使用极为丰富的数据资源,来对社会经济进行前所未有的实时分析,帮助政府更好地响应社会和经济运行。

2. 大数据战略成为企业核心战略

对于大数据应用最为积极的还是众多的IT企业。麦肯锡在一份名为《大数据,是下一轮创新、竞争和生产力的前沿》的专题研究报告中提出,"对于企业来说,海量数据的运用将成为未来竞争和增长的基础",该报告在业界引起广泛反响。

IBM则提出,"数据将成为一切行业当中决定胜负的根本因素,最终数据将成为人类至关重要的自然资源。"上一个十年,IBM抛弃了PC,成功转向了软件和服务,而这次将远离服务与咨询,更多地专注于由大数据分析软件带来的全新业务增长点。

在中国,百度已经致力于开发自己的大数据处理和存储系统;腾讯也提出2013年已经到了数据化运营的黄金时期,如何整合这些数据成为未来的关键任务。

事实上,自2009年以来,有关大数据主题的并购案层出不穷,且并购数量和规模呈逐步上升的态势。其中,甲骨文公司对太阳微系统公司、惠普公司对Autonomy两大并购案总金额高达176亿美元,大数据的产业价值由此可见一斑。

(三) 大数据特征

大数据具有4V特征:Volume(大容量)、Variety(多样)、Velocity(高速)、Value(价值)。

1. 数据体量巨大(Volume)。是指大数据巨大的数据量与数据完整性。在维克托·迈尔-舍恩伯格及肯尼斯·库克耶编写的《大数据时代》中大数据指不用随机分析法(抽样调查)这样的捷径,而采用所有数据的方法。截至目前,人类生产的所有印刷材料的数据量是200 PB,而历史上全人类说过的所有的话的数据量大约是5 EB。当前,典型个人计算机硬盘的容量为TB量级,而一些大企业的数据量已经接近 EB 量级。

IT 业界所指的数据,诞生不过 60 多年。而直到个人计算机普及前,由于存储、计算和分析工具的技术和成本限制,许多自然界和人类社会值得记录的信号,并未形成数据。几十年前,气象、地质、石油物探、出版业、媒体业和影视业是大量、持续产出信号的行业,但那时 90% 以上采用的是存储模拟信号,难以通过计算设备和软件进行直接分析。拥有大量资金和人才的政府和企业,也只能把少量最关键的信号,进行抽取、转换、装载到数据库中。

尽管业界对达到怎样的数量级才算是大数据并无定论,但在很多行业的应用场景里,数据集本身的大小并不是最重要的,是否完整才最重要。

2. 数据类型繁多(Variety)

这种类型的多样性让数据被分为结构化数据和非结构化数据。相对于以往便于存储的以文本为主的结构化数据,非结构化数据现在越来越多,包括网络日志、音频、视频、图片、地理位置信息等,这些多类型的数据对数据的处理能力提出了更高要求。

种类(Variety)则意味着要在海量、种类繁多的数据间发现其内在关联。互联网时代,各种设备通过网络连成了一个整体。进入以互动为特征的 Web2.0 时代,个人计算机用户不仅可以通过网络获取信息,还成为了信息的制造者和传播者。这个阶段,不仅是数据量开始了爆炸式增长,数据种类也开始变得繁多。这必然促使我们对海量数据进行分析、处理和集成,找出原本看来毫无关系的那些数据的'关联性',把似乎没有用的数据变成有用的信息,以支持我们做出的判断。

3. 处理速度快(Velocity)

这是大数据区分于传统数据挖掘的最显著特征。根据互联网数据中心(IDC)的"数字宇宙"的报告,预计到 2020 年,全球数据使用量将达到 35.2 ZB。在如此海量的数据面前,处理数据的效率就是企业的生命。

速度(Velocity)可以理解为更快地满足实时性需求。数据的实时性需求正越来越清晰。对普通人而言,开车去吃饭,会先用移动终端中的地图查询餐厅的位置,预计行车路线的拥堵情况,了解停车场信息甚至其他用户对餐厅的评论。吃饭时,会用手机拍摄食物的照片,编辑简短评论发布到微博或者微信上,还可以用 LBS(基于位置的服务)应用查找在同一间餐厅吃饭的人,看有没有好友在附近。如今,通过各种有线和无线网络,人与人、人与机器、机器与机器之间产生无处不在的连接,这些连接不可避免地带来数据交换。而数据交换的关键是降低延迟,以近乎实时(小于 250 毫秒)的方式呈献给用户。

4. 价值密度低(Value)

价值密度的高低与数据总量的大小成反比。以视频为例，一部 1 小时的视频，在连续不间断的监控中，有用数据可能仅有一二秒。如何通过强大的机器算法更迅速地完成数据的价值"提纯"成为目前大数据背景下亟待解决的难题。

价值(Value)是大数据的最终意义——获得洞察力和价值。大数据的崛起，正是在人工智能、机器学习和数据挖掘等技术的迅速发展驱动下，呈现出了这么一个过程：将信号转化为数据，将数据分析为信息，将信息提炼为知识，以知识促成决策和行动。就大数据的价值而言，就像沙子淘金，大数据规模越大，真正有价值的数据相对越少。大数据重点不在于数据量的大小，关键在价值大小，在于能否挖掘到数据中的价值，能挖掘到多少价值。所以真正好的大数据系统，不是数据越多越好，其实是越少越好。开始数据要多，最后还是要少，把 ZB、PB 最终变成一个比特，也就是最后的决策，这才是最关键的。

(四) 大数据时代的电子商务

1. B2B 电商平台的发展阶段

B2B 电商平台目前发展为三代：第一代以信息撮合机制为主，通过互联网特性有效的汇聚买卖双方信息；第二代以在线交易为主，信息展现模式、在线交易工具、配套服务产品的发展使得各平台都在想方设法解决在线交易问题；第三代即资源集聚为主，其包含两个核心要素：数据穿针引线，服务本质所需。

2. 电商企业通过大数据应用创新商业模式

大数据是继云计算、物联网之后 IT 行业又一大颠覆性的技术革命。云计算主要为数据资产提供了保管、访问的场所和渠道，而数据才是真正有价值的资产。企业内部的经营交易信息、物联网世界中的商品物流信息，互联网世界中的人与人交互信息、位置信息等，其数量将远远超越现有企业 IT 架构和基础设施的承载能力，实时性要求也将大大超越现有的计算能力。如何盘活这些数据资产，使其为国家治理、企业决策乃至个人生活服务，是大数据的核心议题，也是云计算内在的灵魂和必然的升级方向。

大数据时代下，云计算必将成为电商企业选择的业务模式，而其本质是大数据处理技术。数据是资产，云为数据资产提供了保管、访问的场所和渠道。云计算所提供的服务，既包括软件服务和应用平台服务，又包括基础设施服务，但目前我国针对云计算服务的管理政策和技术标准尚未明确。

云计算的核心价值在于可以实现服务的按需获取和随时增加，它的交付模式便捷,且占用客户端的资源成本较低。过去我们使用某软件产品,基本是下载客户端安装到本地,在我的电脑主机上运行处理,而云计算由于服务供给是在云计算服务器上,用户所需的软件服务只需要按需从云端调取即可,节约资源、节约成本。服务数据通过线上线下获取与分析,注入云池当中,再由用户从云池调取服务使用,产生新的数据再被采集分析后回到云池,形成"云池循环",源源不断。

大数据给予平台服务提供了信息支持,而服务落地也有利于有效数据不断被采集,形成数据循环,即"雪球效应"。可以说大数据不是电商平台的某一个产品组成或业务领域,大数据是整个电商未来发展的基础资源与优势体现,目前很多企业都在尝试大数据的开发与应用。

大数据的重要趋势是数据服务的变革,它把人分成很多群体,对每个群体甚至每个人提供针对性的服务。消费数据量的增加为电商企业提供了精确把握用户群体和个体网络行为模式的基础。电商企业通过大数据应用,可以进行个人化、个性化、精确化和智能化广告推送与推广服务,创立比现有广告和产品推广形式性价比更高的全新商业模式。

3. 电商企业通过大数据应用推动差异化竞争

我国电子商务发展目前面临着的两大突出问题是成本竞争和同质化竞争。而大数据时代的到来将为其发展提供新的出路,包括具体产品和服务形式,通过个性化创新提升企业竞争力。

电商本身就拥有大量的消费者行为记录,能够依据这些数据快速了解消费者的需求。如何快速、准确地帮助顾客找到想要的商品?如何加大商品的有效曝光度?如何根据顾客的需求,向其推荐偏好的商品?如何提高顾客的活跃度,降低顾客的弃单率?这些都是电商必须考虑的具体问题。

国内现在在互联网上很出名的一些互联网公司,如百度、腾讯、阿里巴巴,这些社交网络,它们都早就利用大数据对它们的用户的行为进行分析,进而更好的服务用户,使用户得到更增值的服务,同时它们的企业也能够更蓬勃的发展。

1号店网站利用对大数据的分析给顾客发送个性化电邮。若顾客曾经在1号店网站上查看过一个商品而没有购买,则有几种可能:① 缺货;② 价格不合适;③ 不是想要的品牌或不是想要的商品;④ 只是看看。若在顾客查看时该商品缺货则到货时立即通知顾客;若当时有货而顾客没有买就很有可能是因为价格引起的,则在该商品降价促销时通知顾客;同时,在引入和该商品相类似或相关联的商品时温馨告知顾客。另外,通过挖掘顾客的周期性购买习惯,在临近顾客的购买周期时适时提醒顾客。

淘宝在2012年推出了淘宝时光机。该应用通过分析顾客自注册为用户以来的行为，用幽默生动的语言告知顾客淘宝的成长，和该用户相类似喜好的其他用户的统计行为，对该顾客经过分析后对其喜好的了解和对其行为的预测，等等。用生动的文稿和个性化的数据，拉近了与顾客的距离。

Google网站对顾客的搜索过程和其对各网站的关注度进行数据挖掘。并在其联盟内的网站追踪顾客的去向，在联盟网站上推出和顾客潜在兴趣相匹配的广告，精准化营销，提高转化率。

大数据时代下，客户洞察、营销规划、物流管理、流程规划、风险控制等，都将受益于大数据相关技术。根据麦肯锡的报告，合理利用数据还将使零售商的运营效率在目前的基础上提高60%。

二、大数据应用催生会展业变革

（一）会展界开始尝试大数据应用

1. 展览会现场大数据采集分析软件

随着大数据时代的到来，会展业的营销模式将发生变革。这将不只是会展业某一个环节的变动，而是会展产业链各环节都需要改变的一场变革。大数据时代，将促进会展上下游企业间的合作，同时还将对会展业的重组产生影响。重要的是，将迫使展会数据公开，让营销打破商业单元的信息壁垒，形成新的商业模式。移动互联技术的应用是这场变革的源头。成熟的知名品牌展会组织方已经开始使用移动互联技术，进行展览会现场大数据采集分析。

小案例

大数据时代，展览信息化首先向移动互联应用方向发展。西安远华软件公司开发出手机互动展览新服务——《展览通》，一款充分体现智能手机终端的优越性而开发的适用于会展的互动服务软件系统，它是为主办方提供基于移动商务信息互动平台的服务系统（云计算+二维码+手机移动通讯+展会互动大数据）。

《展览通》，是适用于会展服务的互动平台充分体现了智能手机终端的优越性。它为参展商、观众等展会参与人员提供一个综合的集成化的移动互联应用平台，实现为观众扫描、关注、留言和浏览展会、展商和展品信息提供方便、快捷的手段。以往买家观众参观实体展会，通过广告、导引牌、人流进入展会，到展位换名牌、拿资料的这种方式，观众得到的信息很零乱。《展览通》的出现将改变这一现状。观众通过《展览通》的智能导航,可迅速了解展览展区展位布局、更快捷地找到目标展商和展品,减轻了负担,提高了效率,同时还可以与有兴趣的展商进行电子互动,买家观众可获取更多有价值的线索。而对展商来说,《展览通》能帮助展商随时了解观众对展商和展品信息的兴趣,展商能通过回复留言、下载观众联系信息,更为精准地找到合适的买家,从而赢得更多市场机会。

《展览通》信息系统特点:利用智能手机作为应用终端,建立服务展会的信息互动平台,利用装有 Android 及 IOS 操作系统的智能手机,通过下载及安装《展览通》应用程序,实现展会、展商、展品信息的查询及浏览,观众利用展商及展品二维码扫描功能快速搜集感兴趣的信息;展商可同步获得扫描的观众信息,并可直接下载至手机通讯录中。

《展览通》为展会各方带来的益处:

1. 观众受益

利用手机,可更快、更早、更多地了解展会信息;

利用智能导览参观线路服务,更快、更科学地安排观展时间与路线;

通过扫描二维码建立独立的个人参会信息清单目录,并可以随时查看、留言、关注详细信息,不用再携带展商展台上的大量的文字印刷品资料;

展后,个人参会清单依然保留,以便更进一步了解展商及展品的详情,选择更加合适的供应商。

2. 参展商受益

通过展览通网络发布展商及展品信息,降低宣传成本,可大大减少宣传材料印刷成本;

通过使用展览通,可增加一个手机版信息发布系统;

可随时下载获取扫描观众的详细信息并可加入到通讯录中;

利用观众扫描商品目录,为展商与观众建立全天候 365 天的交流平台。

3. 主办方受益

展会手机互动服务具有高科技、时尚性、趣味性,可吸引更多优质的观众;

提升展会形象和曝光率;

提供新型服务和利润空间;

提供统计分析,了解展会效果,为科学决策提供依据。

---

2. 呼叫中心

买家邀请工作一直是展览会的重中之重,买家的数量和质量更是直接关乎着企业的参展效果和参展效益。2014 年大连春季房交会除了传统的观众邀请途径外，特别成立了"买家呼叫中心"，组委会利用多年来积累的数量庞大观众数据资源安排专业人员进行电话、短信、邮件等形式的点对点精准邀请，重点邀请对象为前三届参观展会的市民。

通过全新的买家呼叫中心，一方面可以保证参展的观展数量，更能通过筛选提升观众的质量。买家中心的成立也预示着展会的买家邀请进入到一个全新的阶段，同时，组委会也希望通过此举帮助参展企业更加有效地积累客户资源，为来年的地产销售开个好头。

呼叫中心在历年观众数据基础上，挖掘数据，应用数据，采用短信、邮件等形式的点对点精准邀请观众，有效地把买卖双方组织到一起，有利于提高参展商的洽谈成功率，增加他们参加和参观展览会的兴趣和价值，增强展会的效果（results）。

（二）会展界大数据应用未来发展趋势

1. 数据库将成为展会的核心价值

展会本身就是大数据。数据库将成为展会的核心价值。

大数据关键在于数据在线化与应用化，那么应用化里基于数据分析而产生的服务数据就是最有价值的部分。B2B类的大数据化第一步就是数据采集渠道的创新。展览会大数据首先要获取线下实体展会的参展商和观众的数据。例如上述的《展览通》软件可以获取线下参展商和观众数据；慧聪网在其线下基地和展会上设置免展位费而以实际成交额收取佣金，本质也是希望能监测到线下发生的相关数据。

展会实时数据源搜集与提供十分重要，比如说观众开车从各个地方来到展会现场，走哪条路好一点，怎么样以最短的时间到达，大数据应用可以给予指引：车上的传感器告诉本车方位，走哪条路不堵车，去会展中心最佳路线和最短时间。

线上线下数据结合是展会大数据应用的最佳途径。从数据采集来源上讲，传统互联网思维模式是极力将用户搬到线上，通过线上行为获取用户的相关信息及操作轨迹。过去因为技术、方法、行业特性所限，互联网通过线上所吸纳的海量数据的确给电商企业带来了短期的处理空间，而直接从线下模式获取数据来源的成本及模式尚不成熟。但是，市场最大的数据源永远都是在线下，电子商务的本质是通过电子化手段来服务传统商务流程，帮助其降低成本提升效率。所以直接建立起线下实体展会数据的采集接口渠道，而不再仅仅依靠线上数据作为来源是一个关键环节。同时，网络展会延伸实体展会，搜集参展商与观众的线上互动信息，进而将线上线下数据采集汇聚到统一的数据中心,产生的分析型数据反哺线上,带来更精准的使用价值。互联网电商平台的产品展现仍旧是电子化特性,但数据来源的落地化将是巨大促进。线上线下展会数据一体化是展会大数据应用的必经之路,由此,实体展与网络展基于展会信息交流本质成为相辅相成的统一体。

2. 展会大数据促进精准营销

大数据对于中国互联网的影响最典型应用是在精准营销,其核心在于精准。这包括了对用户行为有效的路径图谱的完整绘制、对用户的属性特征的准确把握以及对用户的兴趣和偏好的全面了解。

展会大数据带来规模效应,而规模效应的背后是众多小型的消费群体,将这些消费者聚集起来,必然会产生社交行为,这些社会性的行为与现实生活非常接近,如果商家能够让线上网络展览活动与现实中的商品直接关联起来,这种强烈的现实感会让网上展览的潜在观众消费者直接产生购买行为。

展会大数据应用有利于分析数据,细分消费者。"大数据"的最终意义并非是将商品打扮成"大家都买,你为何不买"的大众形象,而是通过对这些展会数据的分析,能够让参展商开发出更好的商品营销方式。不同的数据组合可以有多种作用,最简单也是最重要的一个作用就是帮助参展商细分观众消费者群体,并有针对性地生产商品。"大数据"意味着具备了统计学意义,其背后往往暗藏着消费者的需求。了解了这些,参展商就可以有的放矢地进行商业行为,并可以更好地预测销售结果。

3. 会展大数据促进会展业转型升级

目前国内的展会"大数据"尚处于启蒙地带,数据取数难、不准确、维护难等困难急需解决。但这也预示着一个巨大的机会市场——谁能把握住"大数据"时代的本质,眼光放长远,找到自己真正想要达到的目标并为之努力,谁一定会赢得胜利。

大数据应用,思维与方法是核心。大数据时代,会展业要快速适应大数据的商业模式,会展组织方也要联合展馆,快速适应大数据时代的商业环境。在新商业模式下,会展的盈利模式也将随之发生改变。主办方和会展信息技术服务商将成为合作伙伴,这是新经济环境下,会展信息服务商面临重大的时代契机。

随着互联网、移动互联技术以及多媒体视听技术的蓬勃发展,会展行业在新技术的带动下发生了巨大变化。从早期的会展管理软件、线上注册系统,到微博、微信等微营销模式的风靡,以及移动客户端APP的应用,每一项改变都不断影响着传统会展业的操作习惯甚至思维模式。新的3D技术、移动互联网技术和展览行业大数据的出现,使很多展览业务壁垒被打破。展览界要采取新的态度迎接互联网。新兴技术和互联网思维将助力传统会展行业转型升级，向着更绿色、高效、智能化的方向实现跨越式发展。

本章小结

会展信息化包含四种含义：会展人员观念信息化、会展工作手段现代化、会展信息系统中信息贡献的社会化和会展中信息覆盖范围的全球化。会展信息化管理的行业促进作用，主要体现在提高客户关系管理能力、优化企业各类资源、提高会展服务质量和效率、拓展会展业务领域四个方面。

网络技术广泛应用于会展工作中。网络会展与现实会展差异互补，两者具有对立统一的辩证关系：网络会展对现实会展有一定影响，但网络会展不能替代实体会展的主角地位；网络技术支撑实体会展，形成实体会展的有益补充。网络会展优势明显：网络会展打破了时间与空间的局限，有助于为客户双方建立长久往来关系，并提供"智能化"增值服务。近年来，3D网络展览开始在我国兴起。网络会展必将成为现代展览业的有机组成部分。

大数据应用催生会展业变革。大数据时代已然到来，互联网时代数据爆炸性增长，大数据战略成为政府和企业核心战略。大数据具有 4V 特征：Volume（大容量）、Variety（多样）、Velocity（高速）、Value（价值）。我国会展界开始尝试大数据应用，展览会现场大数据采集分析软件已经应运而生，网络会展大数据应用呼之欲出。会展界大数据应用未来发展趋势是：数据库将成为展会的核心价值；展会大数据促进精准营销；会展大数据应用促进会展业转型升级。

实践环节

在互联网上寻找一些 3D 网络展览案例，点击浏览，体验 3D 网络展与传统图片网展的不同特点。

复习思考题

1. 试述会展信息化的含义和作用。
2. 简述你所知道的网络技术在会展工作中的应用。
3. 试述网络会展与实体展会的辩证关系。
4. 网络展览的未来发展趋势如何？
5. 会展界大数据应用未来发展趋势如何？

参考文献

1. 俞华著. 会展信息交流研究. 北京:中国商务出版社,2006
2. 俞华,朱立文著. 会展学原理. 北京:机械工业出版社,2005
3. 贺刚,金蓓主编. 会展管理信息系统. 北京:中国商务出版社,2004
4. 杨顺勇,李晓玲主编. 会展信息技术应用. 北京:中国人民大学出版社,2007
5. 金蓓编著. 会展信息管理. 大连:东北财经大学出版社,2009
6. 马费成等著. 信息管理学基础. 武汉:武汉大学出版社,2008
7. [英]维克托·迈尔-舍恩伯格著. 盛扬燕,周涛译. 大数据时代. 杭州:浙江人民出版社,2012
8. 柯平,高洁. 信息管理概论. 北京:科学出版社,2002
9. 郭庆光. 传播学教程[M]. 北京:中国人民大学出版社,1999
10. 向国敏. 会展实务[M]. 上海:上海财经大学出版社,2005
11. 孟广均,霍国庆,罗曼等. 信息资源管理导论[M]. 第3版. 北京:科学出版社,2003
12. 周鸿铎. 信息资源开发利用策略[M]. 北京:中国发展出版社,2000
13. 倪波. 信息传播学原理[M]. 北京:书目文献出版社,1996
14. 苏伟伦. 高效会议[M]. 广州:南方日报出版社,2003
15. 付连英. 新技术助会展业实现跨越式发展. 国际商报,2014-05-19
16. 兰馨. 大数据时代催生会展业变革. 中国贸易报,2014-03-12
17. 佚名. 大连房交会成立买家呼叫中心 开启展会大数据时代. 大连晚报,2014-01-16

18. 周春雨. 延长产业链 会展业谋求跨界. 中国贸易报,2014-04-01

19. 俞华. 会展的网络应用研究. 中国市场·会展财富,2003,(1):84-92

20. 孟娜. 电子商务:如何让"大数据"为你盈利. 中国电信业,2012-12-13

21. 梁文. 中国展览业发展战略思考[C].《会展财富》杂志社. 第5届会展理论与教育研讨会论文集. 2005.12

22. 北京市科技金融促进会. 第七届科博会落下帷幕[J]. 北京市科技金融促进会简报,2004(11):2

23. 新视通业务. http://www.cqtelecom.com.cn/yewu/yewu-xst.htm

24. 信息高速公路铺到每个展台. www.emkt.com.cn/cgi-bin/article.cgi?ID=3794

25. 2004北京国际旅博会圆满结束. http://www.bjta.gov.cn/2j/mj/mj.jsp?ID=1854

26. 网络会展:会展业发展的又一条新路. http://www.sinaxpo.com/News/ViewNews.asp?id=1173

27. 2005年度全国高校网上招生咨询. http://daxue.learning.sohu.com/school.do?view=askindex

28. 云海画廊. www.0go1.com/297/849/17971.html 17k

29. 会展经济与新经济[O]. http://www.12333.gov.cn/hzsjs/xgwz/t20041028_4651.htm

30. "非典"催生会展业发展七大趋势. http://news.xinhuanet.com/expo/2003-05/13/content_905954.htm

31. 2003年中国会展业盘点. http://www.csuchen.org/04/04/2004-04-03/0420i24i76.html

32. 高婷. 麦肯锡称大数据时代已到来. http://www.chengduvip.cn/news/detail-705.html

33. 大数据时代. 百度百科. http://baike.baidu.com/link?url=VYiIAIc-dMBmDF3tchM43Tm06xEKTk7F91BCAE8-GsunqOGZrGf4cqj2DKAYQ_6PUwyKtIzRKEGxMk7YfnwCn4K

34. 于刚. 大数据时代的电子商务. http://blog.sina.com.cn/s/blog_6c72c8bd0102eno4.html

35. 佚名. 数据为王,服务为本——谈B2B电商平台与大数据 http://storage.chinabyte.com/432/12649932.shtml

36. 刘波. 电子商务应该利用大数据营销. http://news.qihuiwang.com/NetworkMarket/20130514381238.html

37. 于刚. 大数据时代,电商该如何用数据创造价值. 中国企业家网, http://www.iceo.com.cn/renwu2013/133/2013/0227/264307.shtml

38. 余芯. 电商企业该如何用好大数据. http://www.jifang360.com/news/201357/n978047637.html

39. 网上3D展览会. 360化妆品网 http://www.360xh.com/extend/8.html

40. 现代会展竞争情报与信息技术紧密结合. http://www.hbdfqj.com/xwzx/mtbd/540.html

41. 会展事务管理系统 http://www.chinasi.com/site/xmzhjtkj/solution/itemid-4706.html

42. 瑞崎电子网 www.gzruiqidz.com

43. 会务管理系统解决方案. 百度文库. http://wenku.baidu.com/link?url=Mmjv27VkCu35t50vZqrDLa17mjW7wMfFFzs7UZ-lENcsLtugzJZ5PbzH5gguhXx0-4Ym2ByJll2MURir7PuO9K

44. 第一会务网 http://www.diyihuiwu.com/Soft/

45. Meeting™会议网站建设与系统开发服务专家 http://meeting163.cn

46. 宋玉刚. 参展技巧多. http://www.shangjie.com/0213/swkt.htm

47. 深圳市为广交会展位分配引入打分制. http://www.southcn.com/news/dishi/shenzhen/ttxw/200501030083.htm

48. 林宁. 展览能提高经营效果吗. http://news.xinhuanet.com/expo/2003-05/12/content_866137.htm

49. 科博会展览看点多. http://news.tom.com/1002/20040523-930929.html

50. 展览提高经营效果. http://www.getgd.net/infomation/exhibition.htm

51. 工艺类展会反间谍攻势升级. http://news.xinhuanet.com/expo/2004-05/20/content_1481402.htm

52. 展后:趁热打铁. http://www.chinafair.com.cn/qyczzs/zh.htm

53. 世界目光两度驻停琶洲岛. http://www.gdoverseaschn.com.cn/xqjj/gxfw/200404290013.htm

54. 张子正. 对会展业人才稀缺、管理滞后的思考. http://www.cexpo.cn/Article_Show.asp?ArticleID=118

55. 中国-东盟博览会. http://news.sohu.com/s2004/dongmeng.shtml